科学素养
培育与提升

全4册

林长春　刘玉章　主编

1

科学出版社

内 容 简 介

本书充分遵循学生身心发展规律，结合学生已有的经验和常识，围绕人工智能、自然科学、航空航天三大版块，精心设计呈现了56个主题式科学教育活动案例。全书共4个分册，每册4章，每章3～5个活动案例。基于校园及家庭生活中的真实问题和场景，每个活动都紧密围绕某个预设主题，逐一开展"看、学、思、做、练、读"等科学教育环节，引导学生积极思考、自主探究、创意设计、成果展示，有效培育与提升学生科学素养。

本书可供义务教育阶段中小学生开展科学教育或综合实践活动课程学习使用，也可供科技教师、科学教育专业师范生、教培行业从业者阅读参考。

图书在版编目（CIP）数据

科学素养培育与提升：全4册 / 林长春，刘玉章主编. -- 北京：科学出版社，2022.9
ISBN 978-7-03-073120-3

Ⅰ. ①科⋯ Ⅱ. ①林⋯ ②刘⋯ Ⅲ. ①科学知识—中小学—教学参考资料 Ⅳ. ①G634.73

中国版本图书馆CIP数据核字（2022）第166496号

责任编辑：钟文希 兰 月／责任校对：彭 映
责任印制：罗 科／封面设计：墨创文化

科学出版社 出版

北京东黄城根北街16号
邮政编码：100717
http://www.sciencep.com

四川煤田地质制图印刷厂 印刷
科学出版社发行 各地新华书店经销

*

2022年9月第 一 版　开本：787×1092　1/16
2022年9月第一次印刷　印张：33
字数：741 000
定价：192.00元（全4册）
（如有印装质量问题，我社负责调换）

本书编委会

主　编　林长春　刘玉章
编　委（排名不分先后）
　　　　周学超　石　晗　张　丽　莫　琳
　　　　何　苦　刘　磊　罗雪娇

前言 QIANYAN

当今世界科学技术发展日新月异，围绕数字科技、人工智能、生命科学、新能源、航空航天等领域的新技术、新发明层出不穷，科学技术的创新发展深刻地影响着社会全方位的发展，社会各领域的发展决定着一个国家的综合竞争力。

习近平总书记指出："科技创新、科学普及是实现创新发展的两翼，要把科学普及放在与科技创新同等重要的位置。没有全民科学素质普遍提高，就难以建立起宏大的高素质创新大军，难以实现科技成果快速转化。"这一重要论述，为新时代做好科学普及工作指明了前进方向，提供了根本遵循。开展面向青少年的科学普及工作有助于使学生保持对大自然的好奇心，从亲近自然走向亲近科学，发展基本的科学实践能力，理解科学、技术、社会与环境的关系，形成基本的科学态度和社会责任感，逐步树立正确的世界观、人生观和价值观，全面提高科学素养，为今后的学习、生活以及终身发展奠定良好的基础，最终促进我国经济社会发展和科技强国建设。

本书以人工智能、自然科学、航空航天三个专题为内容选题，以学科大概念为内容统领，以真实场景和项目式学习为呈现方式，着力培养青少年的科学素养。全书分章节将上述三个选题方向交叉分布在义务教育各个学习阶段。内容涉及人工智能领域的感知、搭建、算法、编程，生命科学领域的动物、植物、生态，地球科学领域的海洋与地质，以及航空航天领域的前沿科技等。

本书共有4个分册，根据学生的阅读习惯和学习能力的发展规律，按由浅入深、从形象到抽象、螺旋式上升等原则组织内容。其中，第一分册适合1～2年级学生使用，第二分册适合3～4年级学生使用，第三分册适合5～6年级学生使用，第四分册适合7～9年级学生使用。全书编排和设计注重任务驱动，强化基本操作，渗透基础知识，体现活动过程。

本书由重庆师范大学林长春和天立教育集团刘玉章担任主编，周学超、石晗、张丽、莫琳、何苦、刘磊、罗雪娇等参编。由于作者水平所限，书中难免有不足之处，敬请科学学科领域、科学教育领域专家和广大读者批评指正。

编 者
2022年6月

目录 MULU

第一章　身边的人工智能……………………… **1**

1.1　智慧校园 ……………………………………… 2

1.2　看脸识人 ……………………………………… 11

1.3　看图识物 ……………………………………… 20

1.4　图片美化 ……………………………………… 28

第二章　走进多彩校园……………………………… **37**

2.1　校门 …………………………………………… 38

2.2　教学楼 ………………………………………… 46

2.3　食堂 …………………………………………… 54

2.4　滑梯 …………………………………………… 61

2.5　图书馆 ………………………………………… 69

第三章　神奇的生物世界 ·················· **79**

3.1　神奇植物 ···························· 80

3.2　酷虫世界 ···························· 92

3.3　动物之间 ···························· 103

第四章　美丽的地球家园 ·················· **115**

4.1　人类的家园 ·························· 116

4.2　神奇的影子 ·························· 123

4.3　地球保护罩 ·························· 130

第一章 身边的人工智能

科学素养培育与提升 ❶

1.1　智慧校园

看一看

随着科技的发展，人工智能技术走进了校园，学校正在变得越来越智能。在智慧校园里，学校大门口的门禁系统能自动识别人脸，校园里的安防机器人能自动开展巡逻工作，教室外的智慧班牌能自动显示学校

第一章　身边的人工智能

通知、班级通知和考勤情况，学生用数字化设备学习、跟老师和同学互动和交流……

现在，让我们一起走进智慧校园吧。

学一学

智慧校园是一种新型的数字校园。智慧校园的主要功能可分为智慧教学环境、智慧教学资源、智慧校园管理、智慧校园服务四大板块。智慧校园为我们的学习营造了一个方便、灵活的环境，让我们更加高效地与老师进行交流、互动。

科学素养培育与提升 ❶

　　智慧校园离不开人工智能技术。那么什么是人工智能呢？人有眼睛、耳朵、嘴巴以及四肢，这些部位能帮助我们看、听、说、做事和走路，但它们都离不开一个核心器官——大脑。人的大脑能协调我们的动作，指导我们进行思考、学习和解决问题，这些本领是人的"智能"。人类在制造机器时把人所具有的一些智能赋予机器，机器就有了人工智能。

　　人工智能技术不仅能提高我们的学习效率，还能让我们的校园生活更加便捷、舒适。

第一章　身边的人工智能

头脑风暴

请用气泡图罗列学校里与人工智能相关的要素。

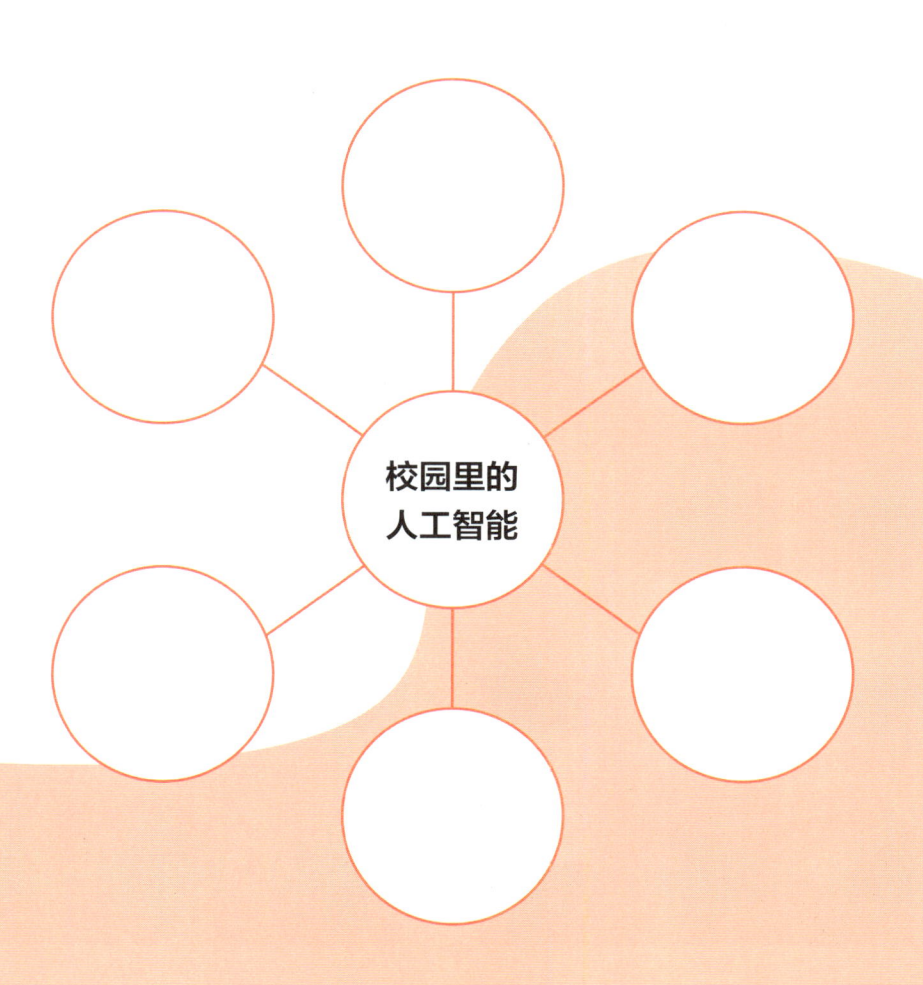

校园里的
人工智能

科学素养培育与提升 ①

做一做

请同学们思考，学校的下列哪些场所可以使用人工智能技术呢？（在□里打钩）

□ 食堂　　　　　　　□ 足球场

□ 篮球场　　　　　　□ 实验室

□ 会议室　　　　　　□ 寝室

第一章　身边的人工智能

试一试

请同学们设计一个可以在学校使用的人工智能设备。

我的成果

☆ 我设计的设备名称是_____。

☆ 我设计的人工智能设备是根据_____进行改装升级的。

☆ 它可以解决_____的问题。

科学素养培育与提升 ①

评一评

知识	我是否理解了本活动涉及的所有新知识？	☆☆☆☆☆
技能	我是否顺利地完成了本活动的全部任务？	☆☆☆☆☆
方法	我是否掌握了解决问题的新方法？	☆☆☆☆☆
协作	我是否在活动中配合同学完成了任务？	☆☆☆☆☆
表达	我是否在活动中展示交流了自己的想法和成果？	☆☆☆☆☆

练一练

1. 请同学们课后找一找学校还有哪些人工智能设备，并思考这些设备对我们的学习和生活有什么影响。

第一章　身边的人工智能

2. 人工智能为我们学习和生活带来便利的同时，是否存在安全隐患呢？请说说你的看法。

读一读

智慧教室

智慧教室又称为未来教室、智能教室，能够借助物联网和人工智能技术，实现学习的智能化、人性化。

科学素养培育与提升 ❶

智慧教室能实现对教室中的人、设备、环境等相关信息的精确感知。智慧教室的应用程序能对这些信息进行收集、分析与综合,并结合探究式学习的要求,实现情景教学、课堂交互式学习以及精确推送学习相关信息和智能学习辅助等。此外,智慧教室还能通过对灯光、座椅、空气温度、湿度的监控和调节,从而帮助学生提高学习质量和提升学习效果。

第一章　身边的人工智能

1.2　看脸识人

看一看

人类有很强的图像识别能力，我们看见一个熟悉的同学，常常能快速说出同学的名字。随着人工智能技术的发展，现在的计算机也有了图像识别能力。人脸识别技术就是图像识别的一种，已经应用在刷脸支付、刷脸进站等场合。

你是否了解人脸识别技术背后的原理呢？

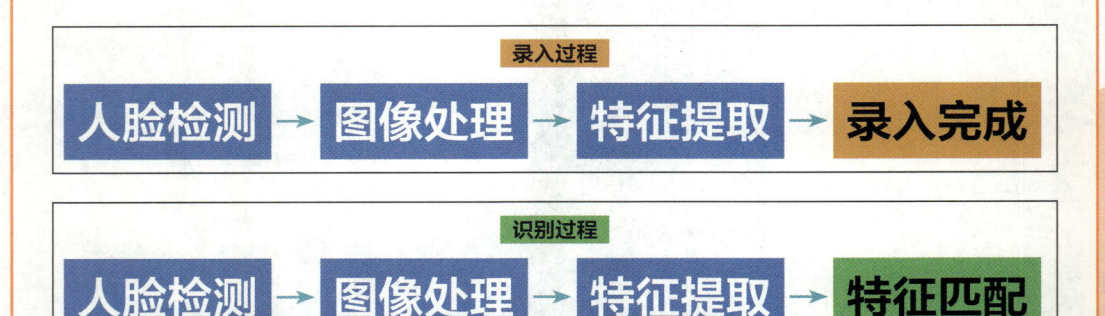

科学素养培育与提升 ①

学一学

人脸识别是指用计算机技术对人脸图像进行处理,从而识别出图像中人脸特征的技术。

人脸识别主要有两大步骤:录入与识别。

录入包含人脸检测、图像处理、特征提取、录入完成等4个步骤。

识别包含人脸检测、图像处理、特征提取、特征匹配4个步骤。

录入过程

人脸检测 → 图像处理 → 特征提取 → **录入完成**

识别过程

人脸检测 → 图像处理 → 特征提取 → **特征匹配**

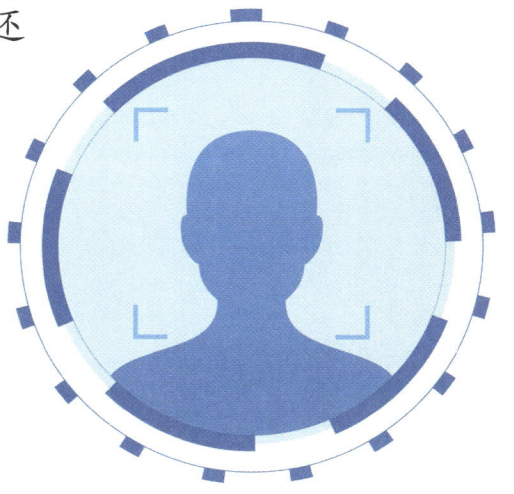

第一章　身边的人工智能

校园门禁系统要想识别全校师生的身份，就要提前录入他们的人脸图像信息，从而使计算机能够提取并存储图像中的人脸特征。当有人经过时，摄像头拍摄人脸的图像，经过计算机处理、提取出人脸特征，并与门禁系统内的人脸图像信息进行比对，从而识别出哪些是学校师生，哪些是外来人员。

除了校园门禁之外，生活中常见的人脸识别技术应用还有手机人脸解锁、刷脸支付、电子护照与身份证、公安刑侦等。

科学素养培育与提升 ①

头脑风暴

请用圆圈图罗列人脸识别技术的应用场景。

人脸识别技术

第一章 身边的人工智能

做一做

1. 请使用序号 1~4 为人脸识别的录入过程进行排序。

（　　）人脸检测

（　　）录入完成

（　　）图像处理

（　　）特征提取

2. 请使用序号 1~4 为人脸识别的识别过程进行排序。

（　　）人脸检测

（　　）特征提取

（　　）特征匹配

（　　）图像处理

科学素养培育与提升 ❶

试一试

请设计一个能在学校使用的人脸识别设备。

我的成果

☆ 我设计的设备名称是_____。

☆ 它可以识别_____

_____人脸的信息。

☆ 它可以解决_____

_____的问题。

第一章　身边的人工智能

评一评

知识	我是否理解了本活动涉及的所有新知识？	☆☆☆☆☆
技能	我是否顺利地完成了本活动的全部任务？	☆☆☆☆☆
方法	我是否掌握了解决问题的新方法？	☆☆☆☆☆
协作	我是否在活动中配合同学完成了任务？	☆☆☆☆☆
表达	我是否在活动中展示交流了自己的想法和成果？	☆☆☆☆☆

练一练

1. 请同学们思考：人脸识别技术会为我们的生活带来安全隐患吗？请说出你的理由。

科学素养培育与提升 ①

2. 查阅资料，了解指纹识别技术，把你的理解写在下面方框内。

读一读

刷脸支付

刷脸支付是一种基于人脸识别的支付方式，其基本原理是将终端硬件采集的人脸信息与云端存储的人脸信息进行比对，从而判断刷脸人的身份，之后将其面部信息与

第一章　身边的人工智能

支付系统中的信息进行关联和认证，最后完成支付。

在以前的线上支付手段中，签名和输入密码的方式不够方便，指纹和眼睛虹膜识别用户体验不佳，声音识别所使用的声音容易被复制。而刷脸支付在便捷性、准确性、安全性等方面，与其他支付方式相比具有明显优势。

科学素养培育与提升 ①

1.3 看图识物

看一看

图像识别技术除了应用于人脸识别外，还能够用于物体识别。比如手机上的一些软件能通过拍照在线识别物体。车辆进出大门可以自动进行车牌识别。此外，在导航、天气预报、环境监测等领域都有图像识别技术的重要应用。你知道图像识别技术是怎么实现"识物"的吗？

第一章 身边的人工智能

学一学

图像识别是用计算机对图像进行处理，从而让计算机能识别出图像中的数字、文字、人脸特征等关键信息的技术。

每幅图像都有它的关键信息，在图像识别过程中，系统必须排除输入的多余信息才能获得关键的信息。图像识别技术可协助进行身份核验，实现移动支付与智能零售。

科学素养培育与提升 ❶

图像识别主要有如下4个步骤：

（1）图像采集：借助传感器采集图片信息，并存储到数据库的过程。

（2）图像处理：在识别过程中，系统会排除采集的多余信息，留下关键的信息。

（3）图像特征提取：提取图片中大量的关键信息，包含颜色特征、图像纹理、形式和空间关系等内容。

（4）图像匹配识别：将图片处理和特征提取的结果与数据库内的图片信息进行比对，完成匹配与识别。

第一章　身边的人工智能

头脑风暴

请用圆圈图罗列图像识别技术的应用场景。

图像识别技术

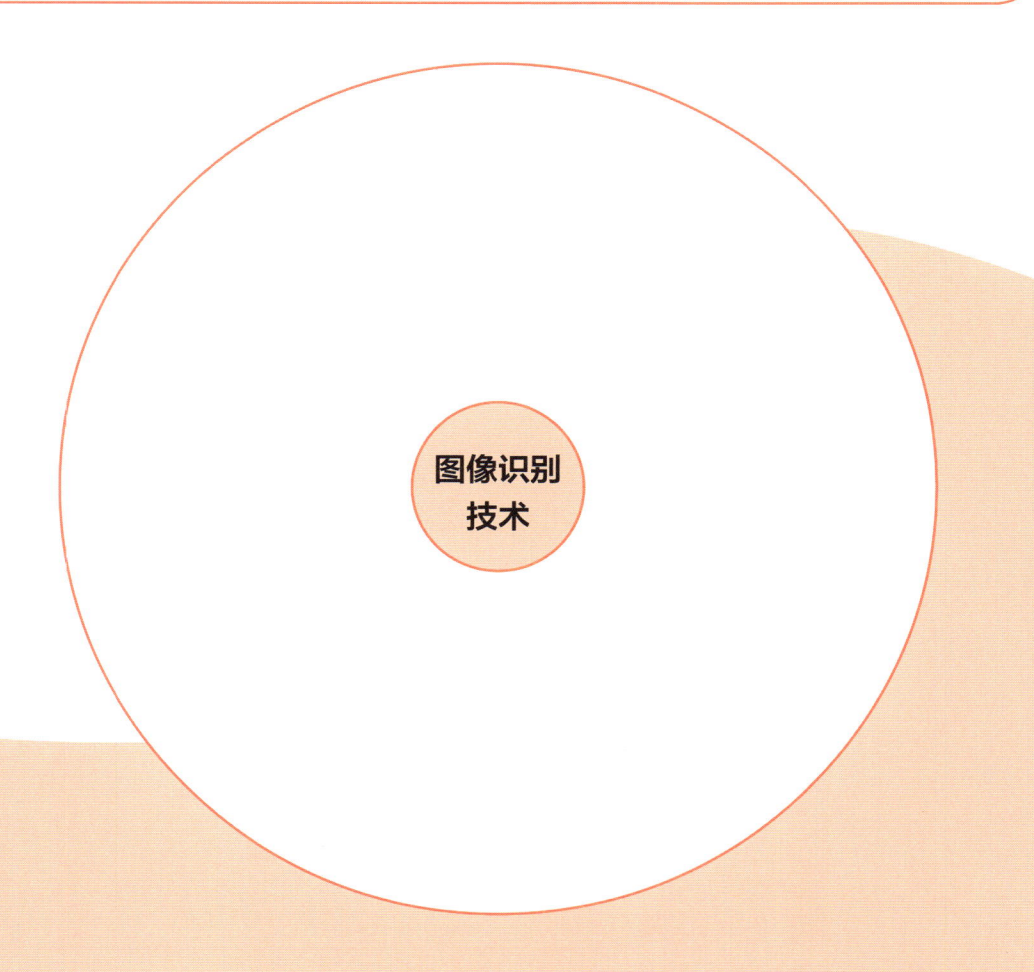

科学素养培育与提升 ❶

做一做

1. 请使用序号 1~4 为图像识别的步骤进行排序。

（　　）图像匹配识别

（　　）图像采集

（　　）图像处理

（　　）图像特征提取

2. 如果要识别出下图的飞机，请问关键信息是什么？多余信息是什么？

关键信息：_____。

多余信息：_____。

第一章 身边的人工智能

试一试

请设计一个能在学校使用的图像识别设备。

我的成果

☆ 我设计的设备名称是 _____

_____ 。

☆ 它可以识别 _____

_____ 图像的信息。

☆ 它可以解决 _____

_____ 的问题。

科学素养培育与提升 ❶

评一评

知识	我是否理解了本活动涉及的所有新知识？	☆☆☆☆☆
技能	我是否顺利地完成了本活动的全部任务？	☆☆☆☆☆
方法	我是否掌握了解决问题的新方法？	☆☆☆☆☆
协作	我是否在活动中配合同学完成了任务？	☆☆☆☆☆
表达	我是否在活动中展示交流了自己的想法和成果？	☆☆☆☆☆

练一练

1. 请列举3个具有图像识别功能的软件。

第一章　身边的人工智能

2. 请同学们思考：图像识别技术未来还可以应用在我们生活中的哪些地方？

读一读

图片拍照翻译技术

图片拍照翻译技术是图像识别技术的一个应用场景。它通过图像识别技术去识别所拍摄照片里的文字，再利用人工智能翻译技术，对文字进行翻译。

科学素养培育与提升 ①

1.4 图片美化

看一看

日常生活和学习中，我们经常需要用到图片美化技术。我们用修图工具美化自己的照片，用各类软件制作精美的海报和插图……。你知道图片美化技术有哪些应用吗？

第一章　身边的人工智能

学一学

图片美化技术是指利用一些工具对图像进行美化以达到更好的效果，从而满足人的视觉心理需求的技术。图片美化技术可以通过计算机或者手机软件实现，已经应用在各行各业，影响着我们生活的方方面面。

图片美化技术可以对图像做出很多修改，比如放大、缩小、旋转、倾斜、镜像、透视等，也可复制、去除斑点、修饰图像的残损等。利用这些功能，我们可以实现对老

科学素养培育与提升 ①

照片的修复、去除不想要的元素、修改照片的亮度以及制作网页、海报等。

利用图片美化技术修复老照片

优化书籍版面

除此之外,在商标设计、标志制作、模型绘制、插图描画、排版等方面也会用到图片美化技术。

第一章　身边的人工智能

头脑风暴

请用圆圈图罗列图片美化技术的功能。

图片美化技术

科学素养培育与提升 ❶

做一做

（多选题）下列使用图片美化功能的做法正确的是（　　）。

A．修复老照片

B．裁剪证件照

C．将照片处理为漫画风格

D．胡乱修改同学的照片

试一试

请设计一个在学校使用图片美化技术的场景。

第一章　身边的人工智能

我的成果

☆ 我设计的场景是_____

_____。

☆ 它使用了_____

_____技术。

☆ 它可以解决_____

_____的问题。

科学素养培育与提升 ①

评一评

知识	我是否理解了本活动涉及的所有新知识？	☆☆☆☆☆
技能	我是否顺利地完成了本活动的全部任务？	☆☆☆☆☆
方法	我是否掌握了解决问题的新方法？	☆☆☆☆☆
协作	我是否在活动中配合同学完成了任务？	☆☆☆☆☆
表达	我是否在活动中展示交流了自己的想法和成果？	☆☆☆☆☆

练一练

1. 图片美化技术会为我们的生活带来安全隐患吗？请说出你的理由。

第一章　身边的人工智能

2. 请找到3个在学校使用图片美化技术的场景。

科学素养培育与提升 ①

读一读

全自动照片编辑器

全自动照片编辑器使用了人工智能技术，能够自动提升照片的品质，降低人工参与程度。它功能丰富，能分辨出人眼无法观察到的轻微画面畸变，并且实现自动校正。为方便使用，它通常会采用简单易用的拖拽操作，可以在人工智能的帮助下自动生成图像。用户只需要导入照片，剩下的工作都可以由软件来完成，能达到自然和真实的编辑效果。

第二章　走进多彩校园

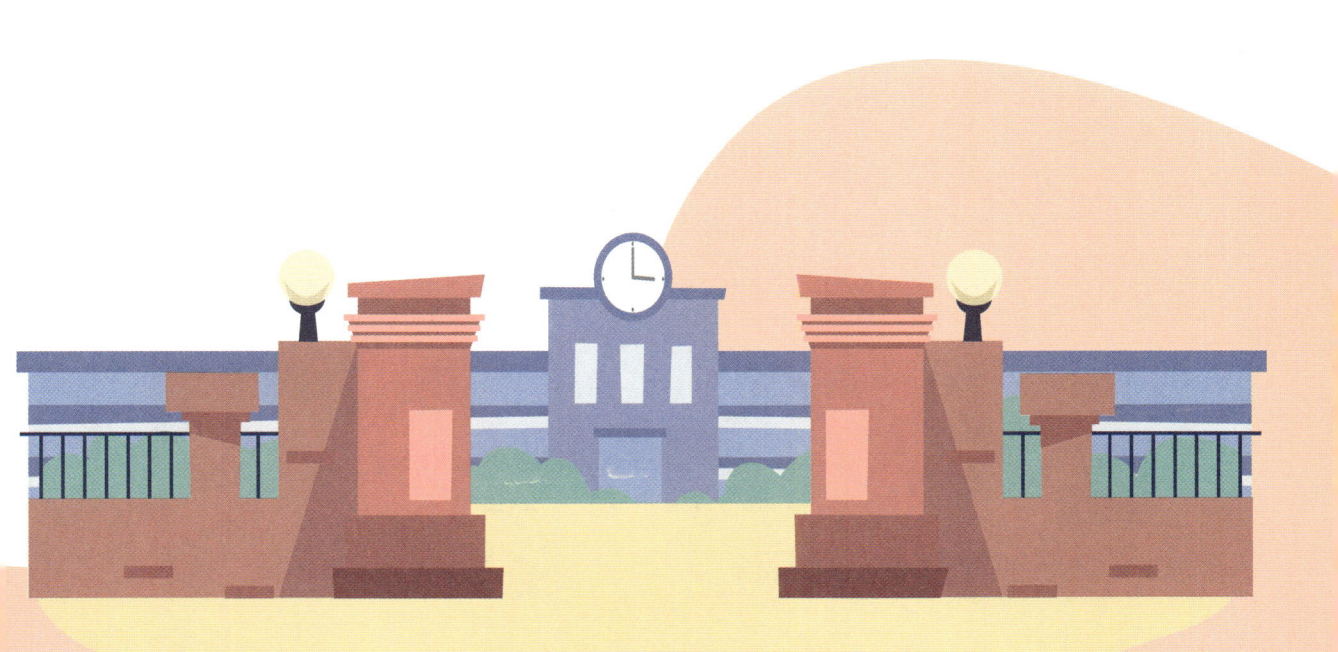

科学素养培育与提升 ❶

2.1 校门

看一看

校门是校园建筑的重要组成部分，除了有"门"的基本功能外，还扮演着"门面"的角色。它是学校的人文景观，对学校理念表达和传播有重要的作用。

同学们回忆一下，我们就读学校的大门和其他学校的大门是一样的吗？

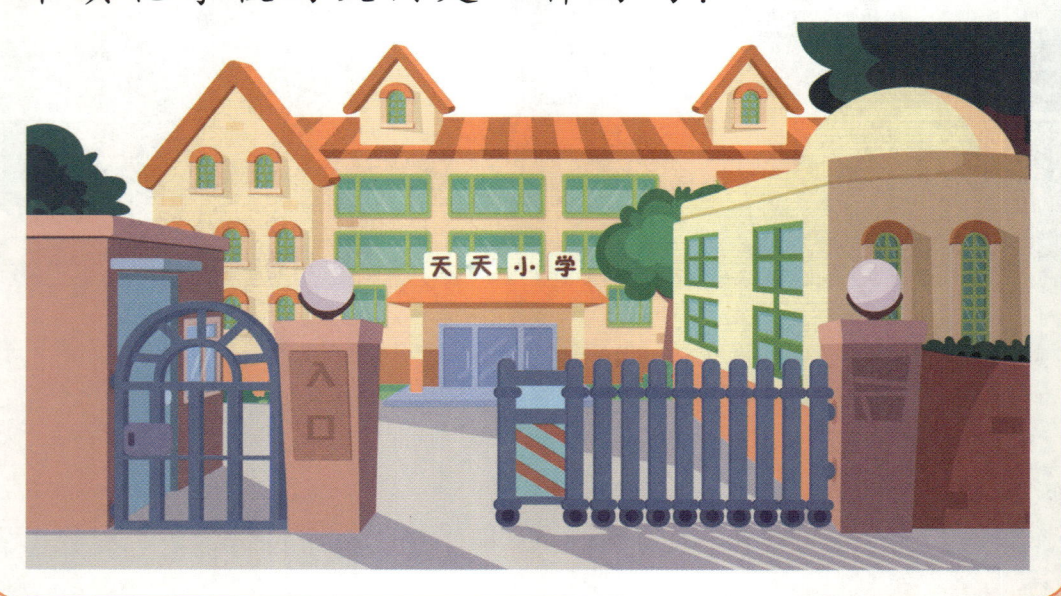

第二章　走进多彩校园

头脑风暴

结合生活中见到的各种校门，请用气泡图罗列"校园大门"的特点。

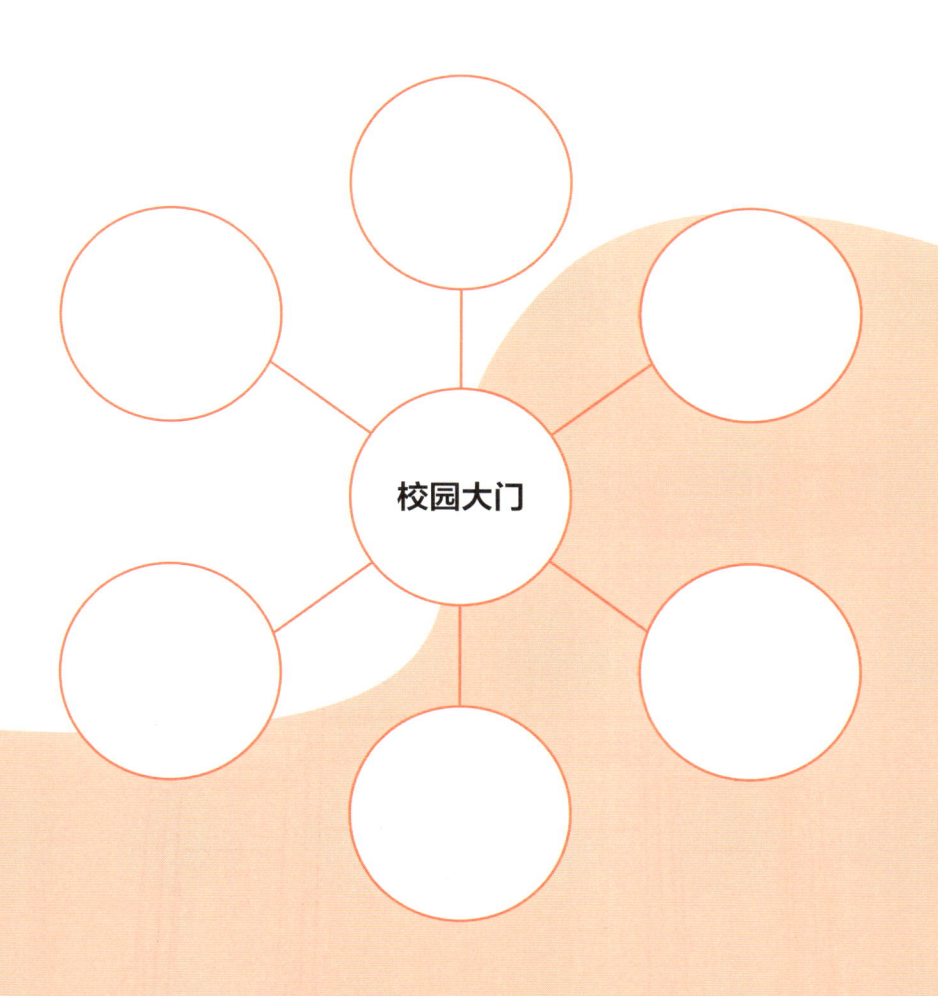

校园大门

科学素养培育与提升 ❶

做一做

（单选题）下列不属于门所具有的作用的是（　　）。

A. 房屋出入口的遮挡物

B. 花园之间的连接通道

C. 家庭安全的防护屏障

D. 作为墙壁的支撑柱子

学一学

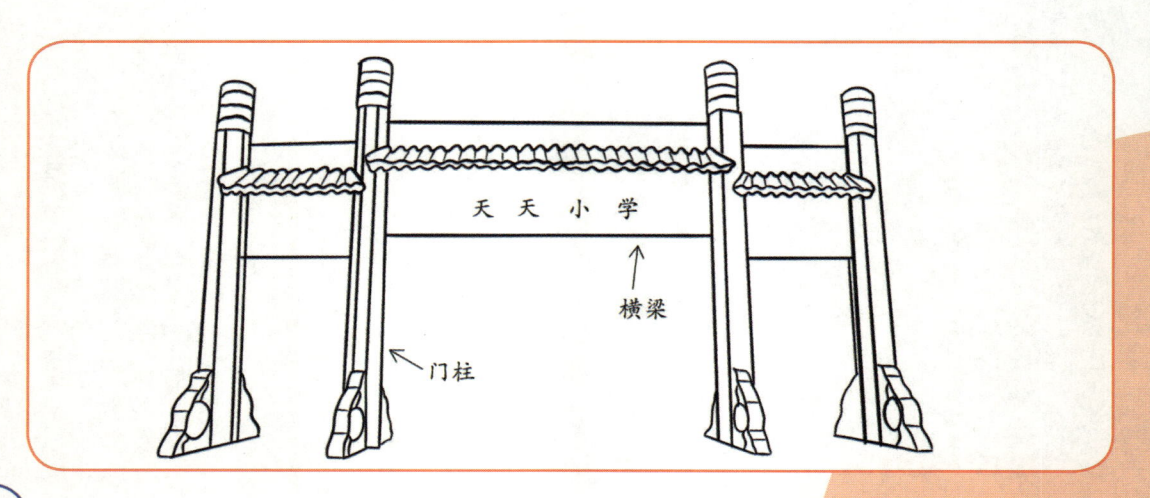

天天小学
↑
横梁

门柱

40

第二章 走进多彩校园

校门主要由门柱和横梁组成。其中门柱是用于固定和支撑校门的柱子。横梁是连接门柱的梁，能增加建筑的整体性。

试一试

请同学们用门柱和横梁设计出一道校门。

科学素养培育与提升 ❶

我的成果

☆ 我设计的校门是_____。

☆ 它具有_____的功能。

☆ 它可以解决_____的问题。

动动手

校门的结构如何应用在搭建当中呢？请同学们自己动动手试一试吧！

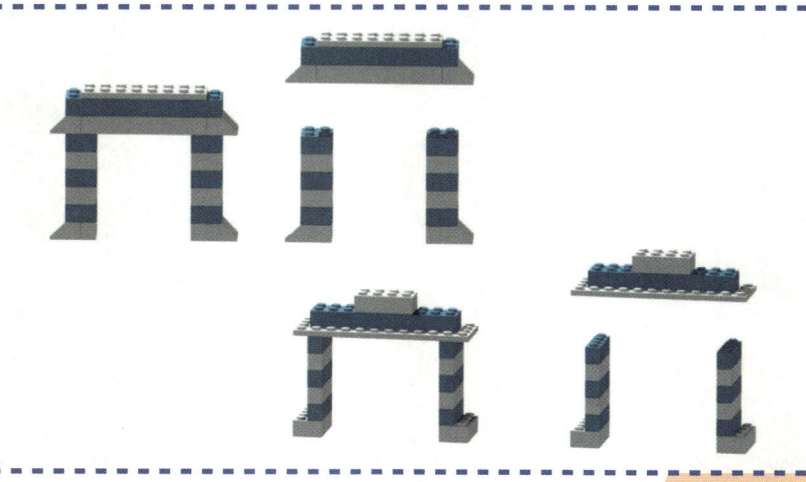

第二章　走进多彩校园

零件清单

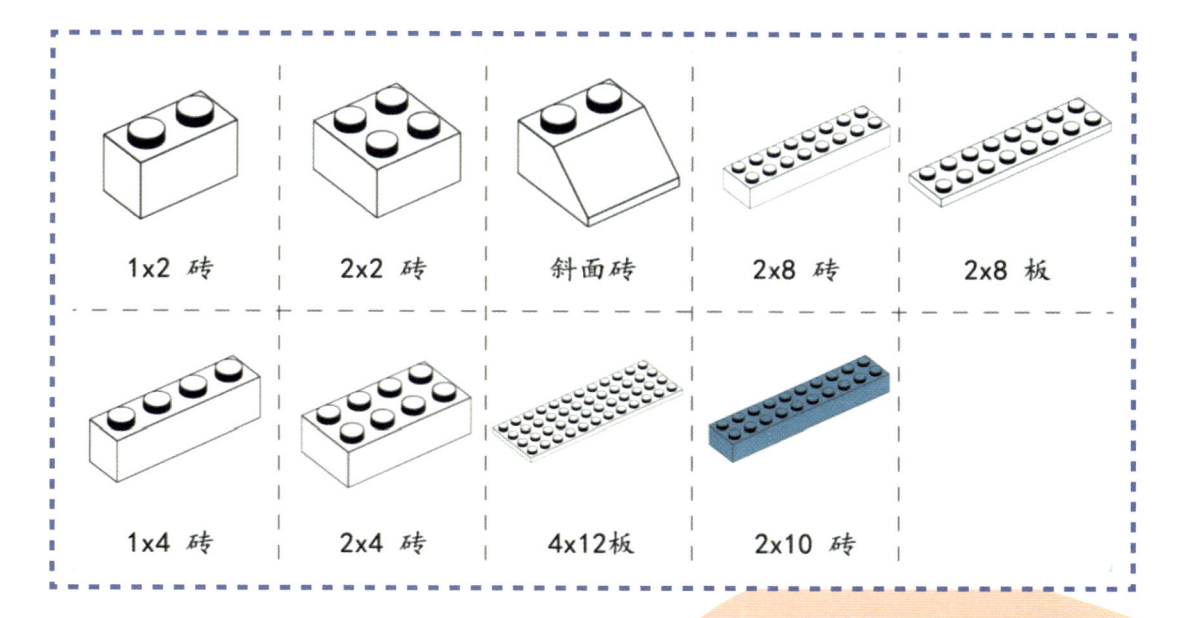

1x2 砖	2x2 砖	斜面砖	2x8 砖	2x8 板
1x4 砖	2x4 砖	4x12 板	2x10 砖	

评一评

知识	我是否理解了本活动涉及的所有新知识？	☆☆☆☆☆
技能	我是否顺利地完成了本活动的全部任务？	☆☆☆☆☆
方法	我是否掌握了解决问题的新方法？	☆☆☆☆☆
协作	我是否在活动中配合同学完成了任务？	☆☆☆☆☆
表达	我是否在活动中展示交流了自己的想法和成果？	☆☆☆☆☆

43

科学素养培育与提升 ①

练一练

（单选题）下列图片中没有支撑柱的建筑是（　　）。

A

B

C

D

读一读

智能门

智能门是一种新型防盗门，它以智能系统为核心，通过高新技术和物联网等，实现多种功能。比如：能自动识别和记录监测范围内的人员身份，针对非法侵入，可实现现场声音报警、远程自动报警和一键紧急呼叫等功能。可广泛应用于家居生活、仓储物流、智能办公楼宇、银行等场所。

科学素养培育与提升 ①

2.2 教学楼

看一看

教学楼是学校教学区的主要建筑，是教师教学与学生学习的场所。教学楼的设计可根据不同地形灵活布置，一般由教室、实验室、教研室和图书阅览室等组成。

同学们想一想：我们所在的教学楼由哪些结构组成？

第二章 走进多彩校园

头脑风暴

请用气泡图罗列你所在的教学楼的特点。

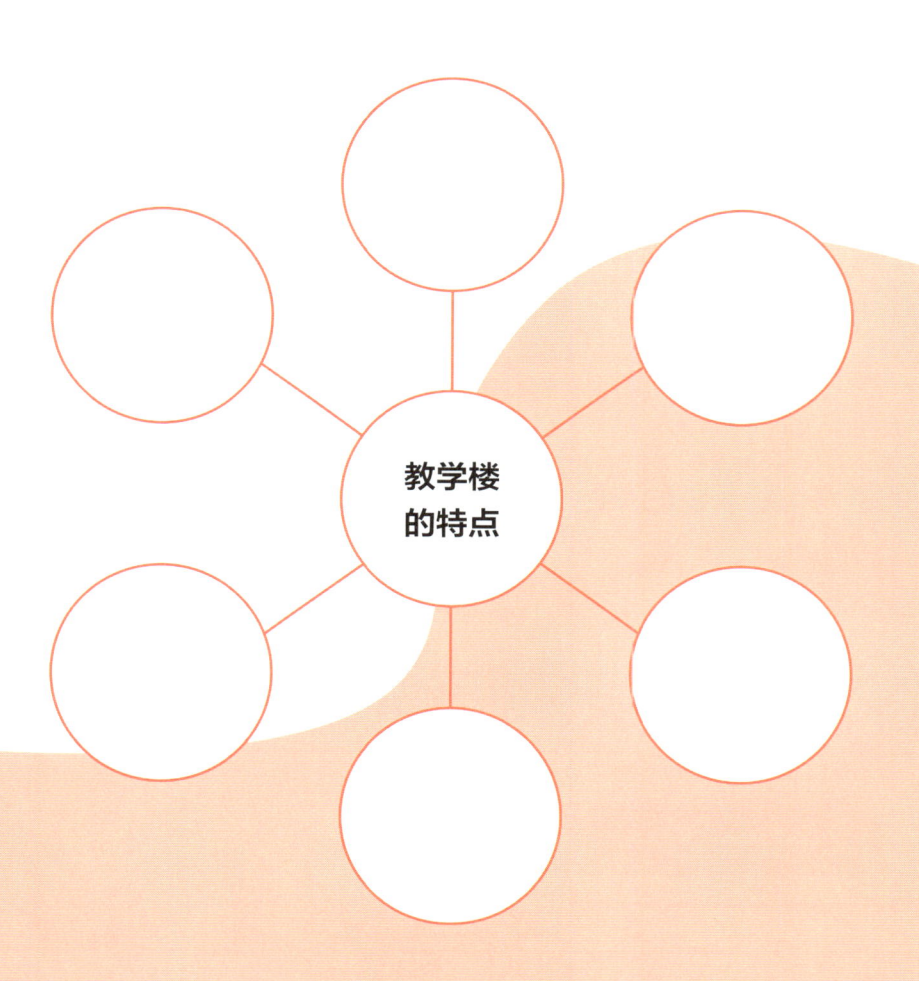

教学楼的特点

科学素养培育与提升 ①

学一学

教学楼一般由地基、墙和柱、楼板和地坪、楼梯、屋顶、门和窗等部分组成。其中：地基在教学楼最下面，它的作用是稳固和支撑整个建筑物；墙和柱能支撑和分隔空间，墙体还具有保温、隔热、隔音的作用；楼板和地坪是水平方向的承重构件，还承担着隔声、防潮、防水的功能；楼梯是楼房建筑的垂直交通设施，供上下楼和紧急疏散使用；屋顶能隔热、防晒和挡雨；门和窗则属于建筑物的配件。

试一试

请同学们设计一幢教学楼。

第二章　走进多彩校园

我的成果

☆ 我设计的教学楼是_____。

☆ 它具有_____的功能。

☆ 它可以解决_____

_____的问题。

科学素养培育与提升 ①

动动手

教学楼的结构如何应用在搭建当中呢？请同学们自己动手试一试吧！

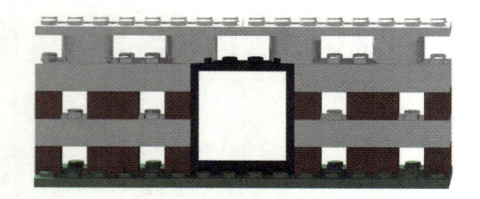

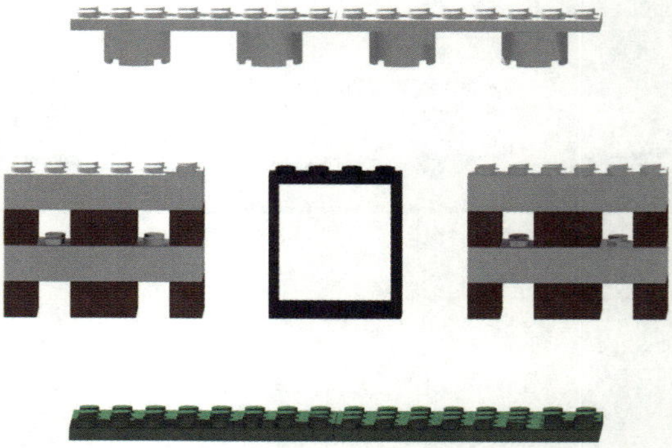

零件清单

门框	1x2 砖	圆柱砖	2x2 砖
2x8 带孔板	4x8 板	2x6 砖	

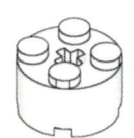

第二章　走进多彩校园

评一评

知识	我是否理解了本活动涉及的所有新知识？	☆☆☆☆☆
技能	我是否顺利地完成了本活动的全部任务？	☆☆☆☆☆
方法	我是否掌握了解决问题的新方法？	☆☆☆☆☆
协作	我是否在活动中配合同学完成了任务？	☆☆☆☆☆
表达	我是否在活动中展示交流了自己的想法和成果？	☆☆☆☆☆

练一练

1．（单选题）下面选项中，（　　）是搭建教学楼的正确步骤。

A．地基—墙面—屋顶

B．屋顶—墙面—地基

C．墙面—地基—屋顶

D．屋顶—地基—墙面

科学素养培育与提升 ❶

2. 连一连：将零件及其名称连起来。

2×8 带孔板

1×2 砖

门框

圆柱砖

读一读

楼板

楼板是一种板状建筑构件，楼板承受着上面建筑构件的全部荷载，还对墙和柱起着水平支撑作用，能减少风和地震对墙体的影响，加强建筑物的整体刚度。

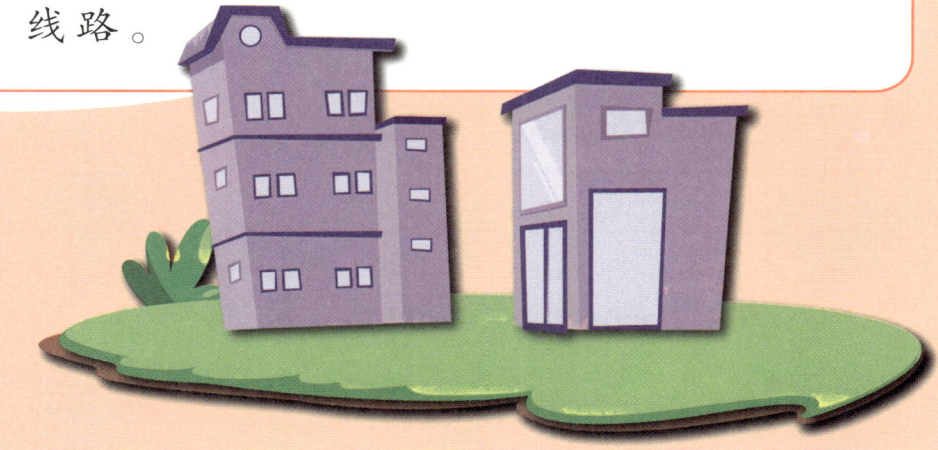

第二章 走进多彩校园

楼板按照所用材料不同，可以分为木楼板、钢筋混凝土楼板和组合楼板等多种类型。其中，钢筋混凝土楼板是应用较为广泛的一种，按照施工方式可以分为现浇式、装配式和装配整体式三种。

教学楼等建筑的楼板在设计的时候，要满足安全可靠、不易被破坏的要求。为了避免上下层房间的相互影响，要求楼板有一定的隔音能力。此外，因为教室要用到各类电器设备，还要求楼板能铺设多种多样的管道、线路。

科学素养培育与提升 ①

2.3 食堂

看一看

食堂是同学们集体用餐的场所。在取餐窗口取完餐后,同学们可以在就餐大厅就座用餐。

同学们想一想:我们在取餐就餐时,应该注意什么呢?

头脑风暴

请用圆圈图罗列在食堂就餐时的注意事项。

第二章 走进多彩校园

食堂
就餐

学一学

shí táng cān zhuō dèng tōng cháng
食堂餐桌凳通常
yóu cān zhuō hé cháng dèng zǔ chéng　yí
由餐桌和长凳组成。一
tào cān zhuō dèng tōng cháng bāo hán yì
套餐桌凳通常包含一
zhāng zhuō zi hé duō tiáo dèng zǐ
张桌子和多条凳子。

科学素养培育与提升 ❶

试一试

请同学们设计一张餐桌。

我的成果

☆ 我设计的餐桌是_____。

☆ 它具有_____功能。

☆ 它可以解决_____

_____的问题。

第二章　走进多彩校园

动动手

食堂餐桌凳的结构如何应用在搭建当中呢？请同学们自己动手试一试吧！

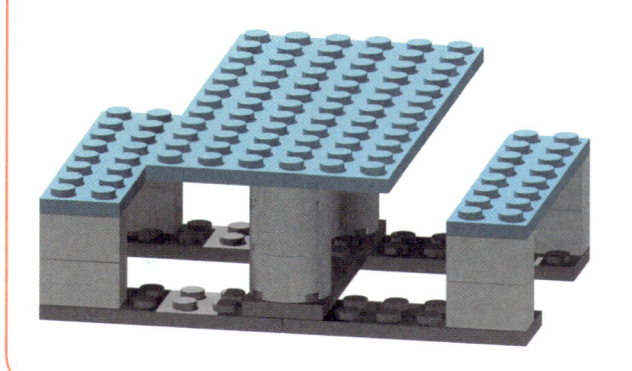

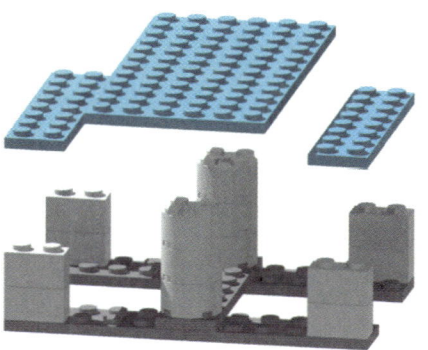

零件清单

| 2x6 板 | 2x8 板 | 6x12 板 |

| 圆柱砖 | 1x2 砖 |

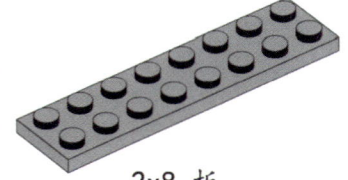

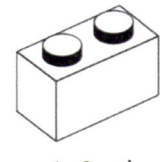

科学素养培育与提升 ❶

评一评

知识	我是否理解了本活动涉及的所有新知识？	☆☆☆☆☆
技能	我是否顺利地完成了本活动的全部任务？	☆☆☆☆☆
方法	我是否掌握了解决问题的新方法？	☆☆☆☆☆
协作	我是否在活动中配合同学完成了任务？	☆☆☆☆☆
表达	我是否在活动中展示交流了自己的想法和成果？	☆☆☆☆☆

练一练

1. 请同学们利用空余时间寻找并阅读食堂墙上的标语，在下面方框内为食堂编写一句合适的标语。

第二章 走进多彩校园

2. 请同学们在爸爸妈妈的帮助下查阅资料，了解大米是如何被生产出来的。

读一读

智能餐桌

随着经济的发展以及人们生活水平的提高，人们不仅对菜品味道更加重视，就餐过程中的用户体验也越来越受到关注。智能餐桌便应运而生。

智能餐桌能实现餐桌的感应控制，通

科学素养培育与提升 ❶

过传感器检测用餐者的夹菜动作或者服务员的上菜动作，可以控制餐桌旋转或停止。智能点餐系统结合了传统菜谱和无线点菜系统的优点，能够实现菜品的即时更新，还可以实现从点菜到结账的全过程自动化。在用餐时，智能餐桌可以根据用餐人的身高自动升降，达到最佳用餐高度。

你喜欢这样的餐桌吗？

第二章 走进多彩校园

2.4 滑梯

看一看

滑梯是一种综合性的运动器械,常见于幼儿园及游乐场。除了娱乐功能之外,滑梯还可以用于救援等特殊用途。

头脑风暴

请用单气泡图罗列关于滑梯的要素。

科学素养培育与提升 ❶

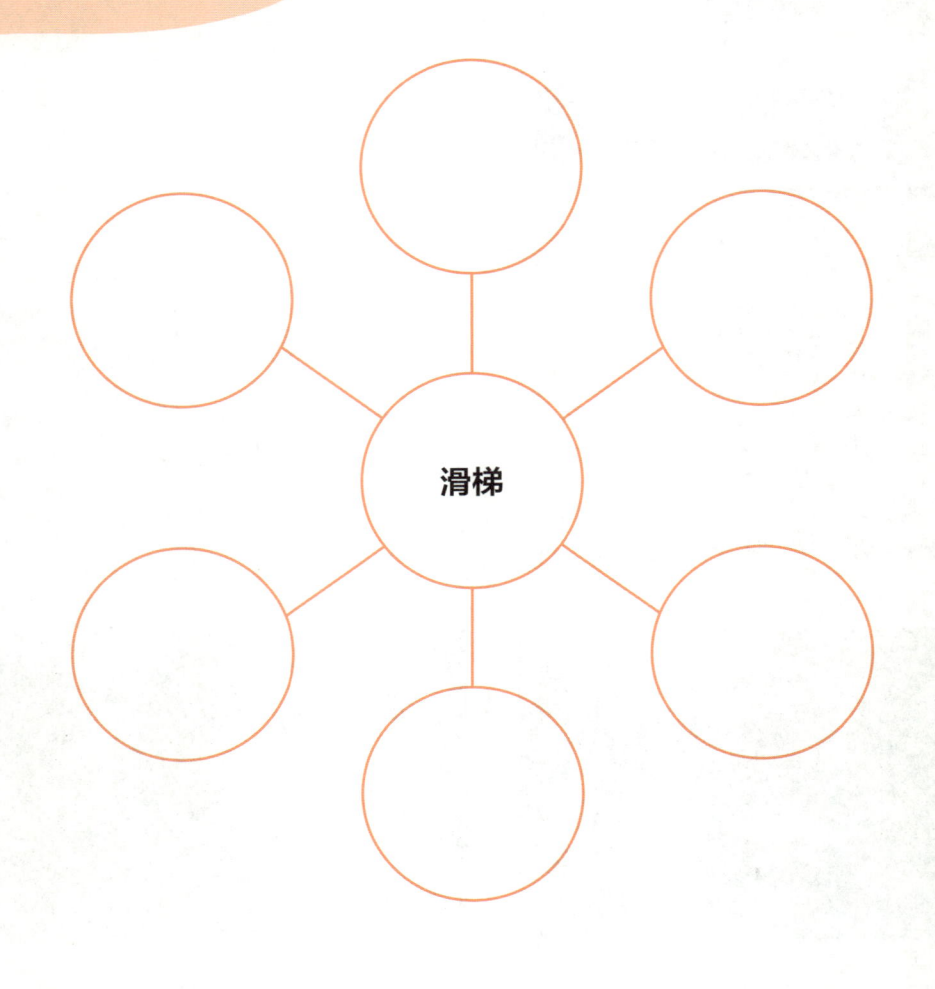

滑梯

第二章 走进多彩校园

做一做

滑滑梯时，身体下滑的速度与什么有关？请你与同学们展开讨论，将你们的讨论结果写在下面方框内。

学一学

滑轨　　　梯子　　　底座

科学素养培育与提升 ①

滑梯大致可以分解为底座、梯子及滑轨。

底座是提升和固定滑轨的平台。

梯子是人从地面爬升到滑轨顶端的通道。

滑轨是表面光滑的斜面。

试一试

请同学们设计一个滑梯。

第二章　走进多彩校园

我的成果

☆ 我设计的滑梯是_____。

☆ 它具有_____功能。

☆ 它可以解决_____
_____的问题。

动动手

滑梯的结构如何应用在搭建当中呢？请同学们自己动手试一试吧！

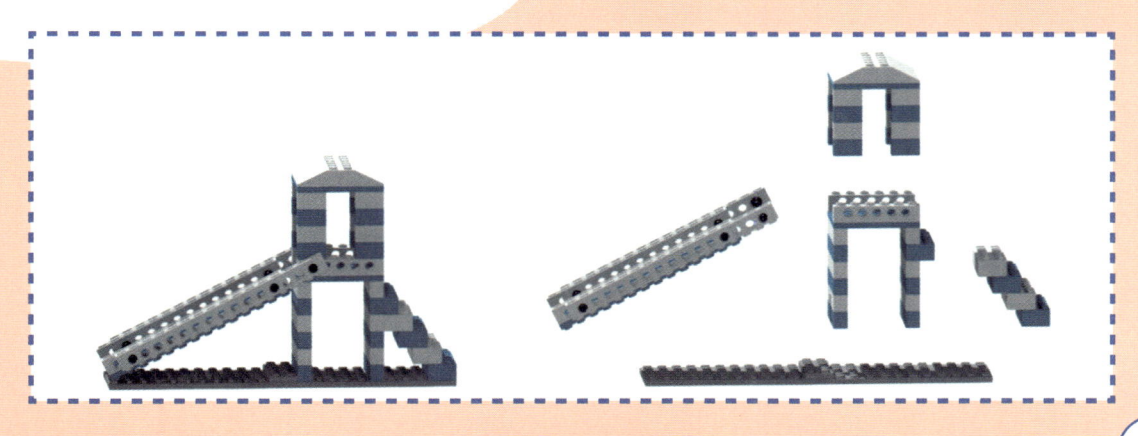

科学素养培育与提升 ①

零件清单

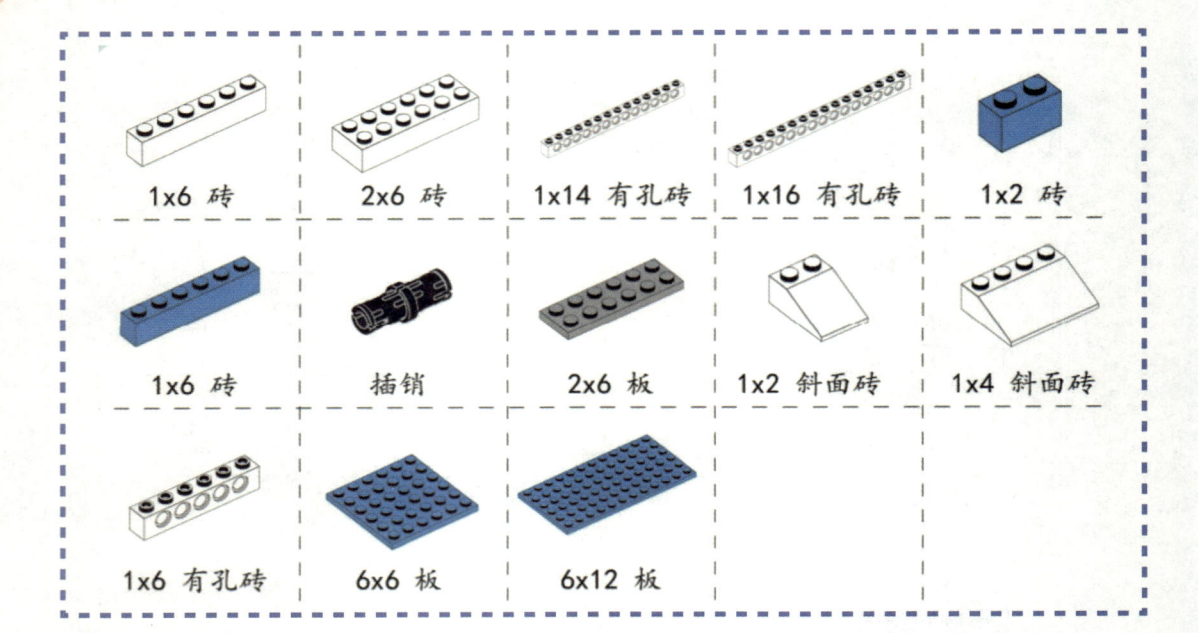

1x6 砖	2x6 砖	1x14 有孔砖	1x16 有孔砖	1x2 砖
1x6 砖	插销	2x6 板	1x2 斜面砖	1x4 斜面砖
1x6 有孔砖	6x6 板	6x12 板		

评一评

知识	我是否理解了本活动涉及的所有新知识？	☆☆☆☆☆
技能	我是否顺利地完成了本活动的全部任务？	☆☆☆☆☆
方法	我是否掌握了解决问题的新方法？	☆☆☆☆☆
协作	我是否在活动中配合同学完成了任务？	☆☆☆☆☆
表达	我是否在活动中展示交流了自己的想法和成果？	☆☆☆☆☆

练一练

1. 思考一下：滑梯的滑轨是越水平越好，还是越接近垂直越好？

2. 查阅资料，了解"角度"的知识，尝试做一做小实验：把书本当做一个滑梯，用橡皮在上面滑动，尝试调整书本的倾斜角度，思考橡皮的滑动速度与书本倾斜的角度有什么关系。

科学素养培育与提升 1

读一读

生命滑梯

当火灾发生时，高层建筑中的居民很难逃生，一般只能等待救援。但消防云梯承载人数有限，而且行动缓慢；入室救援则危险性大，威胁消防员的生命。

为了解决这个困难，中国一位年轻设计师设计了一款高层救援车，融合了滑梯、起重机械、救援云梯的设计理念。在救援车上安装一个可折叠的救援滑梯，通过折叠伸缩可以调节滑梯的高度和角度，便可将滑梯准确送至遇险人员的窗口；遇险人员爬上滑梯后，只需要像玩滑梯一样滑下来即可。

第二章　走进多彩校园

2.5　图书馆

看一看

图书馆是搜集整理、收藏图书资料，以供读者阅览的场所，早在距今5000多年前就已经出现。图书馆有着保存人类文化遗产、开发信息资源、参与社会教育等功能。

科学素养培育与提升 ❶

头脑风暴

请用气泡图罗列与图书馆相关的要素。

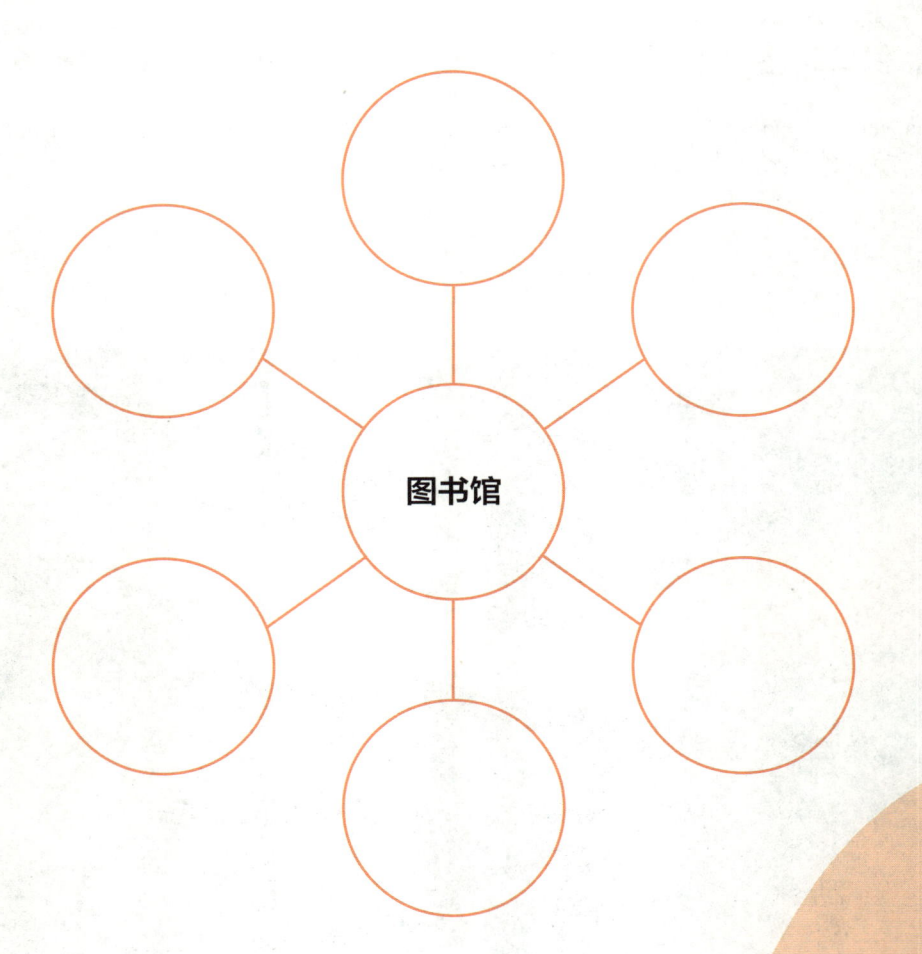

图书馆

第二章 走进多彩校园

做一做

当我们进入图书馆的时候，哪些事情可以做，哪些不可以做呢？能做的请打"√"，不能做的请打"×"。

（　　）来回奔跑、打闹

（　　）边看书边吃零食

（　　）从书架上拿书时，轻拿轻放

（　　）书籍阅读完，放回原处

科学素养培育与提升 ①

学一学

图书馆内可以大致分解为藏书区和阅览区。

藏书区是摆放书本的区域。

阅览区是阅读的区域。

试一试

图书馆里摆放着各种各样的书籍，同时也分了许多区域，请同学们合理规划图书馆的空间布局吧！

第二章 走进多彩校园

我的成果

☆ 我把图书馆分为_____、_____、_____、_____等区域。

☆ 它具有_____功能。

☆ 它可以解决_____的问题。

73

科学素养培育与提升 ①

动动手

图书馆的结构如何应用在搭建当中呢？请同学们自己动手试一试吧！

零件清单

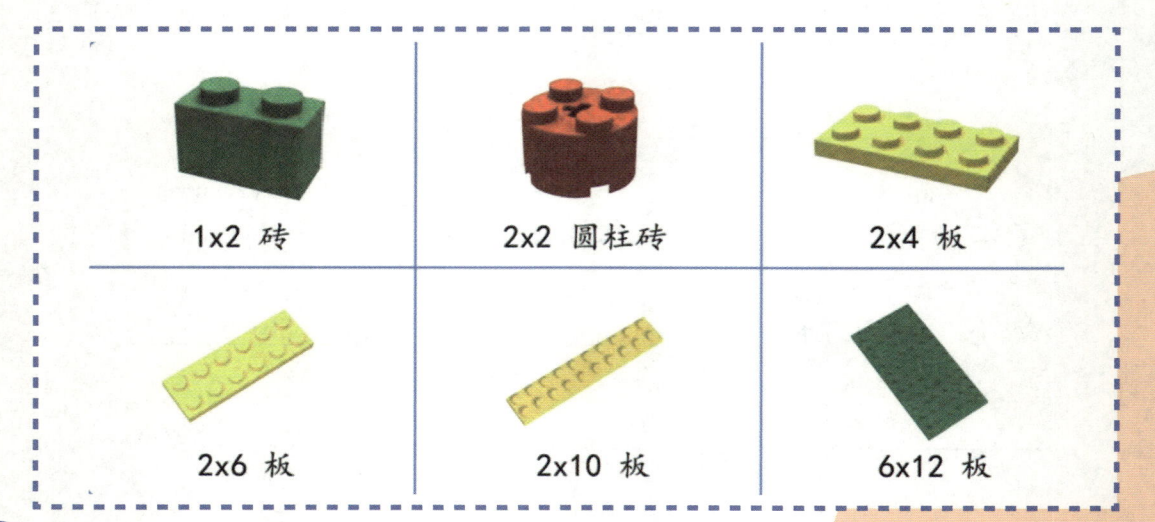

1x2 砖	2x2 圆柱砖	2x4 板
2x6 板	2x10 板	6x12 板

第二章 走进多彩校园

评一评

知识	我是否理解了本活动涉及的所有新知识？	☆☆☆☆☆
技能	我是否顺利地完成了本活动的全部任务？	☆☆☆☆☆
方法	我是否掌握了解决问题的新方法？	☆☆☆☆☆
协作	我是否在活动中配合同学完成了任务？	☆☆☆☆☆
表达	我是否在活动中展示交流了自己的想法和成果？	☆☆☆☆☆

练一练

1. 你觉得图书馆里面除了藏书区、阅览区之外，还应该有哪些区域？

科学素养培育与提升 ①

2. 请你在图书馆里借阅一本书，阅读完后归还。记录下整个借阅过程。

读一读

中国国家图书馆

中国国家图书馆前身是京师图书馆。20世纪初，在变法图强和西学东渐的背景

第二章 走进多彩校园

下，有识之士奏请清政府兴办图书馆和学堂，以传承民族文化，吸收先进科学。1909年9月9日清政府批准筹建京师图书馆，馆舍设在北京广化寺，1912年8月27日开馆接待读者。1916年起正式接受国内出

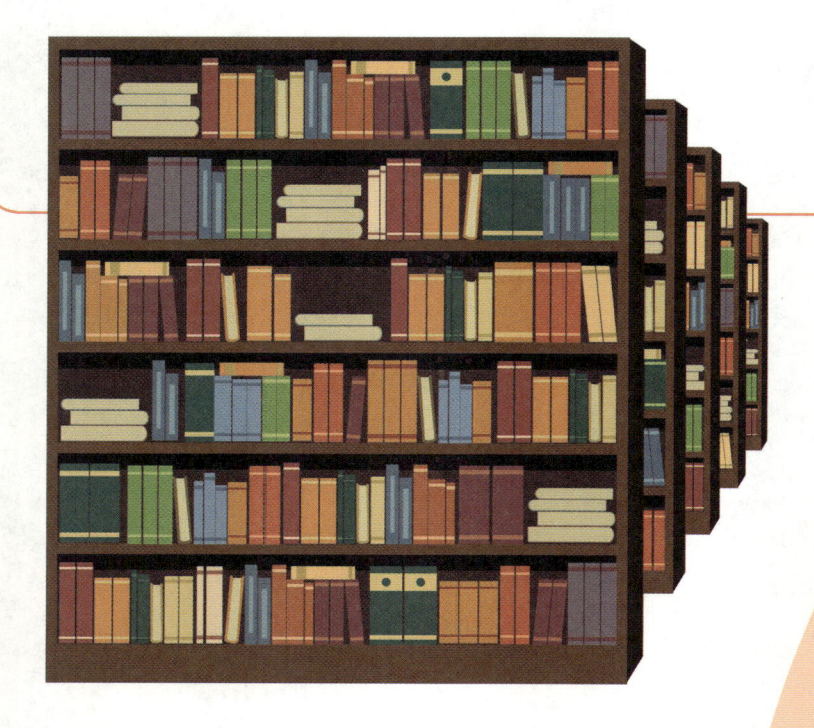

科学素养培育与提升 ❶

版物的呈缴本,标志着开始履行国家图书馆的部分职能。

改革开放以来,国家图书馆大胆开拓,锐意改革,图书馆事业取得了跨越式发展,承担了许多国家重要文化工程,在传承中华优秀传统文化、促进公共文化服务体系建设中发挥着越来越重要的作用。

第三章 神奇的生物世界

科学素养培育与提升 ①

3.1 神奇植物

看一看

在"人口众多"的植物王国里,很多植物都拥有神奇的本领,牵牛花会变色,凤仙花的种子会弹射,猪笼草会捕食昆虫,跳舞草的叶子会"舞动"……。你都认识哪些神奇的植物呢?我们一起去探索吧。

第三章　神奇的生物世界

头脑风暴

请用气泡图罗列与植物相关的要素。

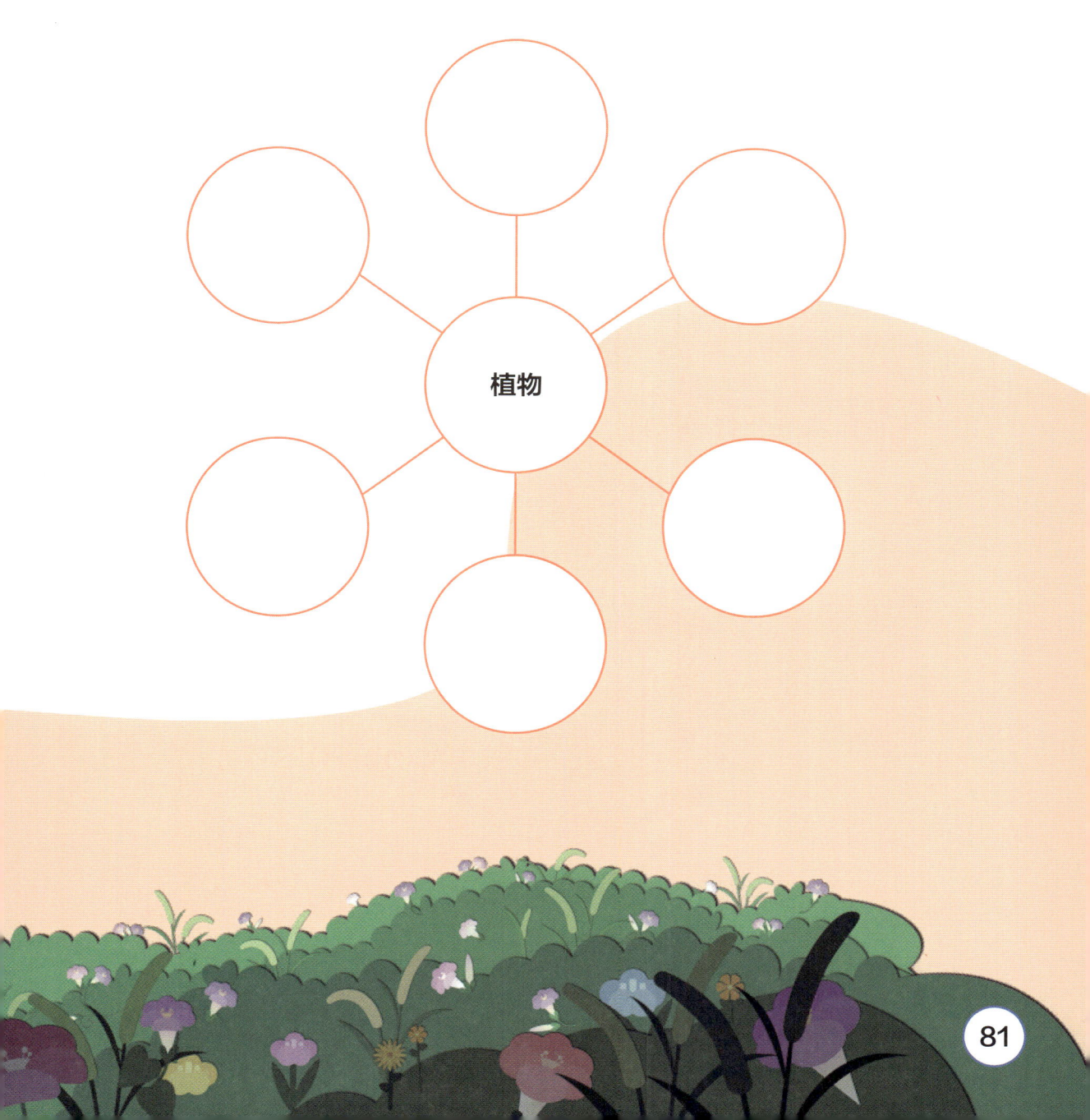

植物

科学素养培育与提升 ①

学一学

植物的形态多种多样，千变万化。科学家将植物体分成不同的部位，根据各部位的差异来辨别不同的植物。这些不同的部位叫作植物的器官。

植物可以用根、茎和叶来吸收、运输、制造植物生活所需的营养，用花、果实和种子来进行繁殖。所以，根、茎、叶是植物的营养器官，花、果实、种子是植物的繁殖器官。

植物的结构
- 花
- 果实（内含种子）
- 茎
- 叶
- 根
- 植物体

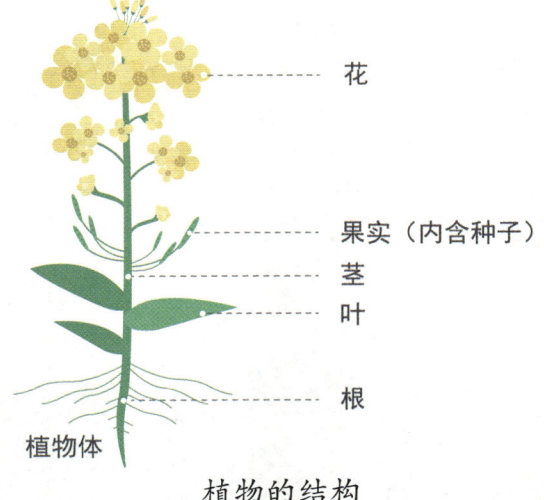

第三章　神奇的生物世界

千姿百态的叶：王莲是一种超大型莲类，它的叶片呈盘形漂浮在水面上，直径可达三米，是世界上叶片最大的水生植物；仙人掌是一种热带植物，为了适应干燥炎热的环境，仙人掌将叶子演变为了刺，从而减少水分的蒸发。

多姿多彩的花：耀眼豆是南澳大利亚州的州花，它色泽艳丽，形态奇妙，远远看去好似荒漠上出现了小小的"天外人"；拟蝶唇兰原产西印度群岛和南美洲热带地区，它的花形似美丽动人的蝴蝶。

科学素养培育与提升 ❶

形态各异的根：榕树的根除了在地下肆意生长外，为了支撑庞大的树冠，还会从树枝上伸出，缓慢垂落到地面变成支持根，形成"独木成林"的奇观；大王花是寄生植物，它的根十分微小，肉眼不可见，却深深地侵入寄主植物的身体中，吸取养分为开花做准备。

第三章　神奇的生物世界

做一做

1. （单选题）我们日常所食用的红薯是植物的（　　）。

    A. 根　　B. 茎　　C. 叶　　D. 果实

2. 想一想，所有植物都有根、茎、叶、花、果实、种子吗？

3. 为同学们介绍一种你认为神奇的植物。

科学素养培育与提升 ①

知识卡片

拓印在我国是一项古老的传统工艺，经常用在雕刻作品上，我们也可以用"拓印"的方式来留下植物的美丽。

植物中饱含各种颜色的汁液，我们可以通过均匀地捶击植物，让这些汁液印在纸巾上或者丝巾上，从而留下它们绚丽多彩的颜色和优美的身姿。而拓印后的纸巾或丝巾，就成为漂亮的作品了。

第三章 神奇的生物世界

试一试

1. 材料准备

丝巾（纸巾），胶带，小锤子（石头），各种美丽的植物。

2. 操作过程

第一步：选择喜欢的植物，用胶带固定在丝巾上

↓

第二步：

↓

第三步：

↓

第四步：取下胶带和残留的植物，拓印就完成啦

科学素养培育与提升 ❶

我的作品

☆ 我制作的作品名称是_____。

☆ 在我的作品中用到了_____
_____。

☆ 我的作品的特点是_____
_____。

评一评

知识	我是否理解了本活动涉及的所有新知识？	☆☆☆☆☆
技能	我是否顺利地完成了本活动的全部任务？	☆☆☆☆☆
方法	我是否掌握了解决问题的新方法？	☆☆☆☆☆
协作	我是否在活动中配合同学完成了任务？	☆☆☆☆☆
表达	我是否在活动中展示交流了自己的想法和成果？	☆☆☆☆☆

第三章　神奇的生物世界

练一练

1. 除了通过植物拓印，我们还可以通过什么方法留下植物的美丽姿态？

2. 回到家后和父母一起找一找家里有哪些植物。

科学素养培育与提升 ❶

读一读

植物学家钱崇澍

钱崇澍（1883—1965），中国科学院院士，中国近代植物学的开拓者和奠基人之一，近代植物学事业发展的重要组织者。

钱崇澍出身于浙江海宁市的一个书香门第，曾与竺可桢等科学家一起出国求学。回国后，他投身植物学相关研究，参与创建中国第一个生物学研究机构，并多年在大学任教，培养了秦仁昌、李继侗等大量植物学相关人才。

中国幅员辽阔，植物种类异常丰富。植物资源是国家的重要财富，要可持续开发

第三章 神奇的生物世界

和利用植物资源、发展植物学相关学科，就必须弄清国家植物的种类和组成，编写、出版国家植物志。1959年，在几十位科学家共同努力下，《中国植物志》编委会成立，钱崇澍和陈焕镛担任主编。在中国科学院的主持下科学家们克服了重重困难，在全国开展植物考察，使科研与该套书的编写工作走上正轨。《中国植物志》于2004年9月全部完成，共80卷126册，5000多万字，记载了我国3万多种植物。如此浩瀚的巨著，在全世界植物学著作中也是罕见的。这是中国几代科学家共同努力的结果，我们不能忘记钱崇澍等老一辈科学家开创性的贡献。

科学素养培育与提升 ①

3.2 酷虫世界

看一看

昆虫是动物界种类最多的一个类群，在很多地方都能看见它们忙碌的小身影。但有些人因为不了解，往往害怕或者讨厌这些可爱的"小伙伴"。实际上，昆虫家族"人才济济"，拥有很多我们没有的酷炫技能，有的是大自然中的"伪装大师"，有的是吹拉弹唱的"民间艺术家"，还有的是威武的"铠甲勇士"……。我们一起看看，它们都有哪些本领吧。

第三章 神奇的生物世界

头脑风暴

请用气泡图罗列与昆虫相关的要素。

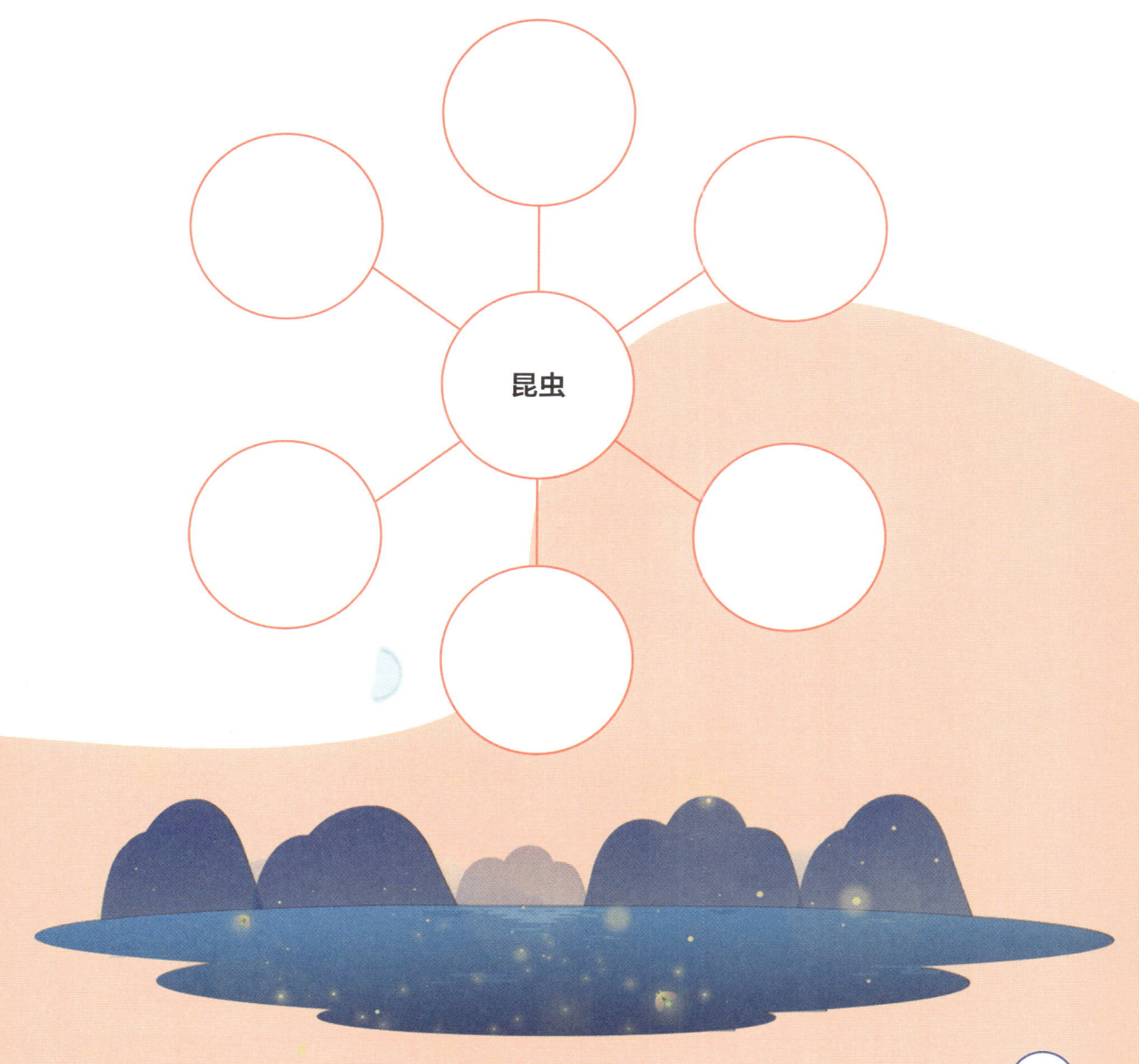

昆虫

科学素养培育与提升 ①

学一学

昆虫世界中，有不少的"能工巧匠"，它们都有着独特的技能。

发光：萤火虫会在尾部发出幽幽的黄绿色的光。而会发光的虫子，可不只有萤火虫。在新西兰的一个洞穴内有一种昆虫叫作蕈蚊，它们的幼虫也会发光，淡淡的蓝色光芒将洞穴装点得如梦似幻。

拟态：不少昆虫会模拟成其他生物的样子，从而躲避、恐吓天敌或骗过猎物的眼睛。枯叶蝶的翅膀像一片枯萎的落叶，这让它看上去一点也不好吃；兰花螳螂长得像兰花的花朵一般，这可让前来采蜜的蜜蜂遭了殃。

第三章 神奇的生物世界

发声：蟋蟀、蝗虫和蝉等昆虫也可以发出富有节奏的声音，它们被人们称为"昆虫音乐家"。想想看，还有什么昆虫能够发出声音。

做一做

1. 说一说下列图中的昆虫分别像什么？它们都拥有昆虫的哪一种炫酷技能？

科学素养培育与提升 ❶

2.（多选题）下列哪些昆虫可以发出声音？（　　　）

A. 蝉　　B. 蟋蟀　　C. 蜜蜂　　D. 蚊子

3. 为同学们介绍一种你认为独特的昆虫。

第三章　神奇的生物世界

知识卡片

有一种昆虫，它在土里度过幼年，长大后钻出泥土，脱下厚厚的壳，舒展翅膀变成成虫。在炎热的夏季，它在高高的树枝上发出"知了，知了"的声音。这种昆虫就是蝉，也称为知了。

这类会鸣叫发声的昆虫，我们称之为鸣虫。别小看蝉的叫声，它可是夏天午后的"扰民大师"，影响人们的休息。我们可以通过制作竹蝉来模拟蝉发声。

科学素养培育与提升 ❶

试一试

1. 材料准备

竹筒，圆形不干胶，长条形不干胶，绳子，木棒，塑料蝉翼，眼睛贴纸，小竹签。

2. 操作流程

第一步：将圆形不干胶粘贴在竹筒底部

第二步：

第三步：在封盖正中间扎个孔

第四步：

第五步：

第六步：手握木棒并挥动旋转竹蝉，即可听到竹蝉的声音

第三章　神奇的生物世界

我的成果

☆ 我制作的作品名称是_____。

☆ 我的作品能够_____。

☆ 我从作品中得出的结论是_____。

评一评

知识	我是否理解了本活动涉及的所有新知识？	☆☆☆☆☆
技能	我是否顺利地完成了本活动的全部任务？	☆☆☆☆☆
方法	我是否掌握了解决问题的新方法？	☆☆☆☆☆
协作	我是否在活动中配合同学完成了任务？	☆☆☆☆☆
表达	我是否在活动中展示交流了自己的想法和成果？	☆☆☆☆☆

科学素养培育与提升 ❶

练一练

1. 除了蝉以外,你还知道哪些昆虫的特殊技能会对我们的生活造成影响?

2. 我们可以利用昆虫的特殊技能来做什么?

第三章　神奇的生物世界

读一读

昆虫为什么发声？

回想一下，你和爸爸妈妈平时都怎样交流？人类最主要的交流方式是口头的语言表达，即"说话"，我们通过声带发出了声音。昆虫之间也有它们特有的交流方式，而发声是昆虫之间有效的交流方式之

科学素养培育与提升 ①

一。可以说,昆虫发声就是为了交流并传递信息。

有的昆虫发出声音,是为了传递求偶信息,通过声音的方式找到合适的伴侣,例如蝉和蝗虫;有的昆虫发出声音,是为了传递领地占有的信息,例如蟋蟀,它们有占据领地的习性,一旦有其他虫子闯入领地范围时,便会发出警告的声音;有的昆虫发出声音,是为了传递家族成员的信息,例如蜜蜂,蜜蜂是社会性的昆虫,在一个蜜蜂家族中,成员们通过声音来互相联络、交流。

第三章 神奇的生物世界

3.3 动物之间

看一看

　　动物是大自然的重要成员。如同人与人之间复杂的关系一般，各种动物之间也会有着不同的生存关系。有的动物会捕食另一种动物，像"敌人"一般的存在；有的动物又和其他动物合作，像"朋友"一般在恶劣的自然环境中生存下来。

科学素养培育与提升 ①

头脑风暴

请用气泡图罗列与动物相关的要素。

动物

第三章　神奇的生物世界

学一学

自然界中，动物之间的关系受到许多因素的影响，其中最重要的就是食物。动物要获得食物，必须采取一定的方式。获取食物的方式决定了不同的动物之间的关系。具有代表性的关系有捕食、竞争、共生和寄生。

捕食：俗话说，"黄鼠狼给鸡拜年——没安好心"。现实生活中，鸡就是黄鼠狼的捕食对象。这种一种生物以另一种生物为食的关系，被称为捕食关系。

竞争：自然界中的生存空间对每个物种都十分宝贵。不可避免地，不同的动物会在同一个空间内一起生活，互相争夺有限的

科学素养培育与提升 ①

食物。例如,草原上共同生活的马和牛都以草为食。这样的关系被称为竞争关系。

共生:有的动物为了提高获取食物的效率,或是降低自身的生存风险,会选择与其他生物共同生活,互相帮助。例如,剧毒的海葵和小丑鱼生活在一起。小丑鱼体表有一层黏液保护它们不被海葵的毒刺伤害,它们住在海葵的触手中得到海葵的保护;同时,它们会给海葵带来食物,还会驱

第三章 神奇的生物世界

赶前来捕食海葵的鱼类。这种互利互惠的关系被称为共生关系。

寄生：有的动物互相竞争，但有的动物却选择"偷懒"——直接生活在另一种动物的体内。野生动物体表常见的虱子和蜱虫靠吸血为生，人体内的寄生虫靠肠道内消化的食物营养为生。这样的关系被称为寄生关系。

小丑鱼与海葵

科学素养培育与提升 ❶

做一做

1. （单选题）下列动物之间属于竞争关系的是（　　）。

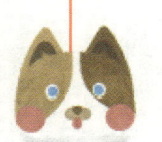

   A. 草原上的猫头鹰和兔子

   B. 寄居蟹和生活在其螺壳上的海葵

   C. 菜田中的白菜与菜青虫

   D. 草原上生活的马和羊

2. （多选题）下列哪些俗语描述的是动物之间的捕食关系？（　　）

   A. 大鱼吃小鱼，小鱼吃虾米

   B. 两个黄鹂鸣翠柳

   C. 螳螂捕蝉，黄雀在后

   D. 老鼠管粮仓，越管越空

   E. 母鸡下蛋咯咯叫，生怕别人不知道

第三章　神奇的生物世界

3. 你知道人与身边的动物之间有哪些关系吗？请举例说明。

知识卡片

草原上的故事

在非洲草原上，一群无忧无虑的水牛，正在开心地吃草。皮肤上的寄生虫让它们有些不舒服，但背上的牛椋鸟会帮它们啄食这些虫子，而水牛也会保护牛椋鸟，防止它们被其他捕食者偷袭。水牛和

科学素养培育与提升 ①

牛椋鸟很久以来一直这样互相帮助。

远处，一群鬣狗在草丛里蠢蠢欲动。水牛身上的牛椋鸟最先发现危险，纷纷飞到空中示警。水牛也警惕起来，保护着小水牛往牛群中间靠去，准备离开这片区域。鬣狗终于露出它们的獠牙，仗着数量众多，开始捕猎。强壮的水牛保护着族群过河逃避追捕，却有一头孱弱的水牛不幸在河边被追上，倒在了鬣狗的包围下。

几只狮子从附近跑来，俨然看上了鬣狗的猎物，这对草原上的宿敌一见面就撕咬起来，残酷的战斗不可避免。而此时，倒下的那头水牛竟然趁着双方打

第三章　神奇的生物世界

斗时悄悄地站起来，步入水里渡河而去。最后，狮子和鬣狗看着"煮熟的鸭子"飞了，也只能望着河水叹息。

试一试

请根据前面的故事，推理出动物之间的关系，并把对应的动物画在合适的位置。

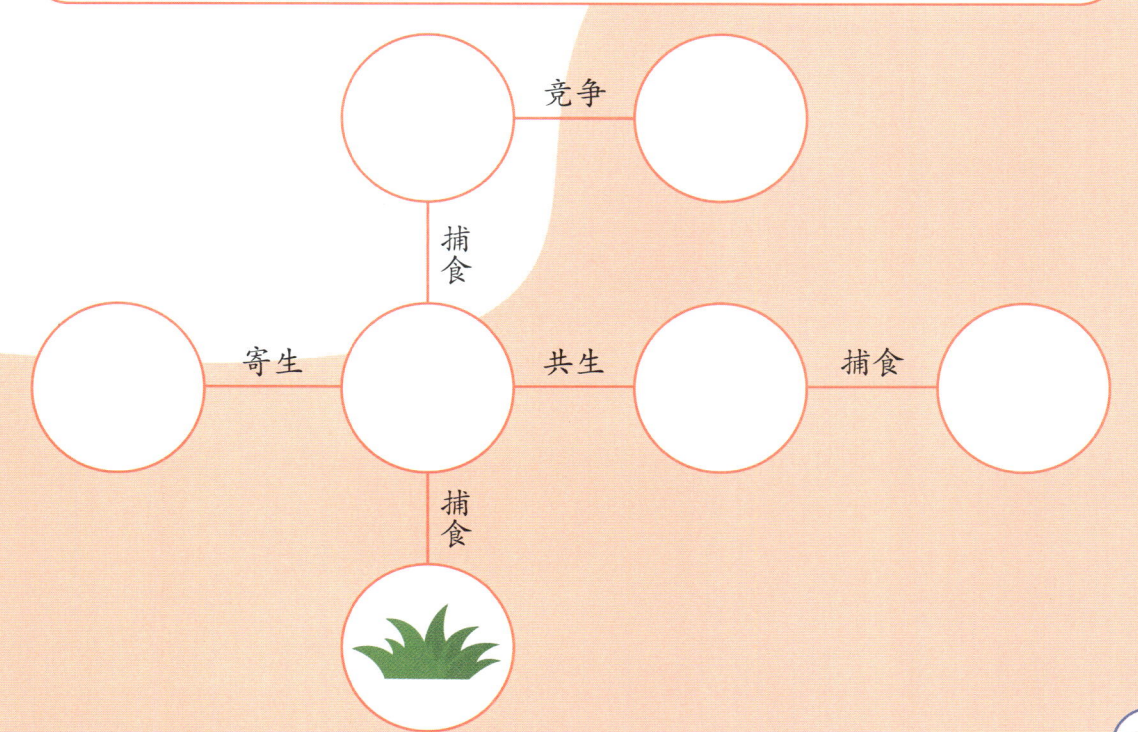

科学素养培育与提升 ❶

评一评

知识	我是否理解了本活动涉及的所有新知识？	☆☆☆☆☆
技能	我是否顺利地完成了本活动的全部任务？	☆☆☆☆☆
方法	我是否掌握了解决问题的新方法？	☆☆☆☆☆
协作	我是否在活动中配合同学完成了任务？	☆☆☆☆☆
表达	我是否在活动中展示交流了自己的想法和成果？	☆☆☆☆☆

练一练

1. 狮子和鬣狗捕食水牛，我们人类可以为了帮助水牛去杀害狮子和鬣狗吗？

第三章　神奇的生物世界

2. 想一想，人与人之间存在哪些关系呢？请说出你的理由。

读一读

孙儒泳：劝君惜取少年时

孙儒泳（1927—2020）院士是中国种群生态学和生理生态学研究的主要开拓者，他在近60年的教书育人生涯中，为中国生态学科教事业做出了杰出贡献。

儿时的孙儒泳处在一个动荡的年代。尽管当时外部的环境恶劣，战争不断，学校

科学素养培育与提升 ❶

也被迫解散,但孙儒泳通过在家自学,最终考上了北京师范大学,并在毕业后被保送至苏联学习。在苏联的4年间,他刻苦钻研,最终学成归来,回到母校任职。

孙儒泳在工作中发现当时中国并没有合适的生态学教材,反复思考后决定编写适合中国人的教材。经过多年研究,孙儒泳最终编写出《动物生态学原理》,这本书后来成为国内动物生态学学子的重要入门书籍。

孙儒泳院士对知识与科研的认真态度,无时无刻不在感染着自己的学生。他曾给高中生物课本题写:"韶光易逝,劝君惜取少年时"。他一生培养了大量学生,育人无数,可谓桃李满园。

第四章 美丽的地球家园

第四章

美丽的地球家园

科学素养培育与提升 ①

4.1 人类的家园

看一看

宇宙中有许多星球：洁白的月亮，火红的太阳，橘红的火星，明亮的北极星……数也数不清。对人类而言，其中有一颗星球尤为重要，它便是人类生存的家园——地球。

你认识地球吗？它对人类有多重要呢？

第四章　美丽的地球家园

头脑风暴

请用圆圈图罗列地球上存在的物体。

地球上存在的物体

117

科学素养培育与提升 ①

学一学

在古代，由于科学技术不发达，人们误以为地球是平的；而天空，被看成是一个倒扣的大锅。随着人类的不断探索，人们发现地球是个美丽的椭球体：赤道向外微微鼓起、两极略扁。在这个不规则的球体表面，蓝色的海洋、灰绿色的陆地相互交错。

除了海洋和陆地，你知道地球上还有什么吗？

站在地球的表面，我们能看到高低起伏的山脉、浩浩荡荡的河流、各种各样的动物和植物。此外，我们还能看到林立的高楼、四通八达的道路和川流不息的车辆……。如此热闹的地球景象，离不开地球提供的各种生存条件，比如适宜的温度、充足的氧气等。

第四章　美丽的地球家园

知识卡片

地球是一个高速转动的球体。为什么我们不会被甩出地球？这主要是因为地心引力的存在。

强大的地心引力能将地球万物牢牢吸引住，并"带领"着它们一起在广阔的宇宙中转动。正因为有了地心引力，人类才能"稳定"地生存在地球表面，地球万物也才能有序地运转。有了地心引力，水和土壤才不会飘浮到空中，大气也不会消失。

科学素养培育与提升 ①

做一做

1. （多选题）下面哪些是地球的形态特征？（　　）

   A. 赤道向外微微鼓起

   B. 两极略扁

   B. 球体

   D. 圆环

2. （多选题）地球上有什么？（　　）。

   A. 高山　　　　　　B. 外星人

   C. 河流　　　　　　D. 大地

3. （单选题）为什么我们不会被甩出地球？（　　）

   A. 地球很大　　　　B. 地球太轻

   C. 地球太重　　　　D. 地球有地心引力

第四章　美丽的地球家园

评一评

知识	我是否理解了本活动涉及的所有新知识？	☆☆☆☆☆
技能	我是否顺利地完成了本活动的全部任务？	☆☆☆☆☆
方法	我是否掌握了解决问题的新方法？	☆☆☆☆☆
协作	我是否在活动中配合同学完成了任务？	☆☆☆☆☆
表达	我是否在活动中展示交流了自己的想法和成果？	☆☆☆☆☆

练一练

1. 地球是人类的家园，它是一个美丽的_____球体。

2. 观察周边的事物，说说现实生活中存在的与地心引力相关的现象。

科学素养培育与提升 ❶

读一读

假如地球引力突然消失了

假如地球上的引力突然消失,会变成什么样子?由于地球依然在高速自转,惯性会把所有无法固定在地面的东西甩出去,包括我们自己。大气、水和松散的土壤将会扩散到太空。没有了大气层的保护,各种宇宙射线将直接照射地球,地球将变得忽冷忽热。还没被甩到太空的植物将会因宇宙射线的照射而面临灭顶之灾。假如地球引力突然消失了,你觉得地球还会发生哪些变化呢?

第四章 美丽的地球家园

4.2 神奇的影子

看一看

太阳是距离地球最近的一颗恒星。它会发光发热,给我们提供光明和温暖。

当我们站在太阳底下,会发现脚下有个形影不离的怪朋友——影子。当你走动的时候,它也会跟着你走,可真有趣!

你知道影子是怎么产生的吗?

科学素养培育与提升 ①

学一学

影子是由于物体遮住了光的传播，光线不能穿过不透明物体而形成的较暗区域，它是一种光学现象。影子的产生必须具备三个基本条件：光、半透明或不透明物体、显示影子的地方。

第四章　美丽的地球家园

做一做

观察下面的图片，结合生活经验，太阳下的影子应该会落在左边的虚线圈内还是右边的虚线圈内？请在影子所处的虚线圈内用铅笔涂黑吧！

科学素养培育与提升 ❶

试一试

在一天中，人在太阳底下的影子会有什么变化呢？是变大呢？还是变小呢？实践出真知，让我们一起实践，看看影子在一天中会如何变化！

操作流程：

（1）在水平桌面上铺一张白纸。

（2）用黏土捏出任意造型，粘在白纸上中间的位置。

（3）打开手电筒，模拟太阳"上午""中午""下午"的位置变化，分别用不同颜色的画笔，描摹不同时间段产生的影子轮廓，最后用画笔将轮廓内涂满颜色。

第四章　美丽的地球家园

（4）总结影子的特点。

评一评

知识	我是否理解了本活动涉及的所有新知识？	☆☆☆☆☆
技能	我是否顺利地完成了本活动的全部任务？	☆☆☆☆☆
方法	我是否掌握了解决问题的新方法？	☆☆☆☆☆
协作	我是否在活动中配合同学完成了任务？	☆☆☆☆☆
表达	我是否在活动中展示交流了自己的想法和成果？	☆☆☆☆☆

科学素养培育与提升 ❶

练一练

1. （多选题）影子产生的基本条件有（　　）。

   A. 光　　　　B. 显示影子的地方

   C. 晴天　　　D. 不透明或半透明物体

2. 请仔细观察校园中至少3种不同物体的影子特点，把你的观察结果写在下面方框里。

第四章　美丽的地球家园

读一读

影子计时器——日晷

在一天中，被太阳照射到的物体投下的影子在不断地变化着。

影子的长短在改变——上午的影子很长，随着时间的推移，影子逐渐变短，一过中午它又重新逐渐变长。

影子的方向在改变——上午的影子在西边，下午的影子在东边。

中国古代的人们凭借智慧，根据影子的变化规律发明了计时工具"日晷"。通过观察晷针的影子投在石盘上的位置，就能清楚地知道当地此刻的时间啦！

日晷

科学素养培育与提升 ①

4.3 地球保护罩

看一看

同学们,你们知道吗?太阳传递给地球的"阳光",其实是一种太阳辐射!听到"辐射"一词,你们可能会感觉到害怕。但是别担心,我们的地球有厚厚的大气层保护着呢!

第四章 美丽的地球家园

学一学

太阳辐射是一种传递能量的过程。太阳除了向地球传递肉眼可见的光线之外，还会暗地里辐射各种肉眼看不见的光线，比如紫外线、红外线、X射线。如果我们长期受到紫外线或其他高能射线辐射，就会感觉不舒服；在严重的情况下，我们的器官还会发生病变，从而引发各种疾病，比如白血病、癌症、早衰等。

科学素养培育与提升 ①

既然太阳辐射危害这么大,为什么我们还能经常在太阳底下愉快地玩耍呢?

这是因为地球表面被一层厚厚的大气层覆盖着。它就像一层保护罩,不仅能给人类提供空气,还能削弱一半左右的太阳辐射。

在复杂的太空环境中,时常会有一些小陨石朝地球飞来。但在陨石坠入地球大气

第四章 美丽的地球家园

层的过程中，它们会与大气产生剧烈的摩擦，从而产生火花，并开始燃烧、变小，甚至消失。

此外，大气层还像一层厚厚的被子，能为地球万物起到保温、隔热的作用。

做一做

如果没有大气层，太阳辐射会对地球造成哪些影响？

科学素养培育与提升 ❶

试一试

有了大气层的保护,我们的地球更加生机勃勃!

请通过绘画的方式,展示大气层的保护作用吧!

操作流程:

(1)取出白纸、铅笔、彩色笔等绘画材料。

(2)在白纸上画出地球、太阳等事物的轮廓。

(3)在地球和太阳之间,用线条、曲面等方式呈现出大气层。

第四章　美丽的地球家园

（4）发挥想象力和创造力，使用文字、图画等形式，展示大气层的作用吧！

评一评

知识	我是否理解了本活动涉及的所有新知识？	☆☆☆☆☆
技能	我是否顺利地完成了本活动的全部任务？	☆☆☆☆☆
方法	我是否掌握了解决问题的新方法？	☆☆☆☆☆
协作	我是否在活动中配合同学完成了任务？	☆☆☆☆☆
表达	我是否在活动中展示交流了自己的想法和成果？	☆☆☆☆☆

科学素养培育与提升 ❶

练一练

1. （单选题）地球的保护罩是指（　　）。

   A. 太阳辐射　　　　B. 大气层

   C. 太空　　　　　　D. 空气

2. 请向爸爸妈妈展示你的画作，并向爸爸妈妈讲述地球的大气层的作用。

第四章 美丽的地球家园

读一读

如果没有大气层

在复杂危险的宇宙环境中,地球生命体都在厚厚的大气层保护下茁壮成长。如果没有大气层,人类、动植物等都将失去氧气,失去自由呼吸的空间;如果没有大气层,地球上的万物将会被来自宇宙的各种辐射炙烤,海洋将被蒸发;如果没有大气层,近地天体可能会与地球发生正面撞击,使地球变得满目疮痍;如果没有大气层,地球将变得一片死寂,不再生机勃勃!

科学素养

培育与提升

全4册

林长春　刘玉章　主编

②

科学出版社
北京

内 容 简 介

本书充分遵循学生身心发展规律，结合学生已有的经验和常识，围绕人工智能、自然科学、航空航天三大版块，精心设计呈现了56个主题式科学教育活动案例。全书共4个分册，每册4章，每章3~5个活动案例。基于校园及家庭生活中的真实问题和场景，每个活动都紧密围绕某个预设主题，逐一开展"看、学、思、做、练、读"等科学教育环节，引导学生积极思考、自主探究、创意设计、成果展示，有效培育与提升学生科学素养。

本书可供义务教育阶段中小学生开展科学教育或综合实践活动课程学习使用，也可供科技教师、科学教育专业师范生、教培行业从业者阅读参考。

图书在版编目（CIP）数据

科学素养培育与提升：全4册 / 林长春，刘玉章主编. -- 北京：科学出版社，2022.9
ISBN 978-7-03-073120-3

Ⅰ．①科… Ⅱ．①林… ②刘… Ⅲ．①科学知识－中小学－教学参考资料 Ⅳ．①G634.73

中国版本图书馆CIP数据核字（2022）第166496号

责任编辑：柳堰龙　冯　巧／责任校对：彭　映
责任印制：罗　科／封面设计：墨创文化

科 学 出 版 社 出版
北京东黄城根北街16号
邮政编码：100717
http://www.sciencep.com

四川煤田地质制图印刷厂 印刷
科学出版社发行　各地新华书店经销

*

2022年9月第 一 版　　开本：787×1092　1/16
2022年9月第一次印刷　　印张：33
字数：741 000

定价：192.00元（全4册）
（如有印装质量问题，我社负责调换）

本书编委会

主　编　林长春　刘玉章
参　编（排名不分先后）
　　　　周学超　石　晗　张　丽　莫　琳
　　　　何　苦　刘　磊　罗雪娇

前言

当今世界科学技术发展日新月异，围绕数字科技、人工智能、生命科学、新能源、航空航天等领域的新技术、新发明层出不穷，科学技术的创新发展深刻地影响着社会全方位的发展，社会各领域的发展决定着一个国家的综合竞争力。

习近平总书记指出："科技创新、科学普及是实现创新发展的两翼，要把科学普及放在与科技创新同等重要的位置。没有全民科学素质普遍提高，就难以建立起宏大的高素质创新大军，难以实现科技成果快速转化。"这一重要论述，为新时代做好科学普及工作指明了前进方向，提供了根本遵循。开展面向青少年的科学普及工作有助于使学生保持对大自然的好奇心，从亲近自然走向亲近科学，发展基本的科学实践能力，理解科学、技术、社会与环境的关系，形成基本的科学态度和社会责任感，逐步树立正确的世界观、人生观和价值观，全面提高科学素养，为今后的学习、生活以及终身发展奠定良好的基础，最终促进我国经济社会发展和科技强国建设。

本书以人工智能、自然科学、航空航天三个专题为内容选题，以学科大概念为内容统领，以真实场景和项目式学习为呈现方式，着力培养青少年的科学素养。全书分章节将上述三个选题方向交叉分布在义务教育各个学习阶段。内容涉及人工智能领域的感知、搭建、算法、编程，生命科学领域的动物、植物、生态，地球科学领域的海洋与地质，以及航空航天领域的前沿科技等。

　　本书共有4个分册，根据学生的阅读习惯和学习能力的发展规律，按由浅入深、从形象到抽象、螺旋式上升等原则组织内容。其中，第一分册适合1～2年级学生使用，第二分册适合3～4年级学生使用，第三分册适合5～6年级学生使用，第四分册适合7～9年级学生使用。全书编排和设计注重任务驱动，强化基本操作，渗透基础知识，体现活动过程。

　　本书由重庆师范大学林长春和天立教育集团刘玉章担任主编，周学超、石晗、张丽、莫琳、何苦、刘磊、罗雪娇等参编。由于作者水平所限，书中难免有不足之处，敬请科学学科领域、科学教育领域专家和广大读者批评指正。

编　者
2022年6月

目录 MULU

第一章　走近人工智能……………………………1

1.1　智能手环 …………………………………… 2

1.2　智能家居 …………………………………… 8

1.3　智能工厂 …………………………………… 15

1.4　医疗中的人工智能 ………………………… 22

第二章　身边的智能装置……………………29

2.1　仿真小实验 ………………………………… 30

2.2　初识开源硬件 ……………………………… 39

2.3　调速风扇 …………………………………… 48

2.4　温度监测装置 ……………………………… 58

第三章　自然的奥秘 ……………………………… 69

- 3.1　种子里面有什么 …………………………… 70
- 3.2　深海探秘 …………………………………… 79
- 3.3　眼睛的"背叛" …………………………… 88

第四章　漫游太空 ……………………………… 97

- 4.1　漫步太阳系 ………………………………… 98
- 4.2　宇宙飞船 …………………………………… 105
- 4.3　火箭动力 …………………………………… 111

第一章 走近人工智能

科学素养培育与提升 ❷

1.1　智能手环

看一看

　　日常生活中，人工智能技术无处不在。人脸检测系统、刷脸支付系统、自动修图软件、无人驾驶技术等都是人工智能的应用。一些可穿戴的人工智能设备也正在走进我们的生活，与我们密不可分，例如智能眼镜、智能手表、智能手环等。

智能眼镜

第一章　走近人工智能

学一学

智能穿戴设备是一类具备数据采集、交互、处理等能力，能感知、传递和处理信息，可随身穿戴的数字设备。它应用广泛，可以借助传感器与人体进行信息交互，还能根据用户的需求不断升级。根据主要功能的不同，智能穿戴设备可以分为运动健康类、体感交互类、信息资讯类、医疗健康类和综合功能类等。

智能穿戴设备

智能手环是一种常见的智能穿戴设备。它可以实现时间显示、语音搜索、音乐播放、实时通话、地图导航等功能，还可以监测人体运动轨迹，采集睡眠质量、心率等重要生理指标，记录日常生活中的饮食等数据，并将这些数据与手机同步，指导健康生活。

智能手环

科学素养培育与提升 ❷

头脑风暴

请用圆圈图列举你知道的智能穿戴设备。

智能穿戴设备

做一做

（多选题）智能手环可以实现下列哪些功能？（　　）

A. 运动监测

B. 睡眠监测

C. 语音助手

D. 地图导航

第一章　走近人工智能

试一试

请设计一个能够使用到智能手环的场景。

我的成果

☆我设计的场景是 _____
_____。
☆需要智能手环具有 _____、_____、_____、_____、_____ 的功能。
☆它可以解决 _____
_____ 的问题。

科学素养培育与提升 ❷

评一评

知识	我是否理解了本活动涉及的所有新知识？	☆☆☆☆☆
技能	我是否顺利地完成了本活动的全部任务？	☆☆☆☆☆
方法	我是否掌握了解决问题的新方法？	☆☆☆☆☆
协作	我是否在活动中配合同学完成了任务？	☆☆☆☆☆
表达	我是否在活动中展示交流了自己的想法和成果？	☆☆☆☆☆

练一练

请同学们思考：智能手环在为我们的生活带来便利的同时，会带来安全隐患吗？请说出你的理由。

第一章　走近人工智能

读一读

智能鞋垫

智能鞋垫是智能穿戴设备的一种。智能鞋垫与大数据分析、人工智能、健康保健相结合，能精确地捕捉行走、跑步、跳跃、原地踏步等数据，通过这些数据，人们能了解自己的腰、腿及神经系统可能出现的问题，实时监测并及时应对。此外，当久坐或久站时，智能鞋垫还能提醒用户转换姿势，避免使身体产生不适感或对身体造成损伤。

智能鞋垫

科学素养培育与提升 ②

1.2 智能家居

看一看

　　随着人工智能技术的不断发展，越来越多的人工智能设备走进了我们的日常生活，例如指纹识别门锁、智能语音音箱、智能窗帘、智能摄像头、扫地机器人、智能温度控制器等，这些智能家居设备让我们的生活变得更加便利。

指纹识别门锁 　　　　智能窗帘 　　　　智能摄像头

第一章　走近人工智能

学一学

　　智能家居系统在我国发展速度快，涉及技术多，如人工智能技术、互联网技术、计算机技术、通信技术等。智能家居系统以功能日益强大的手机、电脑等终端设备为基础，可以轻松实现家用电器的本地控制和远程控制，为人们提供更为智能的居家环境，让家庭生活更加安全、节能、智能、便利和舒适。

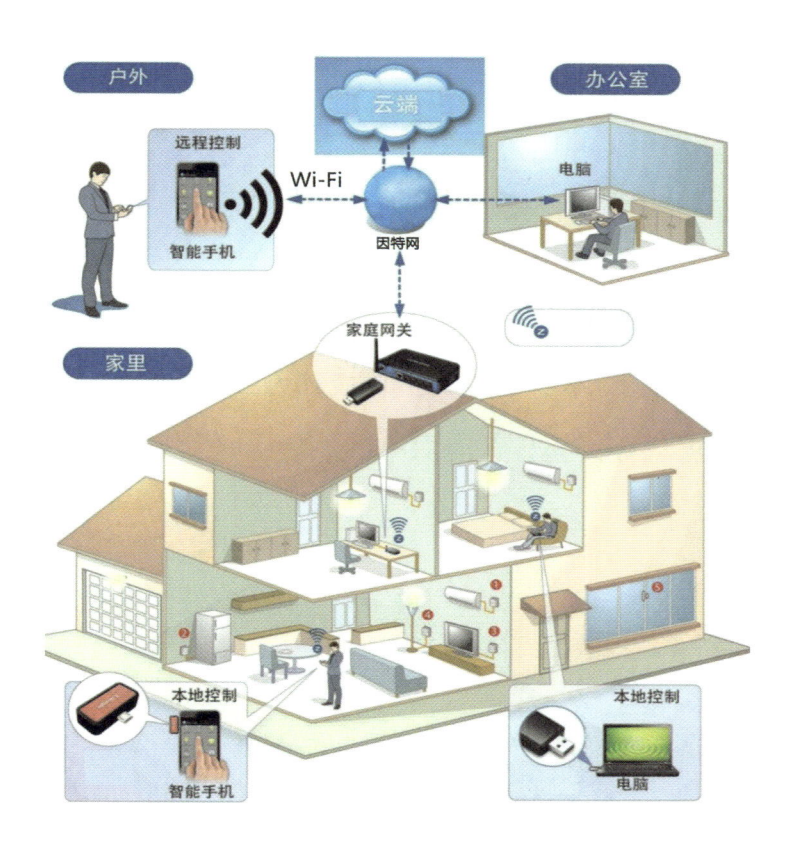

科学素养培育与提升 ❷

　　智能家居系统由中央控制中心进行控制。在用户的操作下，控制中心利用手机或者电脑的应用软件，通过有线或者Wi-Fi网络向智能家居设备传输指令，可随时随地对其进行控制，从而实现设备互联、远程监控、语音控制、智能安防、智能照明、智能暖通等功能。

　　智能家电是智能家居的重要组成部分。智能家电是将微处理器、传感器技术、网络通信技术引入家电设备后形成的家电产品。它能够与住宅内其他设备互联组成系统，实现智能家居功能。

第一章 走近人工智能

头脑风暴

请用双气泡图列举智能家电与普通家电的相同点和不同点。

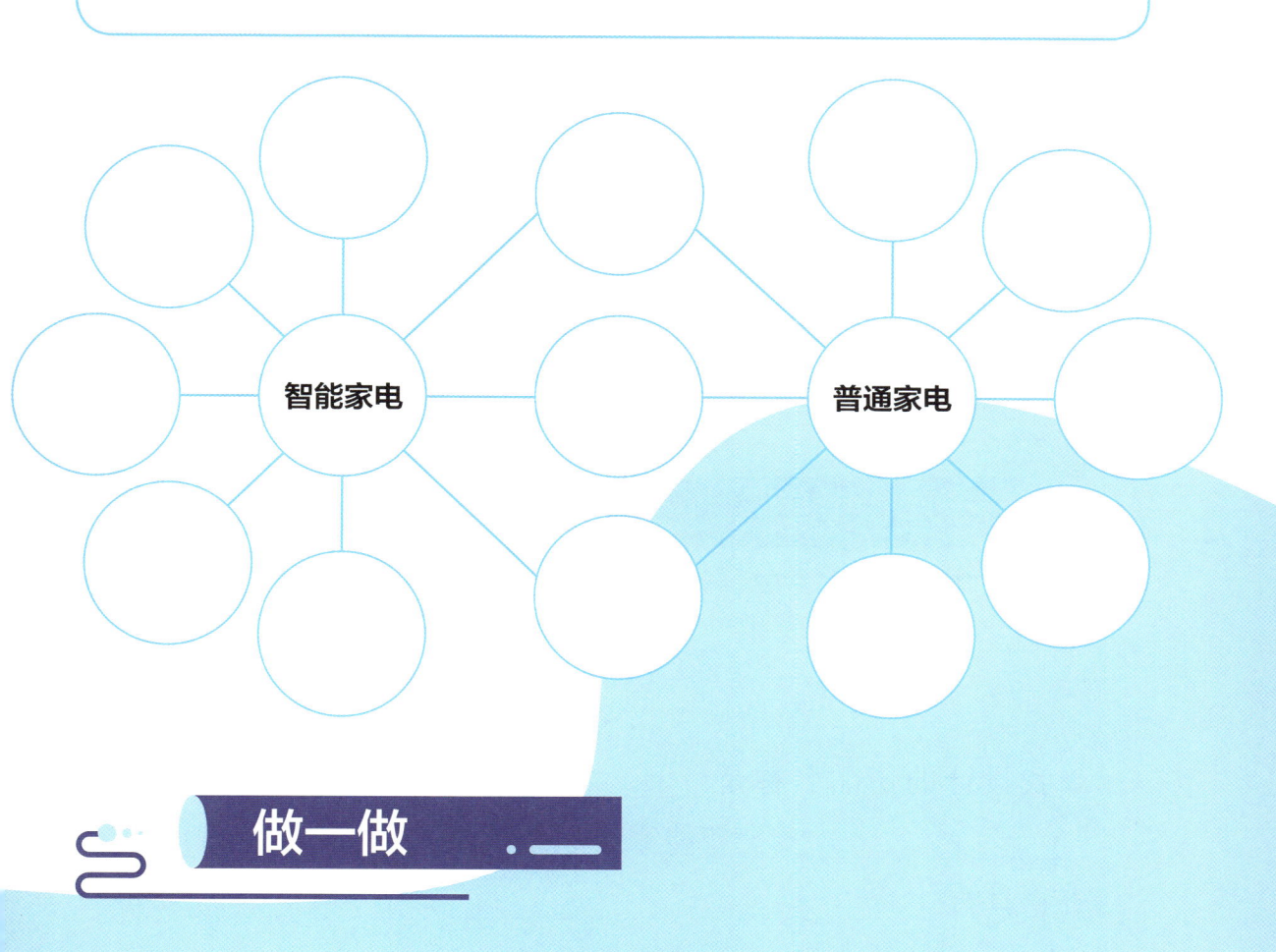

智能家电　　普通家电

做一做

（多选题）以下哪些是智能家居设备？（　　　）

A. 智能窗帘　　　　　　B. 数字客厅

C. 语音助手　　　　　　D. 氛围灯组

科学素养培育与提升 ❷

试一试

请设计一个至少包含 4 个家用电器的智能家居系统。

我的成果

☆我设计的作品名称是 _____
_____ 智能家居系统。

☆它具有 _____、_____、_____、
_____、_____ 的功能。

☆它可以解决 _____
_____ 的问题。

第一章　走近人工智能

评一评

知识	我是否理解了本活动涉及的所有新知识？	☆☆☆☆☆
技能	我是否顺利地完成了本活动的全部任务？	☆☆☆☆☆
方法	我是否掌握了解决问题的新方法？	☆☆☆☆☆
协作	我是否在活动中配合同学完成了任务？	☆☆☆☆☆
表达	我是否在活动中展示交流了自己的想法和成果？	☆☆☆☆☆

练一练

请同学们观察家里的电器，试试为目前不具备智能功能的家用电器增加智能化的功能，请写出你的想法和理由。

科学素养培育与提升 ❷

读一读

人工智能物联网

物联网是一种新型的智能化网络模式，能把人、车、家用电器和公共基础设施等通过信息网络连接在一起。目前的物联网已从最初的物物互联发展到万物互联（Internet of Everything）。

人工智能物联网由人工智能与物联网组成。它融合了人工智能技术和物联网技术，通过物联网产生、收集来自不同维度的大量数据，存储于云端，再通过大数据分析，以更高形式的人工智能实现万物数据化、万物智联化。物联网技术与人工智能相融合，实现了不同智能终端设备、不同系统平台、不同应用场景之间的互融互通。

第一章 走近人工智能

1.3 智能工厂

看一看

人工智能不仅服务于我们的生活，在工业生产中也发挥着至关重要的作用。它可以进行设备缺陷检测，能使用视觉分拣技术协助零件分拣，能在制造业流水线上进行故障预测，能够实施自动化焊接、实现计算机辅助制造等。越来越多的工业机器人已经在工厂里使用，我们一起去看看吧！

科学素养培育与提升 ❷

学一学

智能工厂（智慧工厂）是一种新型的信息化工厂，使用智能制造系统，并通过物联网技术和设备监控技术来实施管理和服务。智能工厂拥有智能测控仪器仪表、数控机床、工业机器人、新型传感器、3D打印机、自动化成套生产线等设备。

工业机器人

由于使用了大量的人工智能机器与设备互联技术，与传统工厂相比，智能工厂生产效率更高，自动化程度更高，维护成本更低，能够按需生产以减少资源浪费，还具有整体流程数据化、可视化操作等优点。

工业机器人是智能工厂的重要组成部分。工业机器人一般分为两种类型：

第一种类型是完全独立、不需要人工介入、完全实现自动化的机器人。它可以单独完成一项工作，也可以通过改变其内部程序实现不同的工作需要。

第二种类型是需要人工进行操作的工业机器人。它最早出现于核物理和军事领域，主要用于代替人类完成一些危险的工作。目前这类机器人的发展前沿是外星球探测车。

第一章　走近人工智能

头脑风暴

请用双气泡图列举你知道的智能工厂与传统工厂的相同点和不同点。

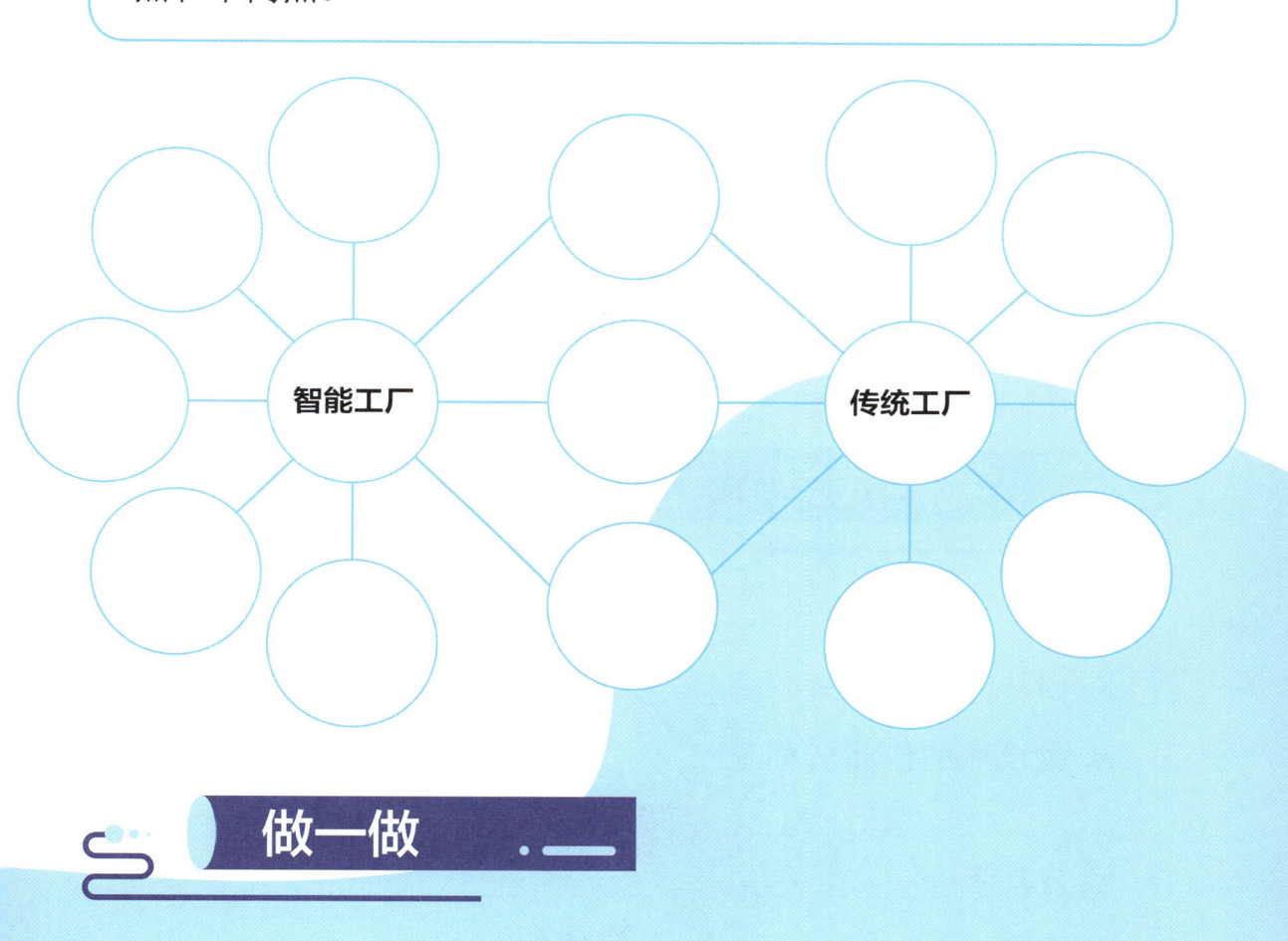

智能工厂　　　传统工厂

做一做

（多选题）智能工厂有哪些优点？（　　　）

A. 生产效率高　　　B. 自动化程度高
C. 维护成本低　　　D. 人工成本低

科学素养培育与提升 ❷

试一试

请设计一个属于你自己的智能工厂,并为工厂增加相应的功能,标注出你想要生产的产品。

我的成果

☆我设计的作品名称是 _____
_____ 智能工厂。
☆它具有 _____、_____、_____、
_____、_____ 等设备。
☆生产出的产品具有 _____
_____ 的功能。

第一章　走近人工智能

评一评

知识	我是否理解了本活动涉及的所有新知识？	☆☆☆☆☆
技能	我是否顺利地完成了本活动的全部任务？	☆☆☆☆☆
方法	我是否掌握了解决问题的新方法？	☆☆☆☆☆
协作	我是否在活动中配合同学完成了任务？	☆☆☆☆☆
表达	我是否在活动中展示交流了自己的想法和成果？	☆☆☆☆☆

练一练

请同学们思考：如果你是一家传统工厂的老板，你会考虑将其改造为智能工厂吗？请说明原因。

科学素养培育与提升 ❷

读一读

常见的工业机器人

1. 焊接机器人

焊接机器人被广泛应用于汽车和船只的制造中。焊接机器人在工作时相比于人工有着更高的准确性，这得益于焊接机器人的各类传感器和精密的控制系统。焊接机器人可以在极端温度、密闭环境等恶劣条件下工作。在面对大量工作时，焊接机器人的工作效率也比人类更高。

2. 物料搬运机器人

物料搬运机器人可以进行物料的搬运和配送。物料搬运机器人主要分为多关节型、硬臂式助力型和T型助力型。多关节型机器人的运动惯性小，灵活性高，工作范围广，可以绕过障碍物抓取物料，并且有着较高的抓取精度，但是搬运物料的重量较轻；硬臂式助力型机器人用于大重量、大范围

第一章 走近人工智能

且有扭矩产生的物料搬运中；T型助力型机器人适用于操作空间较小的场合，它设置有安全系统，有着较高的安全性。

3. 装配机器人

装配机器人可以对零件进行自动装配，例如，常应用于汽车的内燃机连杆、活塞、缸体等零部件的自动化装配。装配机器人还可以利用机器人视觉实现精密度较高的装配，能够最大限度减少零部件的损伤，常常应用在飞机、火箭等对精度要求高的机械零件的装配上。

正在装配汽车的装配机器人

科学素养培育与提升 ❷

1.4 医疗中的人工智能

看一看

近年来，人工智能技术在医疗领域中的应用发展迅速。人工智能技术赋能医疗健康领域，大大提升了医疗人员的工作效率，降低了医疗成本，并能协助患者做到科学有效地进行日常监测预防，更好地管理自身健康。那么人工智能技术在医疗领域究竟是如何应用的呢？我们一起来看看吧。

第一章 走近人工智能

学一学

　　人工智能技术可以在智能化诊断、自动化诊断、辅助临床医生进行决策等方面提供支持，并且其强大的数据整合和处理能力在医学研究方面也发挥着不可替代的作用，它不仅提供了更加高效、创新的技术支持，也为临床研究创造了更多机会和可能。具体的应用案例如下。

　　1. 疾病预警和监测

　　在疾病早期预警和监测方面，通过人工智能技术驱动的监控平台使用大数据分析，可实现对全球疾病发展的跟踪和预测。

　　2. 防控救治

　　在疾病的防控和救治方面，人工智能技术结合现代信息采集和处理技术，让患者可以在指定平台进行远程诊疗，与医生进行视频或语音交流，实时、动态、无接触采集信息，既降低了感染风险，又能保证医患沟通交流，患者可以及时向医生报告症状变化，医生可以及时调整患者用药，从而有效提升临床诊疗水平。

　　3. 辅助决策

　　在辅助决策方面，基于人工智能技术的决策支持系统为挖掘海量的电子病历数据提供了强大的工具和手段。它可以

科学素养培育与提升 ❷

模仿临床决策者的认知过程，辅助临床医生进行决策，指导患者用药，提高决策效率和准确率，减轻临床医生和其他医疗保健专业人员的负担。

4. 临床试验

在临床试验方面，人工智能技术可自动识别相关试验和特定患者之间的潜在匹配，并将这些信息推荐给医生和患者，也可主动挖掘公开可用的数据库，帮助患者更快地了解感兴趣的试验，并提供与临床医生接触的方式和渠道，进一步评估是否满足试验要求。

5. 智能影像诊断

在智能影像诊断方面，人工智能技术可以完成对影像的分类、目标检测、图像分割和检索工作，从而协助医生完成诊断、治疗等临床医疗工作。

另外，人工智能技术还可以帮助外科医生操纵机器进行手术，帮助患者自行检查一些简单的疾病，做好预防工作。总之，人工智能技术在医疗领域的应用，大大地减轻了医护人员和患者的负担，同时也能提高医疗的效率。

第一章 走近人工智能

头脑风暴

请用圆圈图列举你知道的人工智能技术在医疗上的应用案例。

人工智能技术在医疗上的应用案例

做一做

（单选题）关于人工智能在医疗领域中的应用，下列说法不正确的是（　　）。

A. 人工智能可以帮助提高临床诊疗的效率

B. 人工智能可以帮助提高临床诊疗的准确率

C. 人工智能可以帮助医生治愈所有疾病

D. 人工智能可以实现智能化诊断

科学素养培育与提升 ❷

试一试

请设计一个在医院使用的人工智能设备。

我的成果

☆我设计的设备名称是_____。
☆它具有_____、_____、_____、_____、_____等功能。
☆它可以解决_____的问题。

第一章 走近人工智能

评一评

知识	我是否理解了本活动涉及的所有新知识？	☆☆☆☆☆
技能	我是否顺利地完成了本活动的全部任务？	☆☆☆☆☆
方法	我是否掌握了解决问题的新方法？	☆☆☆☆☆
协作	我是否在活动中配合同学完成了任务？	☆☆☆☆☆
表达	我是否在活动中展示交流了自己的想法和成果？	☆☆☆☆☆

练一练

请同学们查阅资料并思考：人工智能技术在医疗上的应用对我们有危害吗？为什么？

科学素养培育与提升 ❷

读一读

人工智能健康管理系统

人工智能健康管理系统可借助智能穿戴设备和监测反馈系统主动采集被服务人群的个人健康信息,并实时向医疗端和家属端反馈。这种智能医疗系统适合工作时间长且不方便就医的上班族、行动不便的独居老人和孕妇等特殊人群,既可以实现健康问题的早发现,又可以实现对老年群体慢性病的管理,还能够与家庭医生签约服务相配合。

人工智能健康管理系统可随时监测健康状况

第二章 身边的智能装置

科学素养培育与提升 ❷

2.1 仿真小实验

看一看

仿真实验主要是指在计算机或其他电子设备上用软件的虚拟动画进行模拟实验。相比较而言，仿真实验不受材料、地点和时间限制，更加高效环保。

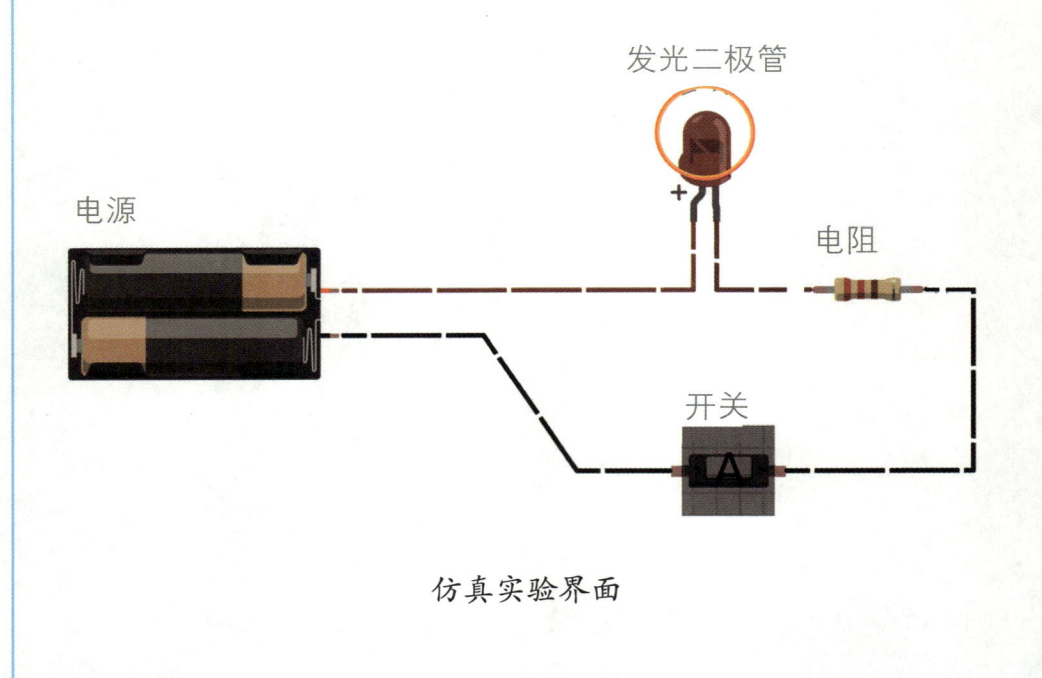

发光二极管

电源

电阻

开关

仿真实验界面

第二章　身边的智能装置

学一学

图形化编程的仿真软件一般包含图形化编程软件以及电子模块模型在内的一整套设计环境。用户可以通过它模拟电路模块连接，控制程序设计，迅速搭建出一个仿真的设计原型。比如：制作流水灯，实现炫酷的灯光闪烁和滚动显示效果；制作霓虹灯，呈现五颜六色的灯光秀；制作自动浇花装置，根据土壤湿度自动为鲜花浇水；制作自动晾衣架，根据天气情况自动展开或收起晾衣竿。

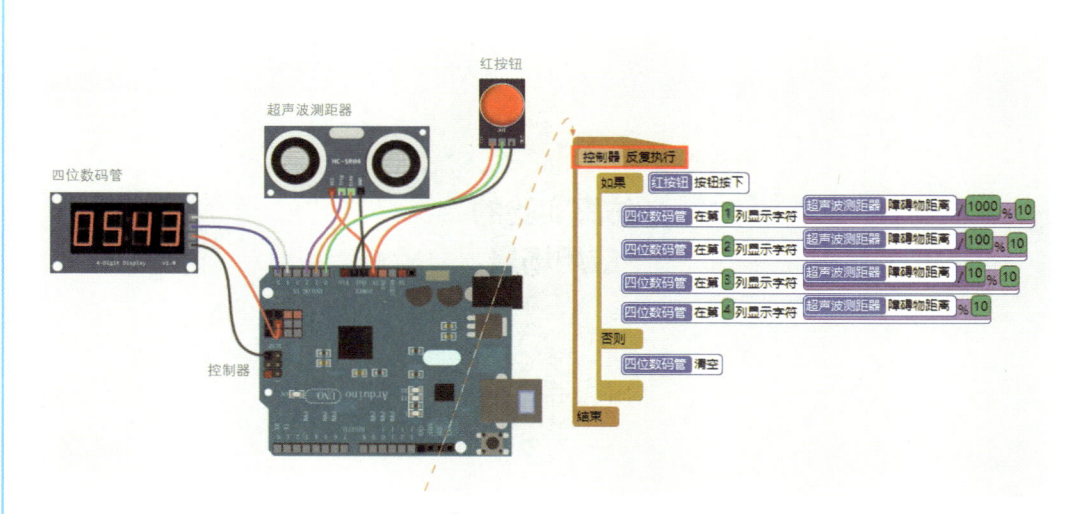

超声波测距仿真

31

科学素养培育与提升 ②

头脑风暴

结合生活实际，请用气泡图罗列你认为仿真实验有哪些应用场景。

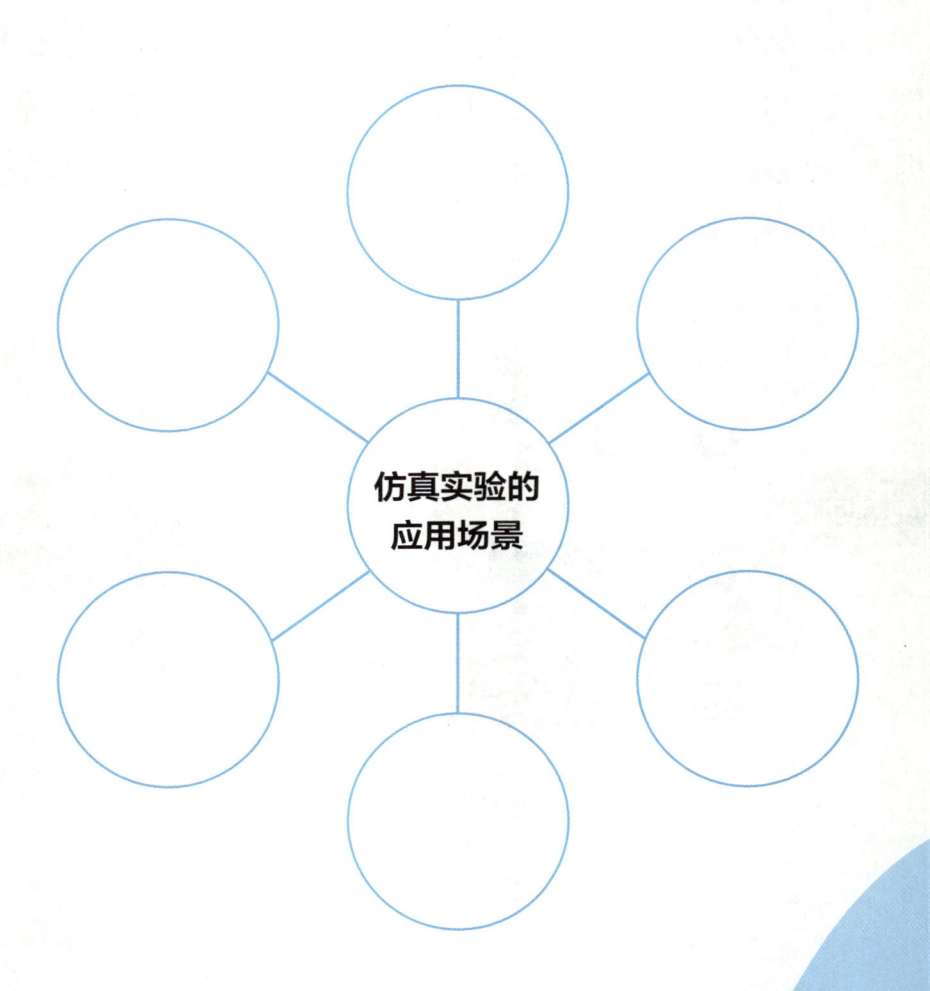

仿真实验的应用场景

第二章　身边的智能装置

软件核心

仿真软件通常包含指令窗口、元素窗口、模块窗口等。

指令窗口：包含各项编程控制语句，通过逻辑编程实现硬件控制。

元素窗口：包含可自定义的各项变量类型及编程名称。

模块窗口：包含主控板及各类传感器的虚拟模块。用户通过选用各类传感器模块与主控板搭配，加上程序控制，可以实现控制系统的虚拟动画仿真。

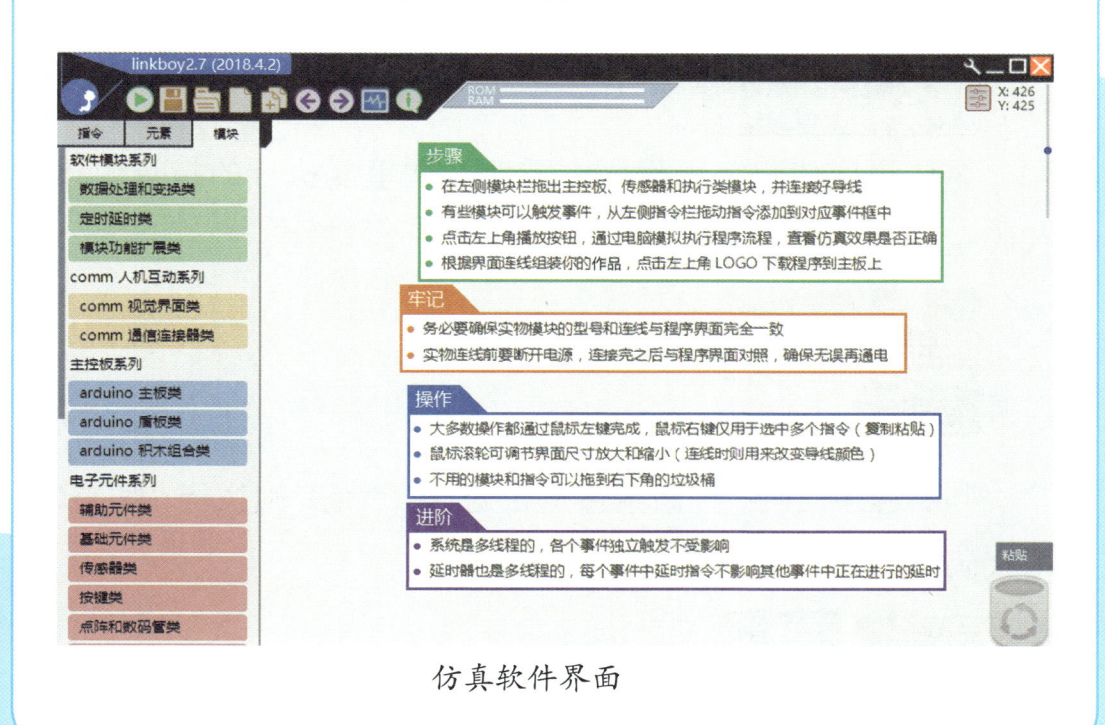

仿真软件界面

科学素养培育与提升 ②

编程核心

▎**作品要求**

（1）使用仿真软件搭建一个按键控制LED（发光二极管）灯亮灭的简单动画模型。

（2）添加正确的控制程序。

（3）通过编程实现按键控制LED灯的亮和灭。

▎**关键代码**

系统指令代码：包括启用或者禁用指定的事件。可以控制LED灯亮灭，也可以控制LED灯亮灭的时间长短等。

[模块类] 功能指令

循环程序代码：主程序中需要多次重复执行的指令由该代码完成。

[控制器] 反复执行
结束

判断程序代码：判断条件是否为真，"是"则执行"如果"内代码，"否"则执行"否则"内代码。

如果 [条件量]
否则

第二章　身边的智能装置

试一试

1. 请同学们尝试利用仿真软件实现按键控制 LED 灯的亮和灭。

2. 请同学们思考：搭建 LED 灯控制模型需要用到哪些电子模块？

科学素养培育与提升 ❷

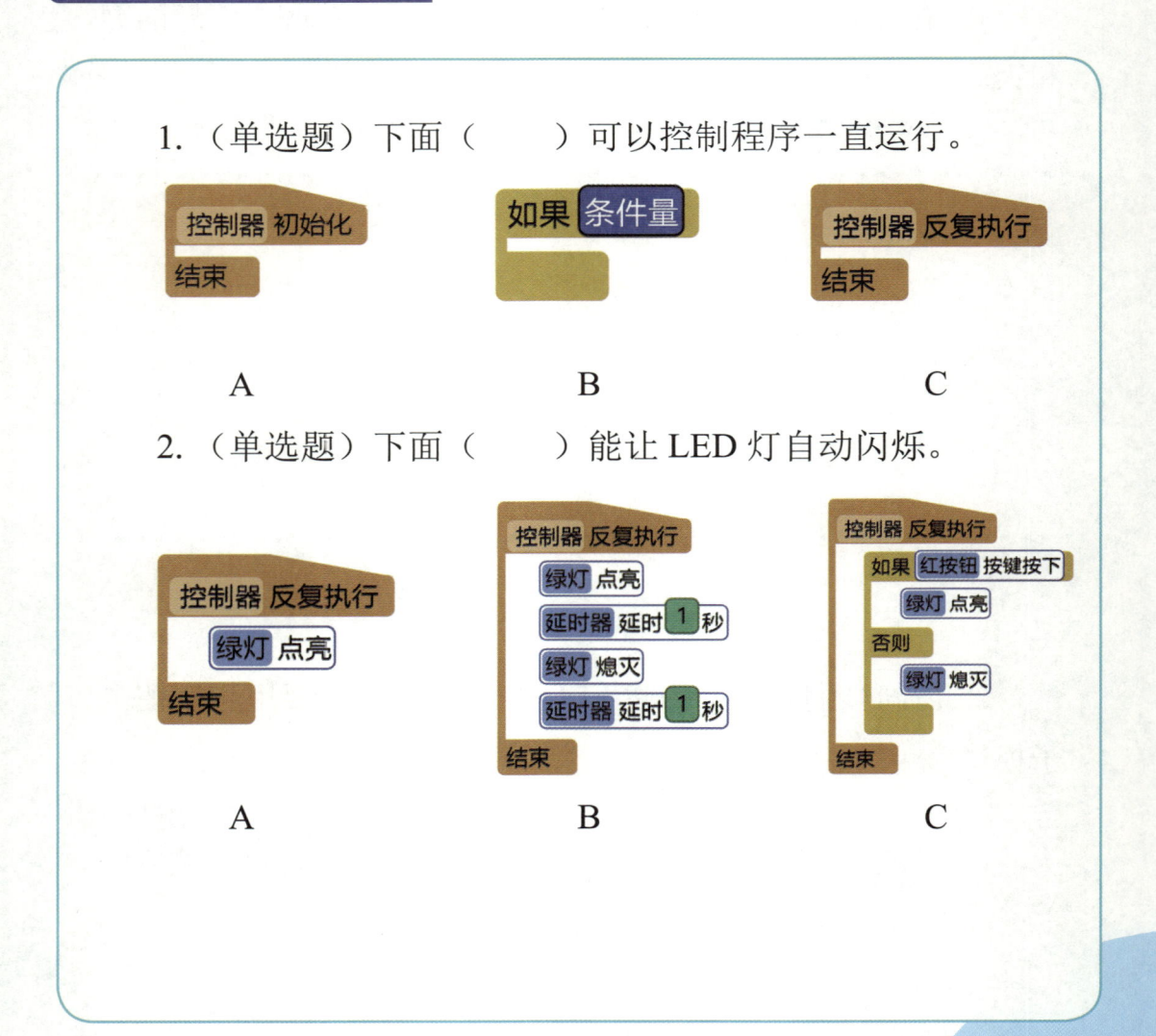

做一做

1. （单选题）下面（　　）可以控制程序一直运行。

   A. 控制器 初始化 / 结束

   B. 如果 条件量

   C. 控制器 反复执行 / 结束

2. （单选题）下面（　　）能让LED灯自动闪烁。

   A. 控制器 反复执行 / 绿灯 点亮 / 结束

   B. 控制器 反复执行 / 绿灯 点亮 / 延时器 延时 1 秒 / 绿灯 熄灭 / 延时器 延时 1 秒 / 结束

   C. 控制器 反复执行 / 如果 红按钮 按键按下 / 绿灯 点亮 / 否则 / 绿灯 熄灭 / 结束

第二章　身边的智能装置

评一评

知识	我是否理解了本活动涉及的所有新知识？	☆☆☆☆☆
技能	我是否顺利地完成了本活动的全部任务？	☆☆☆☆☆
方法	我是否掌握了解决问题的新方法？	☆☆☆☆☆
协作	我是否在活动中配合同学完成了任务？	☆☆☆☆☆
表达	我是否在活动中展示交流了自己的想法和成果？	☆☆☆☆☆

练一练

1. 利用仿真软件还可以完成哪些仿真设计？

2. 查阅资料，说一说虚拟仿真技术有哪些优点。

科学素养培育与提升 ②

读一读

虚拟仿真的应用

同学们在游乐场和科技馆等地方时常能看到各类体验设备，可以通过这类设备体验汽车、飞机、火车模拟驾驶的乐趣。这些设备通过模拟真实环境下的驾驶操作避免了实际驾驶中的各种危险，可以帮助人们获得与真实环境类似的驾驶体验。工程师在进行设计、施工前，可以利用专业的仿真软件对生产流程进行仿真模拟，从而得知设备设计生产过程中需要处理的问题，提高设计、施工的效率。这些都是虚拟仿真的应用。

生活中还有许多领域运用到虚拟仿真，比如VR（虚拟现实）学习、3D打印、在线购物等。你在生活中体验过哪些虚拟仿真设备呢？

动车驾驶模拟器

第二章　身边的智能装置

2.2　初识开源硬件

看一看

在上一节内容中，我们利用仿真实验软件搭建了按键控制 LED 灯亮和灭的简单小系统。大家回忆一下，我们都用到了哪些功能模块，又是如何设计控制逻辑的。

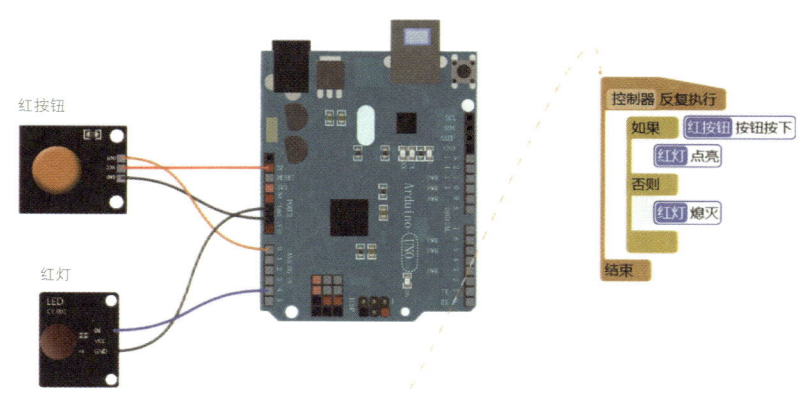

LED 灯控制系统仿真实验界面

科学素养培育与提升 ❷

学一学

　　硬件是相对于软件而言的，一般指的是由电子、机械和光电元件等组成的各种装置。硬件是软件运行的载体，它在信息输入和输出应用时要配合软件才能发挥作用。有些硬件的相关资料会被开发者公开，公众可以制造、修改、发布并使用。这类硬件称为开源硬件。

　　我们可以利用开源硬件（包括电子器件、结构件等）来真实地搭建模型，并利用软件编程控制硬件的自动运行，实现作品的自动控制。基于这一思路，可以设计制作许多的小装置：比如可以遥控的机械手、机械臂及全地形爬行的多足机器人等。

机械手

第二章　身边的智能装置

头脑风暴

结合生活中的应用，请用圆圈图罗列生活中你所知道的可以用开源硬件来设计实现的智能设备。

生活中的智能设备

科学素养培育与提升 ❷

搭建核心

▎输入设备

电位器模块：实际为可变电阻器，通过旋动旋钮可以改变它的电阻值，从而改变它两端的电压，主控器根据检测到的电压来实现相应操作，实现控制目的。

按键模块：按键是一种常用的控制电器元件，常用来接通或断开电路，从而控制电机、灯光或者其他设备运行的开关。

温湿度传感器模块：该模块采用高精度、高集成度的温湿度采集模块，可以精准采集当前环境的温度和湿度信息。

| 电位器模块 | 按键模块 | 温湿度传感器模块 |

▎主控器

主控器是开源硬件的大脑与核心，负责执行计算与控制功能。其可以通过数据连线获取各类传感器返回的信息，计算与处理后，根据程序所规定的规则执行相应的控制策略，驱动输出设备工作，实现复杂和有趣的控制功能。

第二章　身边的智能装置

▶ **输出设备**

数码管显示模块：是一种可以显示数字和其他信息的电子设备。

LED 灯模块：是一种常用的发光器件，通过程序可以控制 LED 灯的亮灭和发光的强度。

直流电机：经常用于风扇或小车等装置的动力系统，可以通过编程控制其转速。

主控器

数码管显示模块 　　　LED 灯模块 　　　直流电机

科学素养培育与提升 ❷

编程核心

▌作品要求

（1）选择正确的控制指令。

（2）编写正确的控制程序。

（3）程序下载至主板后可实现按键控制 LED 灯的亮和灭。

▌关键代码

循环程序代码：主程序中需要多次重复执行的指令由该代码完成。

`控制器 反复执行`
`结束`

判断程序代码：当判断条件为真时，执行"如果"指令下的程序代码。

`如果`
`执行`

按键控制代码：按键信号输入管脚配置。

`数字型 按键模块 管脚# 2`

LED 灯控制代码：分配 LED 灯控制管脚并控制其亮灭。

`LED 管脚# 4 设为 高`

第二章　身边的智能装置

试一试

1. 请同学们思考：利用开源硬件完成 LED 灯控制系统，我们需要用到哪些代码？

2. 请同学们将编写好的程序下载至开源硬件搭建的 LED 灯控制装置，并验证控制功能是否实现。

做一做

1. 请通过连线回答下列硬件哪些是输入设备，哪些是输出设备。

　　LED 灯模块

　　红外感应器模块　　　　　　　　　　　　输入设备

　　蜂鸣器模块

　　声音传感器模块　　　　　　　　　　　　输出设备

　　电位器模块

科学素养培育与提升 2

2.（单选题）下列关于主控器的说法错误的是（　　）。
A. 接收传感器的数据信息
B. 控制 LED 灯发光
C. 不能进行计算与处理

评一评

知识	我是否理解了本活动涉及的所有新知识？	☆☆☆☆☆
技能	我是否顺利地完成了本活动的全部任务？	☆☆☆☆☆
方法	我是否掌握了解决问题的新方法？	☆☆☆☆☆
协作	我是否在活动中配合同学完成了任务？	☆☆☆☆☆
表达	我是否在活动中展示交流了自己的想法和成果？	☆☆☆☆☆

练一练

1. 请同学们思考：如何编写程序实现第一次按键 LED 灯点亮，第二次按键 LED 灯熄灭？

第二章　身边的智能装置

2. 请同学们在课后了解更多的传感器种类，并记录下来。

读一读

仿真模拟

我们可以利用仿真实验软件的各类电子模块设计一些简单的电子电路模型，利用编程为其添加控制功能。通过软件动画，我们可以直观地看到各元器件的工作状态，判断控制程序的编写是否存在问题。

仿真实验软件的各类电子元器件都源于生活，如果你能够找到相应的元器件与设备，你就可以将通过仿真验证过的控制程序直接下载到硬件当中，实现实物的真实控制。当然，在操作过程中一定要注意安全。

科学素养培育与提升 ②

2.3 调速风扇

看一看

在炎热的夏季，人们通过不同的方式防暑降温。其中，使用电风扇是常见的方式之一。根据使用场景的不同，电风扇可分为落地扇、台扇、吊扇、空调扇、无叶风扇等。

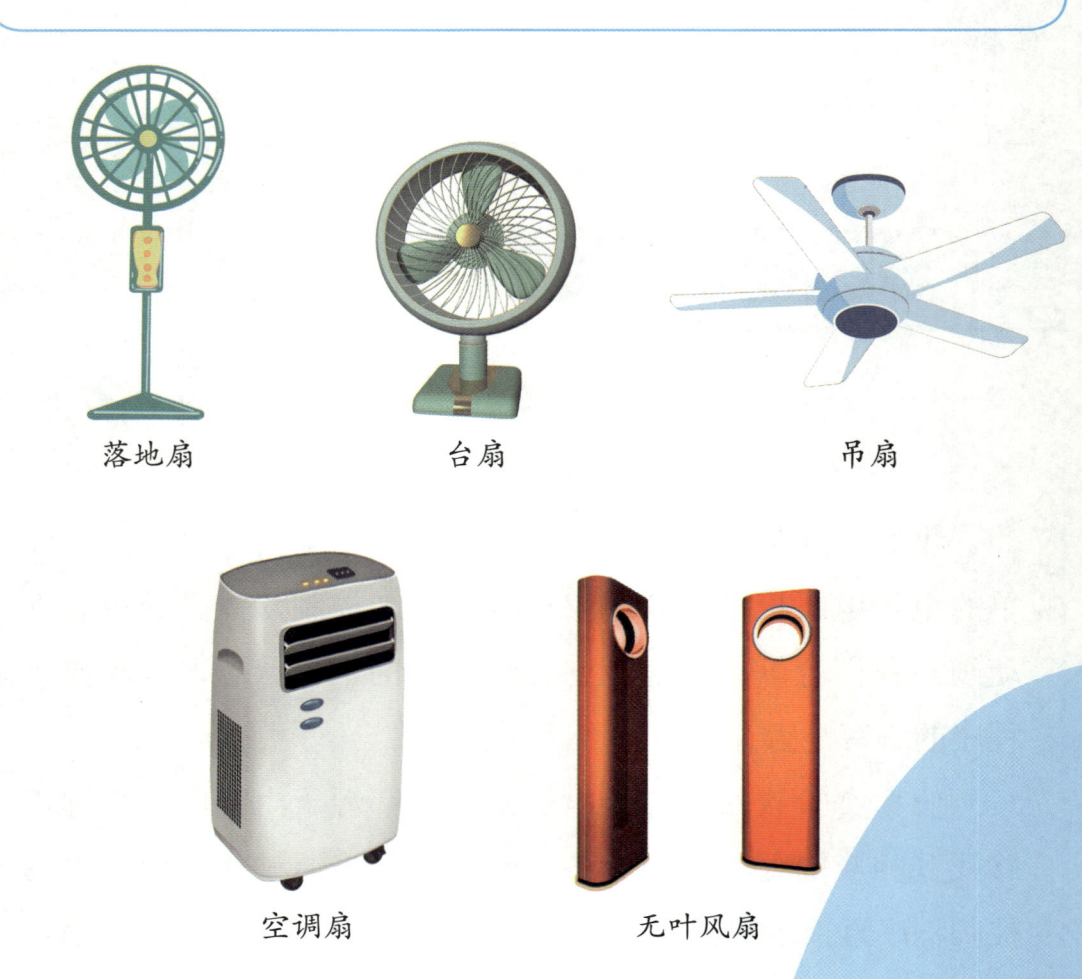

落地扇　　　　　台扇　　　　　吊扇

空调扇　　　　　无叶风扇

第二章　身边的智能装置

学一学

生活中，很多电风扇都具有扇叶，这类电风扇通常是通过电力驱动电机带动扇叶旋转，使空气加速流动。这类电风扇主要由扇头、支架、底座和控制装置等组成。扇头包括电机、扇叶、网罩等。扇叶是斜的，旋转时可以往前推动空气，持续让空气流动。

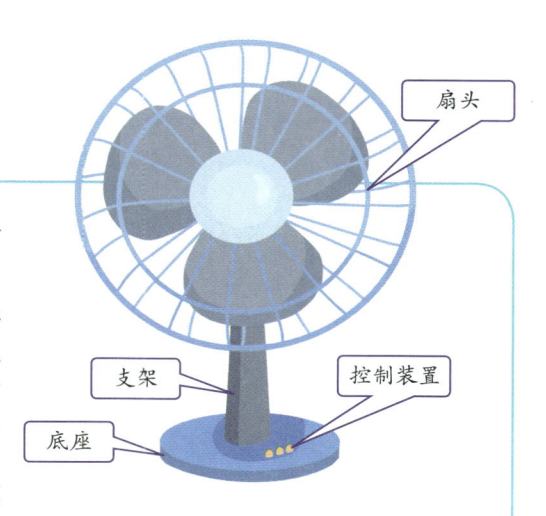

扇头中电机的转速会影响电风扇出风的大小。电机转速越大，扇叶产生的风量就越大。通过控制装置可以调节电机的转速，进而改变扇叶旋转的速度，得到不同大小的风量。

电风扇在工作时只能加速空气的流动，不能直接降低空气的温度。那电风扇是如何让人感觉到凉爽的呢？原来，人在酷热的环境中，身体表面会排出大量的汗液。风扇扇叶转动，产生了风，加快了空气的流动，促进人体表面汗液的挥发。汗液在挥发时，带走了人体表面一部分热量，人就会感觉到凉爽。

科学素养培育与提升 ②

头脑风暴

请用圆圈图罗列电风扇在生活中的作用。

电风扇的作用

同学们，你们能制作一个可以调节扇叶转速的电风扇吗？

第二章　身边的智能装置

搭建核心

▰ 作品要求

（1）搭建一个可以调速的风扇。

（2）风扇可以稳定地放置在桌面上。

（3）利用齿轮加速系统提高风扇扇叶的转速。

▰ 核心零件

直流电机、电位器模块。

▰ 搭建器材

5×7 连接框 　　40 齿齿轮 　　24 齿齿轮 　　8 齿齿轮

曲柄 　　15 孔连接杆 　　长销

科学素养培育与提升 ❷

核心结构

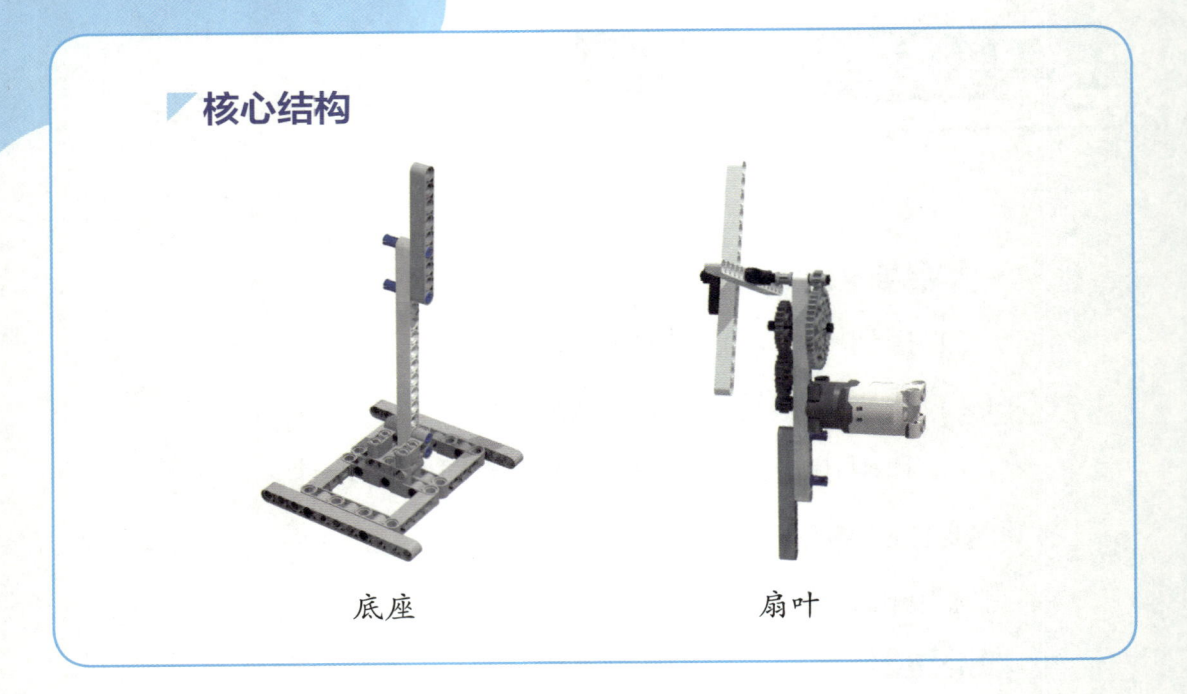

底座　　　　　扇叶

试一试

1. 请同学们尝试绘制风扇设计图，并标出核心结构。

第二章 身边的智能装置

2. 请同学们在下列方框中填写搭建的流程。

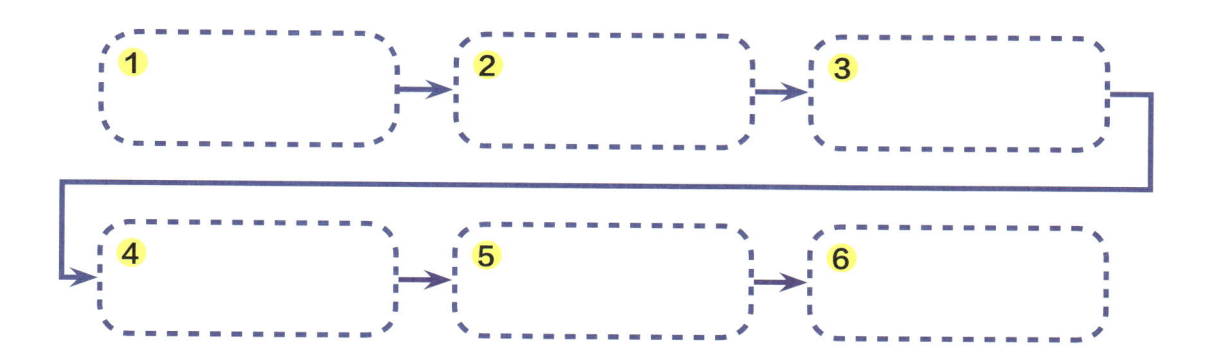

```
[1] → [2] → [3]
              ↓
[4] ← ←
 ↓
[4] → [5] → [6]
```

编程核心

▌任务描述

（1）能正确使用数字映射代码进行编程。

（2）能获取电位器的模拟信号值。

（3）能编写电位器控制电机转速的程序。

▌关键代码

电位器数值读取代码：输入信号值区间为 0 ~ 1023。

`模拟型 电位器模块 ▼ 管脚 # A1 ▼`

科学素养培育与提升 ❷

数字映射代码：指两个元素的集之间元素相互"对应"的关系，可以输入数字区间从 0～1023 变成 0～255。

映射 整数 从 [0 , 1023] 到 [0 , 255]

电机控制代码：转速的数字越大，速度越快，区间范围为 0～255。

L298P 电机 M1 正转 转速 100 (0~255)

▶ 程序设计

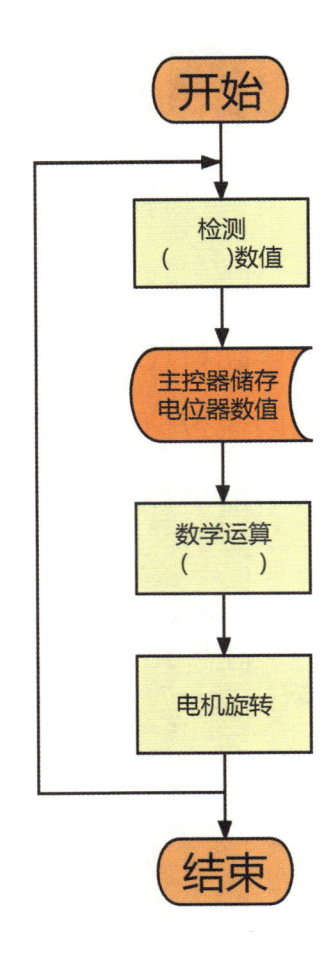

开始 → 检测（　）数值 → 主控器储存电位器数值 → 数学运算（　　） → 电机旋转 → 结束

第二章　身边的智能装置

做一做

1. （单选题）使用映射的方式计算，从区间 1～5 放大 5 倍后的区间是（　　）。

　　A. 5～5　　　　B. 1～25　　　　C. 5～25

2. （单选题）下列说法正确的是（　　）。

　　A. 电位器本质上是一个可变电阻

　　B. 人在使用电风扇时之所以会觉得凉爽，主要是因为电风扇可以降低空气的温度

　　C. 在编程时，数字映射模块中的数字可以随意填写

3. （单选题）下列选项中，（　　）模块具有数学运算功能。

　　A. 1 + 1

　　B. =

　　C. 数字输入 管脚 # 0

科学素养培育与提升 ②

评一评

知识	我是否理解了本活动涉及的所有新知识？	☆☆☆☆☆
技能	我是否顺利地完成了本活动的全部任务？	☆☆☆☆☆
方法	我是否掌握了解决问题的新方法？	☆☆☆☆☆
协作	我是否在活动中配合同学完成了任务？	☆☆☆☆☆
表达	我是否在活动中展示交流了自己的想法和成果？	☆☆☆☆☆

练一练

1. 请同学们观察生活中的风扇有哪些调速控制方式，并记录在下方的空白处。

2. 请同学们思考：电位器还可以用来做什么？

第二章　身边的智能装置

读一读

电风扇是如何调节转速的？

电风扇作为夏季常见的家用电器，可以给人们带来一丝凉意，它具有摇头、定时开关、调节转速等各种人性化的功能，满足我们日常的使用需求。我们可以通过电风扇的旋钮或者按钮，快速调节扇叶的转速，使电风扇从"微风"到"强风"随意切换。你知道电风扇是如何实现调节转速的吗？

实际上，电风扇是通过电动机来控制转速的，常见电风扇的电动机和洗衣机的电动机一样，都是感应式电容电动机。电风扇包含了主线圈、辅助线圈、转子以及电容等结构，扇叶就固定在转子上。由于辅助线圈串联了电容，因此会产生超前的电流，由它产生的磁场与主线圈中流过电流产生的磁场合成旋转磁场。转子受到旋转磁场的牵引而旋转，引起扇叶的旋转。当我们调节不同的风速时，转子受到的旋转磁场强弱改变，这样扇叶转动的速度也会有所变化。通过这种方式，我们就可以控制电风扇的转速了。

科学素养培育与提升 ❷

2.4 温度监测装置

看一看

生活中，我们通常用气温（空气温度）来反映空气的冷热程度，它能对自然景观和我们的生存环境造成很大影响。天气预报中所说的气温，是用气象观测仪器测得的。在下面的天气预报图片中，找出关于温度的信息，并思考我们在生活中如何测量温度。

第二章 身边的智能装置

学一学

温度监测装置是测温的设备。不同类型的测量仪器，测量温度的原理也有所差别：有的利用热胀冷缩的原理测温，如水银温度计；有的利用物质的物理参数与环境温度之间的关系测温，如电子温度计；有的利用红外线（红外辐射）汇集并进行信号转化处理测温，如红外线温度计。

水银温度计　　　　电子温度计　　　　红外线温度计

电子温度计具有读数方便、测量速度快、测量精度高、对人体及周围环境无害等特点。它由温度传感器、液晶显示器、专用集成电路及其他电子元器件组成。其中，温度传感器是一种能感受温度并转换成可用输出信号的传感器。在测温时，温度传感器检测到温度后，产生不同大小的电信号，传输到集成电路进行处理，然后通过显示器以数字形式显示温度数值，再被读取、记录。

开始 → 初始化 → 检测温度 → 信号输入 → 转化输出 → 温度显示 → 结束

电子温度计工作流程

科学素养培育与提升 ❷

头脑风暴

请用圆圈图罗列生活中与温度监测装置相关的要素（如场景、功能、作用等）。

温度监测装置

同学们，你们能制作一个温度监测装置吗？

搭建核心

▎**作品要求**

（1）设计搭建一个温度监测装置。

（2）装置中使用温湿度传感器和数码管显示模块。

第二章　身边的智能装置

（3）装置可以平稳地放在桌面上。

▎核心零件

温湿度传感器，数码管显示模块。

▎搭建器材

5×11 连接框 　　2×4 直角连杆 　　销式直角连接器 　　摩擦轴销

15 孔直连杆 　　　　　　　　9 孔直连杆

▎核心结构

底座 　　　　　　　　底座＋框架

科学素养培育与提升 ❷

试一试

1. 请同学们尝试设计温度监测装置,并标出核心结构。

2. 请同学们在下列方框中填写搭建的流程。

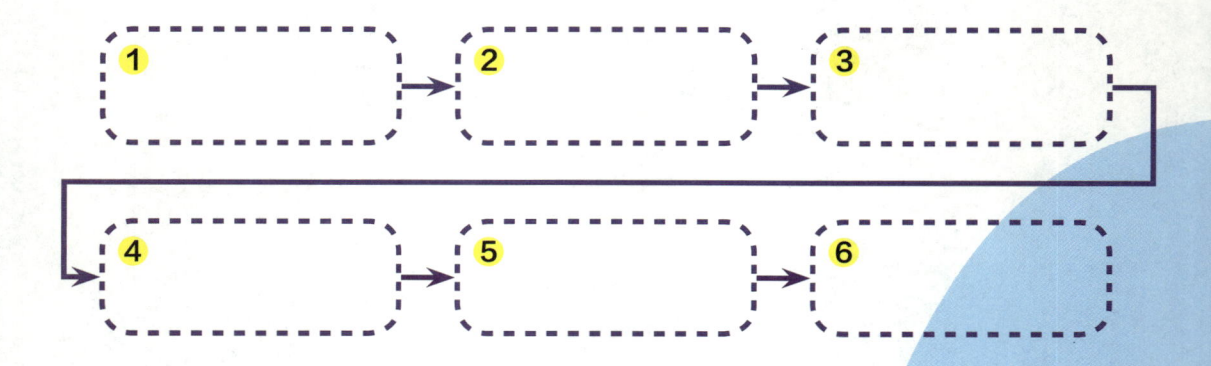

| 1 | → | 2 | → | 3 |
| 4 | → | 5 | → | 6 |

第二章　身边的智能装置

编程核心

▌**任务描述**

（1）能选用正确的程序代码。

（2）能通过编程让数码管显示数字。

（3）能编写温度监测程序并实时显示温度数值。

▌**关键代码**

初始化代码：程序只运行一次，一般用来设定初始状态。

温湿度检测代码：可测量周围环境的温度和湿度。

`温湿度　管脚# A5　获取温度`

四位数码管代码：可以显示四个数字。

`数码管　显示字符串 " 1234 "`

设置数码管的初始数据线和时钟线。

`数码管　初始化 CLK 管脚# 11　DIO 管脚# 10`

数码管清屏代码：清空数码管上的其他数据。

`数码管　清屏`

科学素养培育与提升 ❷

▎程序设计

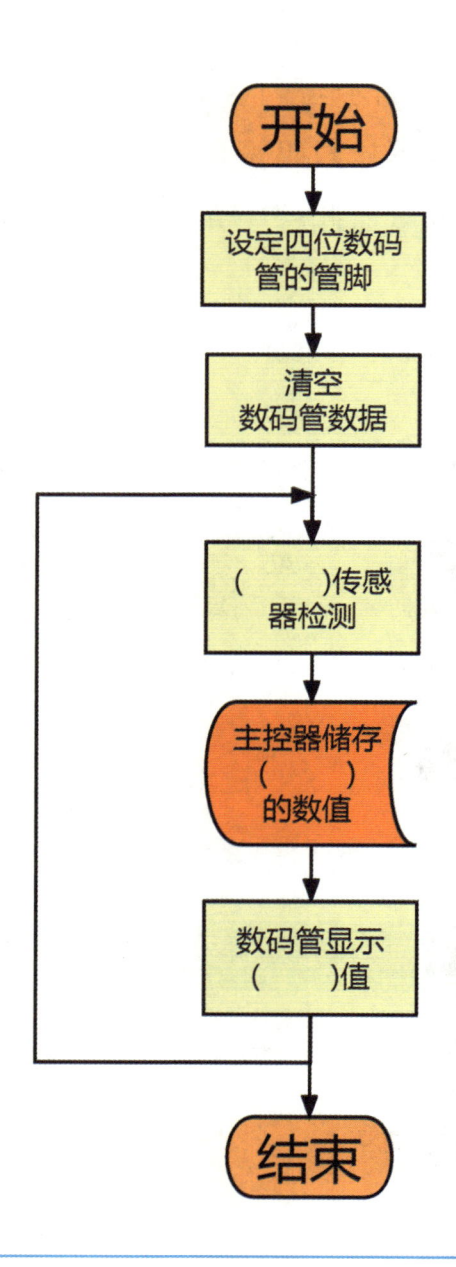

```
开始
  ↓
设定四位数码
管的管脚
  ↓
清空
数码管数据
  ↓
(  )传感
器检测
  ↓
主控器储存
(  )
的数值
  ↓
数码管显示
(  )值
  ↓
结束
```

第二章 身边的智能装置

做一做

1.（单选题）下列选项中，可以检测周围环境的温度的是（ ）。

A. 温湿度 管脚#4 获取温度

B. 温湿度 管脚#4 获取湿度

C. 模拟型 土壤湿度检测 管脚# A0

2.（单选题）下列选项中，可以在四位数码管上显示 4321 的是（ ）。

A. 数码管 显示字符串 "1234"

B. 数码管 显示字符串 "4321"

C. 数码管 显示字符串 温湿度 管脚#4 获取温度

科学素养培育与提升 ②

3．（单选题）下列选项中，说法正确的是（　　）。

A．温湿度传感器可以直接输出温度的数值

B．数码管可以显示数字和图片

C．温湿度传感器可以检测环境的温度和湿度

评一评

知识	我是否理解了本活动涉及的所有新知识？	☆☆☆☆☆
技能	我是否顺利地完成了本活动的全部任务？	☆☆☆☆☆
方法	我是否掌握了解决问题的新方法？	☆☆☆☆☆
协作	我是否在活动中配合同学完成了任务？	☆☆☆☆☆
表达	我是否在活动中展示交流了自己的想法和成果？	☆☆☆☆☆

第二章　身边的智能装置

练一练

1. 请同学们在课后至少学会一种温度计的使用方法。

2. 请同学们思考：生活中还有哪些设备使用了数码管？

科学素养培育与提升 ❷

读一读

红外测温仪

红外测温仪由光学系统、光电探测器、信号放大器及信号处理、显示输出等部分组成。光学系统汇聚其视场内的目标红外辐射能量，红外辐射能量聚焦在光电探测器上并转变为相应的电信号，电信号经过放大和处理后转变为被测目标的温度值。

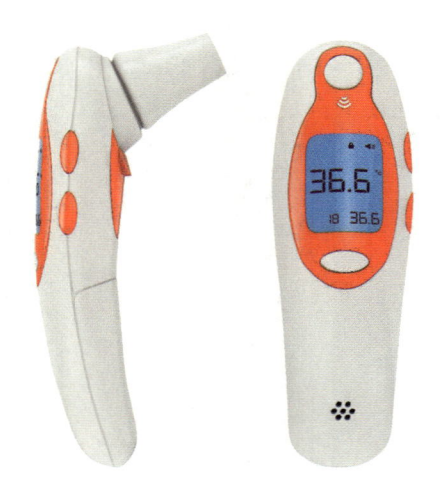

在自然界中，一切温度高于绝对零度的物体都在不停地向周围空间发出红外辐射能量。物体的红外辐射能量的大小与它的表面温度有着十分密切的关系。因此，通过对物体自身辐射的红外能量的测量，便能准确地测定它的表面温度。

第三章　自然的奥秘

第三章

自然的奥秘

科学素养培育与提升 ❷

3.1 种子里面有什么

看一看

植物种子的种类繁多，形态构造也多种多样。豌豆种子像一个小球，玉米种子像一枚牙齿，槭树种子长着"小翅膀"，蒲公英的种子是天生的"小伞兵"……种子颜色更是五彩缤纷，然而就算它们的长相千奇百怪，但绝大多数种子的内部构造都是相同的，是植物重要的繁殖器官。小小的种子，为什么能承担如此大任呢？接下来就来看看种子里面到底有什么吧！

第三章　自然的奥秘

头脑风暴

请用气泡图罗列与种子相关的要素。

种子

学一学

大部分植物的种子大致分为三个部分：种皮、种胚和胚乳。

种子的大衣——种皮：种皮是种子与外界直接接触的部分，是种子重要的防御组织。种子要想长大成为植株，首先就要保证不被破坏。种皮一般较为坚韧，可以抵御外界的侵扰。观察种子外部可以发现一条疤痕状的构造，这是种子的"肚脐"，是种子连接植物母体的地方。

科学素养培育与提升 ②

种子的核心——种胚：种胚是种子内部的幼小植物体，是种子最核心的部分。种子的发芽其实就是种胚的成长过程。别看种胚这么小，它也是"五脏俱全"呢！种胚有着幼小的根、茎和叶，分别被称为胚根、胚轴和子叶。在发芽的过程中，胚根会逐渐成长为强壮的根，胚轴也会钻出土壤，携带着叶片越长越高，而很多植物的子叶有着丰富的营养物质，可以为种子发芽提供能量。

种子的营养库——胚乳：有些植物的种子有另一个"营养库"，那就是胚乳。当然，不是所有的种子都有胚乳，有些种子比如花生、蚕豆，随着种子的发育胚乳逐渐被吸收，我们看见的只有肥厚的子叶，而玉米、水稻和茄子等的种子胚乳保留了下来。胚乳中含有大量的营养物质，为种子的萌发、植物的发育提供足够的能量。

小小种子里面都有哪些营养物质？这些营养物质是如何被人类利用的？

第三章 自然的奥秘

做一做

1. 你能分辨出下面图片中的都是什么植物的种子吗？把你的判断写在图片下方的括号内。

（　　　）　　　　　（　　　）

（　　　）　　　　　（　　　）

2. （多选题）下列种子的结构中，哪些部分富含营养物质？（　　　）

A. 种皮　　B. 胚乳　　C. 子叶　　D. 胚根

3. 请介绍一种你常吃的种子，把你对它的认识写在下面方框内。

科学素养培育与提升 ❷

知识卡片

种子里的营养

种子里面含有丰富的营养物质，这些营养物质不仅仅可以在种子萌发和幼苗生长的阶段为植物提供能源，让它们快速长大，也可以通过一定的加工流程，成为我们的食物。那么，种子里面究竟有哪些营养物质呢？

种子含有的营养成分主要是糖类、脂肪和蛋白质。糖类在种子里的形式多种多样，比如葡萄糖、果糖、淀粉和纤维素等。我们食用的馒头、面条，其主要成分是植物淀粉，这些淀粉在遇到碘酒时，会变成蓝色。种子里面还含有脂肪，一般油料种子里含量较多，比如我们吃的花生油、菜籽油、葵花籽油等。而植物油一般是无法溶解在水里的，它们会轻轻漂浮在水面。蛋白质也是种子中的一种重要营养成分，很多豆类种子中就富含植物蛋白质，我们生活中食用的豆腐、豆干，大多是用富含蛋白质的黄豆种子制成的。

第三章 自然的奥秘

试一试

▎**材料准备**

玉米，花生，碘酒，水，小刀，纸杯。

▎**操作过程**

第一步：将碘酒滴在剖开的玉米上

发现：

第二步：用小刀将花生切开观察

发现：

第三步：用小刀将花生切碎，放进装满水的纸杯中

发现：

科学素养培育与提升 ②

我的成果

☆玉米里面含有很多的 _____ 。
☆花生里面含有很多的 _____ 。
☆我得出的结论是 _____ 。

评一评

知识	我是否理解了本活动涉及的所有新知识？	☆☆☆☆☆
技能	我是否顺利地完成了本活动的全部任务？	☆☆☆☆☆
方法	我是否掌握了解决问题的新方法？	☆☆☆☆☆
协作	我是否在活动中配合同学完成了任务？	☆☆☆☆☆
表达	我是否在活动中展示交流了自己的想法和成果？	☆☆☆☆☆

第三章 自然的奥秘

练一练

1. 调查一下,说说种子在我们日常生活中,除了食用以外还有哪些用途。

2. 种子营养丰富,但保存不当也会产生黄曲霉毒素等致癌物质。查阅资料,说说我们平时应该如何科学保存种子。

读一读

中国植物"活词典"——吴征镒

吴征镒(1916—2013)是我国发现和命名植物最多的植物学家之一。2008年,92岁的吴征镒院士获得国家最高科学

科学素养培育与提升 ❷

技术奖。面对这样的殊荣，吴征镒公开说道："我愿意把我的肩膀给大家做垫脚石。"

幼时的吴征镒常独自待在自家后花园玩耍，观察各种花草树木，一看就是一整天。儿时的吴征镒领略到了大自然的神奇之处，对植物学萌发了极其浓厚的兴趣。在兴趣与努力学习的共同作用下，吴征镒成功考入了清华大学生物系。

工作时的吴征镒经常带队外出考察。某日清晨，吴征镒照常前往驻地附近观察。没想到因道路湿滑，吴征镒摔了个"大跟头"。正是这么一摔，吴征镒意外发现一株此前从未见过的植物——"锡杖兰"。吴征镒喜出望外，不顾满身泥土，小心翼翼地将这株"锡杖兰"采集制作成标本。后来每谈及此事，吴征镒总笑着说："我不怕摔跤，却怕摔得没有价值。如果每一次摔跤，都能找到从未被发现的新品种，那我愿意天天摔跤。"

1999年，时任中国科学院昆明植物研究所名誉所长的吴征镒院士提出要尽快建立野生生物种质资源库。在他的呼吁下，中国西南野生生物种质资源库于2004年开始建设，2007年开始运行。目前，中国西南野生生物种质资源库已保存海量的植物种子，使我国的特有种、珍稀濒危种及具有重要经济、生态和科学研究价值的物种安全得到有力保障，是全球生物多样性保护的重要设施之一。

第三章　自然的奥秘

3.2　深海探秘

看一看

我们生活的"蓝色星球"表面分布着广阔的水体——海洋，总面积约占地球总面积的 71%。人类居住的陆地将海洋分隔为不同的区域，形成了地球上的四个主要大洋：太平洋、大西洋、印度洋和北冰洋。海洋是地球的资源宝库，我们对海洋的探索与利用从未停止。海洋中究竟有哪些"宝藏"？

科学素养培育与提升 ②

头脑风暴

请用气泡图罗列与海洋相关的要素。

海洋

学一学

海洋是生命的摇篮，更是一个超巨型资源库。海洋的资源大致分为四种：水资源、矿物资源、动力资源和生物资源。

海洋水资源：海水约占地球上总水量的97%，是最大的水资源库。人类使用现代海水淡化技术，将海水中溶解的杂质去除，解决了部分沿海地区的供水问题。工业上利用海水冷却降温，同时在印染、制药以及海产品加工领域，海水也有

第三章　自然的奥秘

不俗的表现。

海洋矿物资源：海洋的矿物资源有两种。一种是溶解在海水中的矿物质。尽管这些物质使海水变得又咸又苦，但人们能从海水中提取出很多资源，比如生活中常常吃到的海盐。而另一种，则是埋藏在海底深处的矿产资源，包括石油、天然气、煤矿、铁矿等。

海洋动力资源：海洋无时无刻不在运动，它时而波涛汹涌，时而风平浪静。海洋运动的巨大动力，也能被人类利用起来，如海洋的潮汐能、波浪能都能够用于发电。

海洋生物资源：海洋的生物资源是我们日常生活中最容易接触到的资源。饭桌上的海鲜、妈妈的珍珠项链、家里的贝壳工艺品等，都是人类利用海洋生物资源的实例。海洋生物资源十分丰富，但我们仍然要做到取之有度。

科学素养培育与提升 ❷

做一做

1. （多选题）下列生物中，（　　）属于海洋生物资源。
   A. 海带　　B. 鲤鱼　　C. 田螺　　D. 鱿鱼

2. 举例说明人类利用海洋资源的实例，填写在下方。

3. 现在很多沿海地区通过填海造陆的方式获取更多的发展空间。你认同这样的做法吗？说说你的理由。

第三章　自然的奥秘

知识卡片

海洋生物资源——贝类和螺类

光脚漫步在沙滩上，总是会被一些小贝壳扎到脚，这些贝壳形状各异，像是精美的工艺品。贝壳来自我们生活中最常见的海洋生物——贝类和螺类，这些壳就是它们的"骨头"。贝类和螺类虽然都有外壳，但它们的壳又有哪些区别呢？

我们在生活中吃的蛏子和花甲，它们的壳是由两个长得基本一致的壳合在一起形成的。这种有两个对称壳的贝壳，我们称为"双壳类动物"的壳。而蝾螺和鲍鱼的壳则是一个单独的螺旋形壳，这样的贝壳被称为"腹足类动物"的壳，因为这类动物会利用软体的腹部当作"足"来行走运动。

只有海洋中才有贝和螺吗？答案是否定的。山间小溪石块下的小河蚌、稻田水塘里的田螺，它们都生活在淡水中。

接下来就让我们亲自动手，串一串美丽的贝壳手链作为礼物送给家人或自己。注意区分贝和螺哟！

科学素养培育与提升 ❷

试一试

■ **材料的准备**

已钻孔的贝壳，胶水，细绳，小亮片，笔刷。

■ **操作的过程**

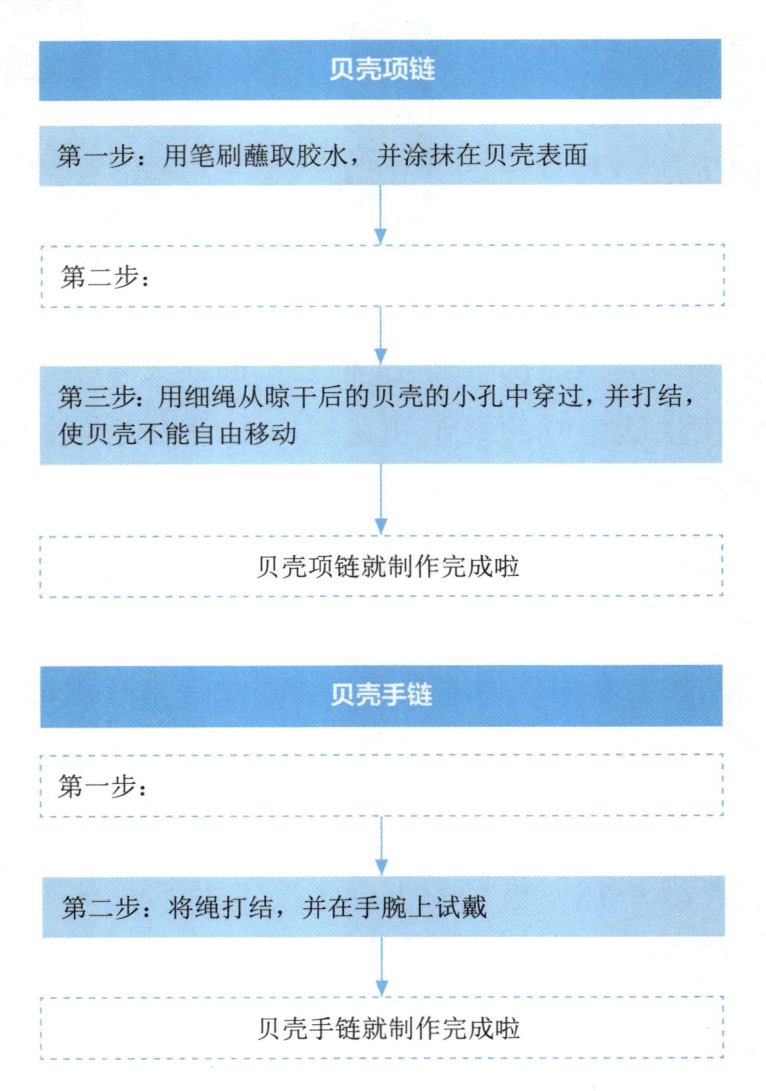

贝壳项链

第一步：用笔刷蘸取胶水，并涂抹在贝壳表面

第二步：

第三步：用细绳从晾干后的贝壳的小孔中穿过，并打结，使贝壳不能自由移动

贝壳项链就制作完成啦

贝壳手链

第一步：

第二步：将绳打结，并在手腕上试戴

贝壳手链就制作完成啦

第三章　自然的奥秘

我的成果

☆我选择制作的工艺品是＿＿＿＿＿＿＿＿＿＿＿＿＿＿＿＿。
☆我的作品名称是＿＿＿＿＿＿＿＿＿＿＿＿＿＿＿＿＿＿。
☆我将把我的作品送给＿＿＿＿＿＿＿＿＿＿＿＿＿＿＿＿。

评一评

知识	我是否理解了本活动涉及的所有新知识？	☆☆☆☆☆
技能	我是否顺利地完成了本活动的全部任务？	☆☆☆☆☆
方法	我是否掌握了解决问题的新方法？	☆☆☆☆☆
协作	我是否在活动中配合同学完成了任务？	☆☆☆☆☆
表达	我是否在活动中展示交流了自己的想法和成果？	☆☆☆☆☆

科学素养培育与提升 ❷

练一练

1. 查阅资料，说说除了贝类和螺类，还有哪些生物也有硬壳。

2. 当前，我国的海洋探索事业已跻身国际领先地位。查阅资料，说说我国有哪些海洋探索的先进设备。

第三章　自然的奥秘

读一读

在深渊科考的"奋斗者"

2020年11月10日8时12分,中国"奋斗者"号载人潜水器在马里亚纳海沟成功坐底,坐底深度超过一万米,创造了我国载人深潜新纪录。而这一切的背后,离不开一位叫叶聪的科学家。

叶聪,是"蛟龙"号主任设计师和首席潜航员、"深海勇士"号副总设计师,也是"奋斗者"号总设计师。早在求学时,叶聪就选择了船舶工程专业,将自己的职业生涯规划与造船事业联系在了一起。从此以后,他经历了无数日夜的计算分析,经历了远离大陆、与世隔绝、没有物资支援的海上试验,经历了深海设备故障的生命威胁和无人应答的海上漂航,最终和团队走通技术链条,成就不断自我超越的深海"奋斗者"。

中国载人深潜事业经历了从无到有、由浅入深,一步步跻身国际领先水平的艰难过程。相信在不久的将来,新的技术和设备会持续涌现,载人深潜技术的优势也会逐步积累,在不断探索未知海洋世界中,为祖国建设科技强国、海洋强国做出贡献。

科学素养培育与提升 ❷

3.3　眼睛的"背叛"

看一看

　　眼睛是人类重要的器官之一，读书认字、看图赏花等活动都要用到眼睛。一般情况下，一朵花反射的光线会穿过类似"相机镜头"的角膜和晶状体而落在视网膜上。视网膜细胞接收到光线后会询问大脑："你看这是什么？"，大脑通过严密思考后得到答案："这是花"。这样人们就能清晰地看见并意识到映入眼帘的是花了。可以说，我们直接获取的大部分信息都是通过眼睛。但是眼见就一定为实吗？

第三章 自然的奥秘

头脑风暴

请用气泡图罗列与眼睛相关的要素。

眼睛

学一学

眼见不一定为实，眼睛也会欺骗我们。我们在观察物体时，日常生活中给予我们的观察经验会成为大脑的第一想法。当然绝大多数情况下，大脑依据已有经验的判断都是正确的。然而，当我们观察一些特别制作的物体时，这些经验往往会出现错误，视错觉也就形成了。

错觉艺术家们根据这些观察经验，利用特殊设计的图像、

科学素养培育与提升 ②

　　结构、颜色等元素，构建出千奇百怪的视错觉艺术品。常见的视错觉有几何错视、生理错视和认知错视。

　　几何错视：在由线条组合成的几何图形中，因为构成图形的几何元素之间彼此影响，人们看到的几何图形的长度、方向、大小和形状等可能与事实不符。

　　生理错视：人类用眼睛观察世界。由于眼睛结构的关系，当我们长时间受某种颜色的光的刺激后会产生视觉疲劳。因视觉疲劳产生的视错觉称为生理错视。

　　认知错视：我们在生活中不断认识、学习着新的事物。例如，当我们认识一位新朋友时，我们不仅会记得他（她）的名字，也会记住他（她）的样貌。这样，我们下次在照片中看到他（她）时，便能一下子认出来。而这样的认识经验也被艺术家们利用了起来，设计成了认知错视。

第三章　自然的奥秘

做一做

仔细观察下面三个图形，想一想它们分别属于哪种视错觉。

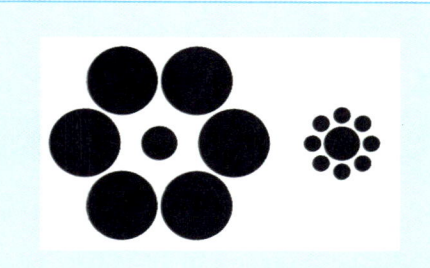	这两张图里面，中间的圆形哪个更大？
	你看到的是鸭子还是兔子？
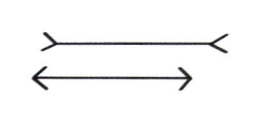	这两个图形里的水平线哪条更长？

科学素养培育与提升 ②

知识卡片

凹凸错觉

生活中有这样的现象：明明是凹陷的脚印，我们却容易看成是凸起的。这是为什么呢？

有观点认为，"把所见的物体看成凸起的"是一种普遍的倾向，这可以部分解释凹凸错觉出现的原因。看到东西时我们大脑中的既往经验也影响着视觉感知的过程。大脑中有个"档案室"，存储着各种我们见过的事物。当遇到我们熟悉的事物，大脑会搜索发现匹配的模板，不再费心纠结于眼前这个事物的细节。而当面对新的事物时，大脑便不得不仔细加工眼前的事物，从而构成对新事物的认识。但有时候，你的大脑会"偷懒"，用旧的模板强行"套"在新的事物上。这时候，错觉就产生了。

根据提供的材料，制作立体小恐龙，试试它能否成功欺骗到大家的眼睛。

第三章　自然的奥秘

试一试

材料的准备

小恐龙折纸材料，剪刀，双面胶。

操作的过程

请根据提示，完成立体小恐龙作品。

第一步：用剪刀沿着折痕剪出小恐龙雏形

↓

第二步：

↓

第三步：立体小恐龙完成了，赶紧试试效果吧

我的成果

☆我完成了 / 未完成小恐龙。

☆小恐龙欺骗到了 / 未欺骗到大家的眼睛。

☆我得出的结论是_____。

科学素养培育与提升 ❷

评一评

知识	我是否理解了本活动涉及的所有新知识？	☆☆☆☆☆
技能	我是否顺利地完成了本活动的全部任务？	☆☆☆☆☆
方法	我是否掌握了解决问题的新方法？	☆☆☆☆☆
协作	我是否在活动中配合同学完成了任务？	☆☆☆☆☆
表达	我是否在活动中展示交流了自己的想法和成果？	☆☆☆☆☆

练一练

1. 在生活中，你还看见过哪些视错觉的现象？你觉得我们可以将视错觉用在哪些方面？

第三章　自然的奥秘

2. 查阅资料，并根据所学的知识，制作类似小恐龙的视错觉装置。

读一读

夏德昭——让光明点亮黑暗

夏德昭（1918—2021）出生于辽宁省的一个小山村，他的奶奶一直有沙眼，导致看不见东西。因此，他从小就在心里埋下为亲人解决眼疾的种子。

在攻读博士期间，他的研究方向即是沙眼。学成后，他通过手术如愿让奶奶重见光明，老人家逢人便夸："我孙子

科学素养培育与提升 ②

让我看见了！"

在医院工作时，他接触到大量在战争中角膜受伤的病人。于是，他果断将工作和科研重心放到角膜移植的治疗方法上。

当时，角膜移植在国际医学界尚处于摸索阶段，在医院领导的支持下，他准备大胆尝试人体角膜移植。果然，第一例人体角膜成功移植，至此中国成为继苏联之后第二个成功完成角膜移植的国家。

后来，从全国各地赶来就诊的患者络绎不绝，夏德昭所在的中国医科大学附属第一医院组建了拥有上百张病床的眼科诊室，在手术治疗数量、移植种类、治疗效果等方面处于领先水平。

在国家的支持下，夏德昭还举办了"角膜移植学习班"，招收国内各医院的眼科医生，从而将角膜移植的治疗技术推广至全国。

夏德昭从医80载，矢志不渝地追求眼科学事业。百年岁月，医者仁心，他让万千患者重见光明，正如其名：德济天下，昭如日星。

第四章　漫游太空

第四章

漫游太空

科学素养培育与提升 ❷

4.1 漫步太阳系

看一看

仰望星空，我们会发现天上挂了许许多多的星星，有的大，有的小，有的亮，有的暗。这些星星都是宇宙中的各种天体——恒星、行星和卫星等。这些天体因引力作用聚集到一起，形成一个相对稳定的天体系统。

以太阳为中心，受太阳引力约束到一起的天体系统，组成了太阳系。你知道太阳系有哪些天体吗？

第四章　漫游太空

头脑风暴

你知道太阳系里面有哪些天体吗？请填写在圆圈图中。

太阳系的天体

学一学

太阳系包括太阳、8颗行星和大量的小行星、卫星等天体。其中，太阳是整个太阳系的中心，占据了整个太阳系质量的99.86%。

太阳是一颗会发光发热的恒星。它的光与热，为地球上生命体的诞生和延续提供了必要的条件。

行星，一般指自身不发光、环绕着恒星运转的天体。围绕太阳运行的大行星有八颗，按照距离太阳从近到远的顺序

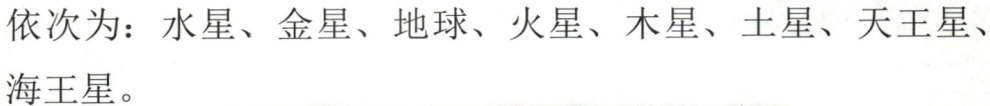

科学素养培育与提升 ❷

依次为：水星、金星、地球、火星、木星、土星、天王星、海王星。

　　太阳系还有许多体积和质量比八大行星小得多的小行星。截至2020年，太阳系内已有超过一百万颗小行星被确认，而绝大多数的小行星都集中在火星与木星轨道之间的小行星带上。

　　在海王星之外的天空还有一片类似于小行星带、位于海王星的轨道外侧的圆盘状区域——柯伊伯带。这里包含了许多小天体，冥王星便是被发现的第一颗柯伊伯带天体。

　　科学家认为，在太阳系的外围，存在一个球体云团，即奥尔特云，其中布满着大量不活跃的彗星。由于距离太阳很远，奥尔特云中心天体受到太阳引力非常弱，极容易受到其他天体的引力摄动而产生轨道变化。

第四章 漫游太空

知识卡片

太阳系内八大行星到底有多大？通过观察下面的图片，我们将对它们的大小有个初步的认识。

太阳系八大行星

八大行星中，体积最小的是水星，体积最大的是木星。除了体积之外，行星自转和公转的周期相差也很大，例如距离太阳最近的水星绕着太阳转一圈只需要八十多天，而公转周期最长的海王星绕着太阳转一圈要一百六十多年。

名称	水星	金星	地球	火星	木星	土星	天王星	海王星
自转周期	58.646 日	243 日	23.93 时	24.62 时	9.84 时	10.53 时	17.24 时	15.97 时
公转周期	87.969 日	225 日	365.24 日	687 日	11.86 年	29.53 年	84.32 年	164.79 年

科学素养培育与提升 ❷

做一做

1. （单选题）太阳系内的天体不包括（　　）。
   A. 太阳　　B. 地球　　C. 冥王星　　D. 北极星
2. 八大行星中最大的行星是_____，最冷的行星是_____，最热的行星是_____。
3. 太阳系内不同类型的天体各具特色，你最喜欢哪个天体？并说说喜欢的理由吧！

评一评

知识	我是否理解了本活动涉及的所有新知识？	☆☆☆☆☆
技能	我是否顺利地完成了本活动的全部任务？	☆☆☆☆☆
方法	我是否掌握了解决问题的新方法？	☆☆☆☆☆
协作	我是否在活动中配合同学完成了任务？	☆☆☆☆☆
表达	我是否在活动中展示交流了自己的想法和成果？	☆☆☆☆☆

第四章 漫游太空

练一练

1. 在太阳系八大行星中，地球与其他行星最显著的区别是什么？

2. 搜集资料，了解太阳系是如何形成的。

科学素养培育与提升 ❷

读一读

八大行星各有什么特点呢?

水星	金星	地球	火星
水星是最接近太阳的行星。它几乎没有空气和水,在太阳系八大行星中,是最小、最轻,而且"跑"得最快的行星。	金星的大气压力远高于地球,含有大量的二氧化碳、氮气等气体。这使得金星的表面平均温度高达 465～485 摄氏度,成为太阳系内最热的行星。	地球表面被大面积的海洋包裹着。它是目前人类发现唯一有生命的星球,不仅拥有丰富的自然资源,还有宜人的气候条件,是人类生存的家园。	火星是太阳系中体积第二小的行星。因为它的地表有丰富的氧化铁,因此呈现出橘红色的外表。

木星	土星	天王星	海王星
木星是太阳系中最大的行星。它的体积是地球的1300多倍,质量远大于其他七颗行星。木星上有最大的风暴气旋——大红斑。	土星是太阳系中第二大的行星。土星的密度非常小,周围有美丽的土星环。据观测表明,土星环的物质构成有碎冰块、岩石块、尘埃、颗粒等。	天王星是太阳系内大气层最冷的行星,最低温度可达零下二百摄氏度以下。天王星几乎以一个躺倒的状态绕着太阳运转。	海王星是八大行星中距离太阳最远的行星。它的大气中含有少量的甲烷,在阳光的照射下,海王星看起来是蓝色的。

第四章　漫游太空

4.2　宇宙飞船

看一看

在距中国酒泉卫星发射中心数百公里外的敦煌莫高窟，我们的祖先在壁画里用艺术和想象描绘着飞天梦想。在数千年的历史里，有"嫦娥奔月"的神话故事，也有"万户飞天"的勇敢尝试，中国人对神秘太空一直有探究的热情。

20世纪60年代以来，苏联和美国相继把航天员送入太空。实现千年的飞天梦想，更成为中华民族的久久期盼和悠悠情思。

2003年10月15日9时整，在酒泉卫星发射中心，"神舟五号"载人飞船由长征二号F运载火箭发射升空，把中国第一位航天员送上了太空。飞船在太空中围绕地球运行14圈，历时21小时23分，顺利完成各项预定操作任务后，安全返回主着陆场。轨道舱留轨运行半年时间，获得了大量的科学实验成果。

科学素养培育与提升 ❷

学一学

　　神舟系列飞船，是我国自行研制的飞船。它采用"三舱一段"的结构，即由轨道舱、返回舱、推进舱和附加段构成。

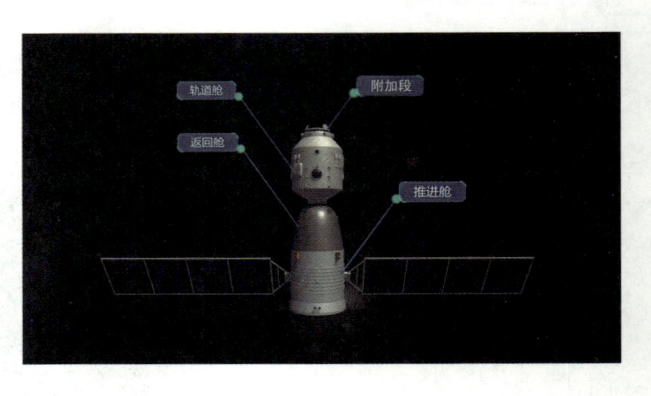

　　轨道舱是飞船进入太空飞行轨道后，航天员工作、生活的场所。舱内除了备有食物、饮水和大小便收集器等生活装置外，还有空间应用和科学试验用的仪器设备。

　　返回舱是飞船的指挥控制中心，也是航天员往返太空时乘坐的舱段。如神舟七号飞船，返回舱内设有可供 3 名航天员斜躺的座椅，供航天员在起飞、上升和返回阶段乘坐。返回舱内还安装有主降落伞和备份降落伞，能在返回过程中有效保护舱体和航天员。

　　推进舱是飞船的动力舱。内部装载推进系统的发动机和推进剂，为飞船提供调整姿态和轨道，以及制动减速所需要的动力。

　　附加段位于飞船的前端，是为与另外一艘飞船或空间站交会对接做准备用的。在与其他航天器交会对接之前，它也可以安装各种用于探测空间环境的仪器。

第四章　漫游太空

做一做

如果能到太空旅行，你想乘坐什么样的航天器，执行什么任务呢？

试一试

浩瀚的宇宙对人类来说一直是神秘莫测的，这也驱使着我们不断地前往探索这一未知的领域。在探索前，我们可以畅想乘坐怎样的"太空坐骑"去探索、冒险、战斗和发掘。

试一试，借助以下几种常见的材料，制作"飞船"吧！

▶ **实践材料**

白色纸盘，泡沫半球（一大一小），泡沫圆球（3个），画笔，颜料（6种颜色），星星装饰贴纸，银色绒条，绿色绒条，白乳胶。

实践材料

科学素养培育与提升 ❷

实践步骤

	用颜料笔把白色纸盘涂色，作为小飞船的主体部分
	将小泡沫半球涂成黑色作为飞船底盘，将大泡沫半球涂成彩色作为小飞船顶盖
	将绿色绒条剪成3等份，将泡沫圆球涂成蓝色作为支脚粘在上面
	将银色绒条插在大泡沫半球上作为小飞船的通信天线
	用白乳胶把大泡沫半球粘在纸盘上方
	把小泡沫半球粘在纸盘下方
	在黄色圆环四周贴上装饰，"飞船"就做好啦

第四章　漫游太空

评一评

知识	我是否理解了本活动涉及的所有新知识？	☆☆☆☆☆
技能	我是否顺利地完成了本活动的全部任务？	☆☆☆☆☆
方法	我是否掌握了解决问题的新方法？	☆☆☆☆☆
协作	我是否在活动中配合同学完成了任务？	☆☆☆☆☆
表达	我是否在活动中展示交流了自己的想法和成果？	☆☆☆☆☆

练一练

1. 神舟系列飞船的主要结构有_____、_____、_____、_____。

2. 搜集资料，了解神舟系列飞船是如何从地面到达太空的。

109

科学素养培育与提升 ❷

读一读

神舟系列飞船发射历程（截至2022年6月）

飞船编号	发射时间	飞船乘组
神舟一号	1999-11-20	无人飞船
神舟二号	2001-01-10	无人飞船
神舟三号	2002-03-25	搭载模拟人
神舟四号	2002-12-30	搭载模拟人
神舟五号	2003-10-15	杨利伟
神舟六号	2005-10-12	费俊龙、聂海胜
神舟七号	2008-09-25	翟志刚、刘伯明、景海鹏
神舟八号	2011-11-01	搭载模拟人
神舟九号	2012-06-16	景海鹏、刘旺、刘洋
神舟十号	2013-06-11	聂海胜、张晓光、王亚平
神舟十一号	2016-10-17	景海鹏、陈冬
神舟十二号	2021-06-17	聂海胜、刘伯明、汤洪波
神舟十三号	2021-10-16	翟志刚、王亚平、叶光富
神舟十四号	2022-06-05	陈冬、刘洋、蔡旭哲

第四章　漫游太空

4.3　火箭动力

看一看

"10, 9, 8, …, 3, 2, 1, 点火！"随着一声令下，发射塔架上巨大的火箭带着一团烈焰腾空而起，像离弦的箭般直冲云天，直至将飞船、卫星等航天器送上太空，火箭的使命也就完成了。

重达几百到上千吨的火箭，你知道它为什么能竖直向上飞吗？

111

科学素养培育与提升 ❷

学一学

火箭，是利用火箭发动机喷射工质（工作介质）所产生的反作用力向前推进的飞行器。

它可以在稠密的大气层内飞行，也可以在大气层外飞行，是实现航天飞行的运载工具。

各级火箭的发动机内携带了充足的燃烧剂和氧化剂，即使身处太空这种基本没有空气的环境下，火箭发动机也能够完成点火工作，并推动着飞行器前进。

在力学中，力是物体与物体之间的相互作用，总是成对出现的。其中一个力称为"作用力"，另外一个力则称为"反作用力"。这两个力的大小相等，但方向相反。

那么，火箭是如何依靠反作用力实现航天飞行的呢？

当火箭点火后，燃烧剂与氧化剂在发动机的燃烧室里迅速燃烧，并产生大量的气体。气体在火箭推力的作用下，从燃烧室的喷管高速喷出，同时产生一个对燃烧室（也就是对火箭）的反作用力。这个反作用力使火箭沿气体喷出的反方向前进。这就好比将一个充满空气的气球松开，空气就从气球内往外喷，气球则沿反方向飞出。

第四章　漫游太空

做一做

1. 火箭，是利用火箭发动机喷射工质所产生的_____力向前推进的飞行器。它可以在_____飞行，也可以在_____飞行。

2. （多选题）下面（　　）现象体现了作用力与反作用力。

   A. 左手拍右手，两只手都感觉到疼

   B. 划船的时候，船桨向后划水，但是船却向前进

   C. 搭乘电梯上升和下降时，有超重、失重的感觉

   D. 用鸡蛋砸石头，石头没有碎，但鸡蛋却碎了

试一试

利用反作用力的原理，竟然能推动几百上千吨重的火箭冲出大气层，飞向太空。反作用力的效果真的有这么神奇吗？通过"气动力小车"套件，一起来体验作用力与反作用力的效果吧！

▶ 实践材料

车轮（4个），车身板，支架板，吸管，气球（2个），

科学素养培育与提升 ②

车轴（2个），垫圈（2个），双面胶（2片）。

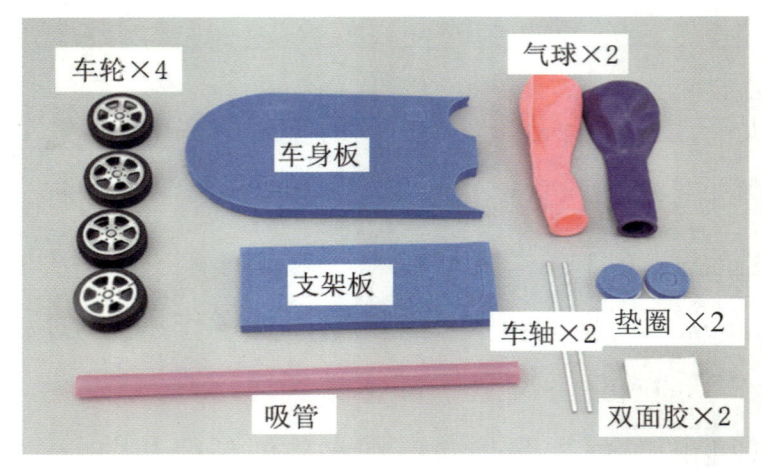

实践材料

实践步骤

（1）"气动力小车"组装：

• 从支架板上抠下来四个小支架，并安装到车身板上；

• 将车轴和车轮安装到支架上；

• 把两个圆垫圈用双面胶粘到车身板上（中间刚好能放吸管）；

• 装上气球，吸管贴上双面胶；

• 把粘好双面胶的吸管粘到车上；

• 完成制作，开展相关实验吧！

实践成品

（2）实践探究：气球喷出的气体，对小车有什么作用？

第四章 漫游太空

小车移动的方向　　气体喷出的方向

实践现象

（3）实验探究：借助小游戏，探究如何增强／减弱气球对小车的反推作用力。（可在"气动力小车"基础上，添加其他小材料参加小竞赛。）

| 惩罚区 | 奖励区 | 再来一局 |

游戏区域示意图

（注意：当"气动力小车"超出长方形色块区域，则本次挑战失败。）

评一评

知识	我是否理解了本活动涉及的所有新知识？	☆☆☆☆☆
技能	我是否顺利地完成了本活动的全部任务？	☆☆☆☆☆
方法	我是否掌握了解决问题的新方法？	☆☆☆☆☆
协作	我是否在活动中配合同学完成了任务？	☆☆☆☆☆
表达	我是否在活动中展示交流了自己的想法和成果？	☆☆☆☆☆

科学素养培育与提升 ❷

练一练

网上查找《筑梦空间站 神舟十四号载人飞行任务特别报道》节目，观看长征二号F火箭发射视频，了解火箭发射流程，写下你的理解和想法。

读一读

"神箭"——长征二号F火箭

在中国载人航天的历史上，长征二号F系列的运载火箭，执行了从神舟一号至今的所有载人飞船和目标飞行器的发射任务，发射成功率达到100%，因此被誉为"神箭"。

第四章 漫游太空

　　长征二号F火箭高度超过50米，接近20层楼高。位于火箭最上边的是逃逸塔，可别小看这个尖尖，它的作用可不小呢！如果火箭在起飞前15分钟到起飞后120秒时间内发生了故障，逃逸塔上的发动机就会立刻启动，让飞船的轨道舱和返回舱与火箭分离，以此来保障返回舱中航天员的安全。而这时的逃逸塔就相当于一个小火箭，它带着逃逸飞行器升空，逃离危险区，并降落在安全地带。

科学素养
培育与提升

全 4 册

林长春　刘玉章　主编

3

科学出版社
北京

内 容 简 介

本书充分遵循学生身心发展规律，结合学生已有的经验和常识，围绕人工智能、自然科学、航空航天三大版块，精心设计呈现了56个主题式科学教育活动案例。全书共4个分册，每册4章，每章3~5个活动案例。基于校园及家庭生活中的真实问题和场景，每个活动都紧密围绕某个预设主题，逐一开展"看、学、思、做、练、读"等科学教育环节，引导学生积极思考、自主探究、创意设计、成果展示，有效培育与提升学生科学素养。

本书可供义务教育阶段中小学生开展科学教育或综合实践活动课程学习使用，也可供科技教师、科学教育专业师范生、教培行业从业者阅读参考。

图书在版编目（CIP）数据

科学素养培育与提升：全4册 / 林长春，刘玉章主编. -- 北京：科学出版社，2022.9
ISBN 978-7-03-073120-3

Ⅰ. ①科… Ⅱ. ①林… ②刘… Ⅲ. ①科学知识－中小学－教学参考资料 Ⅳ. ①G634.73

中国版本图书馆CIP数据核字（2022）第166496号

责任编辑：柳堰龙　冯　巧 / 责任校对：彭　映
责任印制：罗　科 / 封面设计：墨创文化

科学出版社 出版
北京东黄城根北街16号
邮政编码：100717
http://www.sciencep.com

四川煤田地质制图印刷厂 印刷
科学出版社发行　各地新华书店经销

*

2022年9月第 一 版　　开本：787×1092　1/16
2022年9月第一次印刷　　印张：33
字数：741 000
定价：192.00元（全4册）
（如有印装质量问题，我社负责调换）

本书编委会

主　编　林长春　刘玉章

编　委（排名不分先后）

周学超　石　晗　张　丽　莫　琳

何　苦　刘　磊　罗雪娇

前言 QIANYAN

当今世界科学技术发展日新月异,围绕数字科技、人工智能、生命科学、新能源、航空航天等领域的新技术、新发明层出不穷,科学技术的创新发展深刻地影响着社会全方位的发展,社会各领域的发展决定着一个国家的综合竞争力。

习近平总书记指出:"科技创新、科学普及是实现创新发展的两翼,要把科学普及放在与科技创新同等重要的位置。没有全民科学素质普遍提高,就难以建立起宏大的高素质创新大军,难以实现科技成果快速转化。"这一重要论述,为新时代做好科学普及工作指明了前进方向,提供了根本遵循。开展面向青少年的科学普及工作有助于使学生保持对大自然的好奇心,从亲近自然走向亲近科学,发展基本的科学实践能力,理解科学、技术、社会与环境的关系,形成基本的科学态度和社会责任感,逐步树立正确的世界观、人生观和价值观,全面提高科学素养,为今后的学习、生活以及终身发展奠定良好的基础,最终促进我国经济社会发展和科技强国建设。

本书以人工智能、自然科学、航空航天三个专题为内容选题，以学科大概念为内容统领，以真实场景和项目式学习为呈现方式，着力培养青少年的科学素养。全书分章节将上述三个选题方向交叉分布在义务教育各个学习阶段。内容涉及人工智能领域的感知、搭建、算法、编程，生命科学领域的动物、植物、生态，地球科学领域的海洋与地质，以及航空航天领域的前沿科技等。

本书共有4个分册，根据学生的阅读习惯和学习能力的发展规律，按由浅入深、从形象到抽象、螺旋式上升等原则组织内容。其中，第一分册适合1～2年级学生使用，第二分册适合3～4年级学生使用，第三分册适合5～6年级学生使用，第四分册适合7～9年级学生使用。全书编排和设计注重任务驱动，强化基本操作，渗透基础知识，体现活动过程。

本书由重庆师范大学林长春和天立教育集团刘玉章担任主编，周学超、石晗、张丽、莫琳、何苦、刘磊、罗雪娇等参编。由于作者水平所限，书中难免有不足之处，敬请科学学科领域、科学教育领域专家和广大读者批评指正。

编　者

2022年6月

目录 MULU

第一章　算法与应用……………………………… 1

 1.1　二分法——猜数字 ……………………………… 2

 1.2　冒泡法——相邻比序 …………………………… 8

 1.3　分治法——买图书 ……………………………… 15

 1.4　分治法——核酸检测 …………………………… 22

第二章　生活中的智能设备……………………… 29

 2.1　仿真小实验 ……………………………………… 30

 2.2　熟悉开源硬件 …………………………………… 39

 2.3　智能路灯 ………………………………………… 49

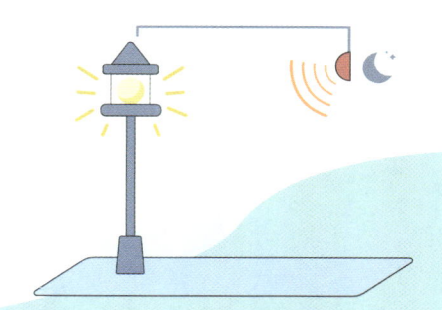

 2.4　红外报警装置 …………………………………… 60

第三章　地球与生命……………………………… 71

　　3.1　生命的单元 ……………………………… 72

　　3.2　化石的秘密 ……………………………… 82

　　3.3　奇特的火山 ……………………………… 92

第四章　载人航天………………………………… 101

　　4.1　走近载人航天 …………………………… 102

　　4.2　航天员 …………………………………… 110

　　4.3　航天器对接 ……………………………… 118

第一章 算法与应用

第一章
算法与应用

科学素养培育与提升 ③

1.1　二分法——猜数字

看一看

猜数字是一种有趣的益智游戏。下图中有 11 张按顺序排好的贴纸，其中一张贴纸下面有一个硬币。每人每次可以任意选择一张贴纸的编号，并询问："硬币是否在该贴纸下？"根据猜测结果，会得到"编号大了""编号小了""编号正确"的回复。猜测者可重复猜测，直至猜到正确的编号，找到硬币，结束游戏。

请记录，第_____次猜到了硬币。

如果想要最快找到硬币，优先选择哪个编号去猜呢？

第一章　算法与应用

想要快速找到硬币，我们可以使用二分法。先把贴纸上面的编号提取出来，再按照从小到大的顺序对编号进行排序，然后进行下面的猜数字游戏步骤：

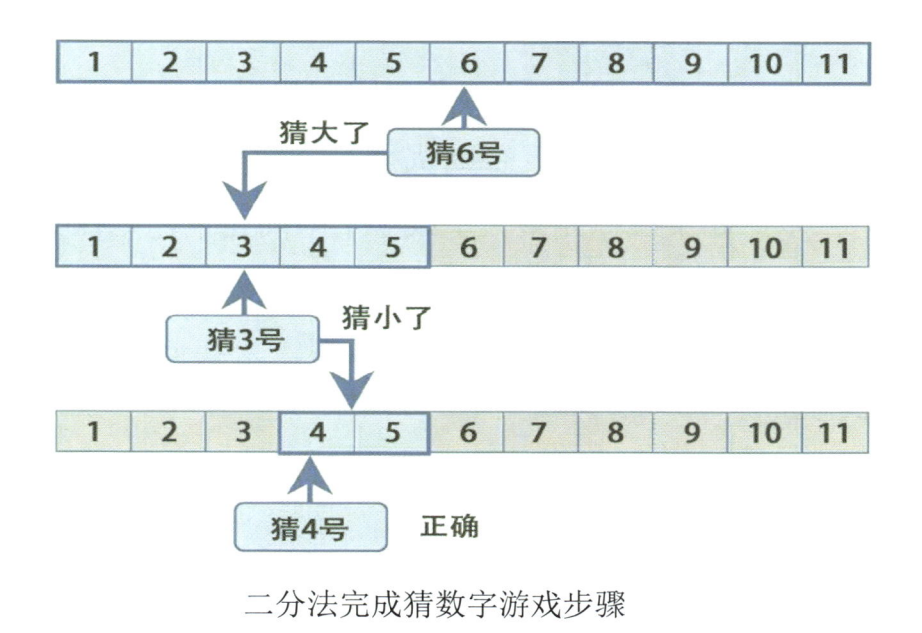

二分法完成猜数字游戏步骤

学一学

二分法也称为折半法，是一种在有序数组中查找特定元素的搜索算法。二分法通过不断地排除不可能项来找到答案，也可以理解成排除法。每次排除都把所有的情况分成"满足条件"和"不满足条件"两种，然后排除所有"不满足条件"

科学素养培育与提升 ❸

的情况。

理想情况下的二分法，是每次都可以排除掉剩下选项的一半，这样能够提高查找的效率。

二分法的一般步骤如下：

第一步：从数组的中间元素开始查找，如果该元素正好是目标元素，则查找结束，否则执行下一步查找。

第二步：如果目标元素大于或小于中间元素，则在数组大于或小于中间元素那一半区域查找，然后重复第一步的操作。

第三步：如果执行完所有查找步骤，未找到目标元素，则查找结束。

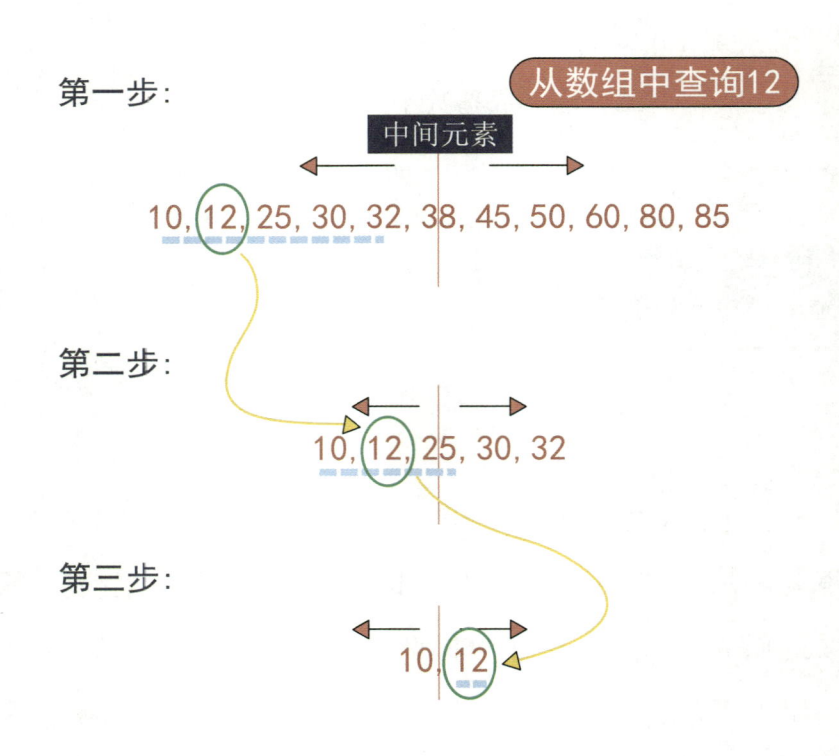

从数组中查询12

第一步：
中间元素
10, 12, 25, 30, 32, 38, 45, 50, 60, 80, 85

第二步：
10, 12, 25, 30, 32

第三步：
10, 12

第一章　算法与应用

头脑风暴

请同学们在气泡图中填写生活中与二分法相关的应用。

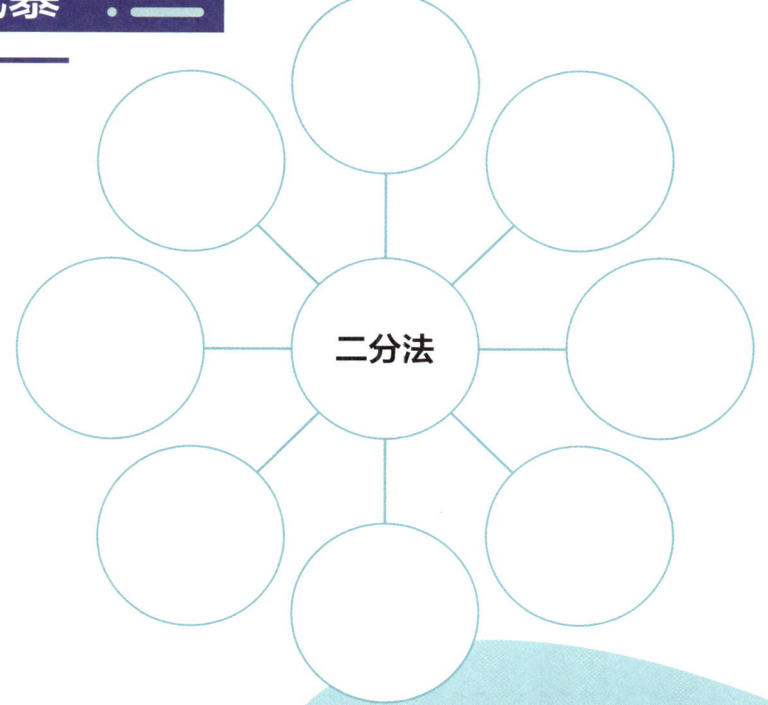

二分法

做一做

（单选题）有如下10张贴纸，需要使用二分法找目标元素，下面哪种说法是对的？（　　　）

1　2　3　4　5　6　7　8　9　10

A. 必须从 5 开始

B. 必须从 6 开始

C. 找到中间两个数，取任意一个数开始，即 5 和 6 都可以

D. 不能使用二分法

科学素养培育与提升 ❸

试一试

某栋楼共有 20 层，其中某层出现电力故障，导致停电。我们可以通过检测得出发生电力故障的楼层范围。假设每次只能检测一层楼，那应该怎么利用二分法进行检测，快速找出发生故障的楼层？

评一评

知识	我是否理解了本活动涉及的所有新知识？	☆☆☆☆☆
技能	我是否顺利地完成了本活动的全部任务？	☆☆☆☆☆
方法	我是否掌握了解决问题的新方法？	☆☆☆☆☆
协作	我是否在活动中配合同学完成了任务？	☆☆☆☆☆
表达	我是否在活动中展示交流了自己的想法和成果？	☆☆☆☆☆

第一章　算法与应用

练一练

请同学们在课后和家长玩 1～100 的猜数字游戏，比一比谁猜得快。

读一读

算法

算法是指解决问题的清晰指令。换句话说，算法提供了一整套解决问题的方案或者思路，即第一步操作，第二步操作，第三步操作……。学习算法，可以提升解决问题的能力。

算法的种类有很多，常用的算法有二分法、分治法、贪心算法、排序算法、冒泡法等。每种算法可以用来解决某一类实际问题。只有选择正确的算法，才能快速解决问题。

科学素养培育与提升 ③

1.2 冒泡法——相邻比序

看一看

　　9 个同学一起参加户外郊游，现在准备让所有人员按照身高从低到高的顺序排成一排。如果每位同学的身高都不一样，有什么办法可以准确地完成队列的排序呢？

排序混乱的队列

请写一写你觉得合理的排序方法。

第一章 算法与应用

我们可以通过相邻比序的方法，完成对同学身高的排序。我们把同学们的身高看成一种元素，最高的同学元素大小为9，最矮的同学元素大小为1，然后通过比较身高元素的数字大小，完成冒泡法排序。

相邻元素两两比较

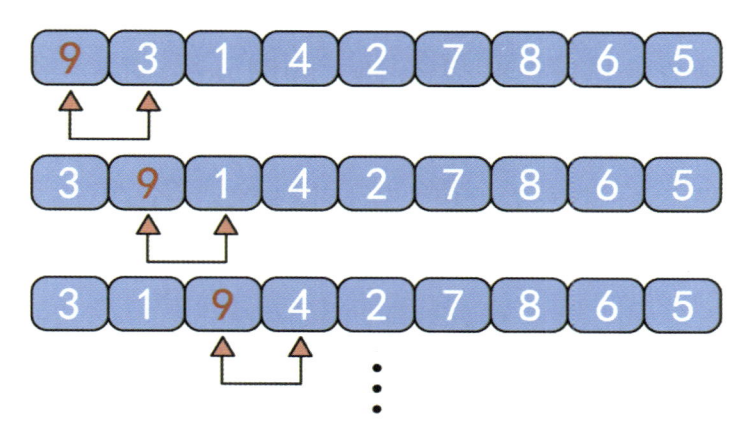

9 3 1 4 2 7 8 6 5

3 9 1 4 2 7 8 6 5

3 1 9 4 2 7 8 6 5

⋮

第一轮排序完毕

3 1 4 2 7 8 6 5 9

第二轮排序完毕

1 3 2 4 7 6 5 8 9

⋮ 进行多轮

排序完成

1 2 3 4 5 6 7 8 9

科学素养培育与提升 ③

学一学

冒泡法是一种简单的排序算法。计算者比较要排序的所有元素（有可能是数字，有可能是字母或者其他可以排序的数据），如果顺序错误，就交换位置，直到没有顺序错误的元素需要交换为止。

冒泡法数列排序（以从小到大为例）的实施步骤：

首先比较第一个和第二个元素，如果第一个比第二个大，就交换位置，否则位置不变。然后比较第二个和第三个元素，如果第二个比第三个大，就交换位置，否则位置不变。以此类推，进行反复比较，直到对比完成最后一对元素，即为进行了一轮对比。

重复上述操作，进行多轮对比排序。每完成一轮的对比排序，就能确定当轮最大的数，并放在所有对比数的最右边。每轮被固定的数不参与下轮比较，所以每轮对比的次数依次减1。直到最后一轮剩下一个数无法对比时，排序结束，获得排序完成后的队列。

排整齐后的队列

第一章　算法与应用

头脑风暴

对比冒泡法与二分法的相同点和不同点。

冒泡法

二分法

科学素养培育与提升 ③

做一做

1. 在学校运动会上，五位跳远选手的成绩依次是 1.43 米、1.48 米、1.51 米、1.52 米、1.45 米，如果使用冒泡法将成绩从小到大排序，需要排几轮？最大的数第几轮能排好？

2. 通过学习我们知道，冒泡法需要通过 _____ 对比来确定大小，从而实现元素的互换。

试一试

使用冒泡法将下面的数字卡片按数字从大到小依次排序，写出你的排序步骤。

| 16 | 21 | 13 | 15 | 15 | 26 | 7 |

第一章　算法与应用

评一评

知识	我是否理解了本活动涉及的所有新知识？	☆☆☆☆☆
技能	我是否顺利地完成了本活动的全部任务？	☆☆☆☆☆
方法	我是否掌握了解决问题的新方法？	☆☆☆☆☆
协作	我是否在活动中配合同学完成了任务？	☆☆☆☆☆
表达	我是否在活动中展示交流了自己的想法和成果？	☆☆☆☆☆

练一练

请使用冒泡法对你家厨房里面不同大小的盘子进行排序，使它们按照从上到下、从小到大的顺序堆叠。把你的排序步骤写在下面方框内。

科学素养培育与提升 ❸

读一读

什么是排序？

排序是计算机程序中的一种重要操作，其功能是将无序的序列排列成有序的序列。基本的排序算法有插入排序、选择排序、交换排序、归并排序等。其中：插入排序是将无序序列插入到有序序列的适当位置的方法；选择排序是从无序序列中选取关键字最小的记录，放在有序序列最后的方法；交换排序是通过两两比较并交换达到排序目的的方法，本节讲到的冒泡法就是一种交换排序法；归并排序是将两个或两个以上有序序列合并成一个有序序列的方法。

第一章　算法与应用

1.3　分治法——买图书

看一看

生活中，常常需要在众多数据里面挑选出最小或者最大的一个，如在短跑比赛中，在同一项目里，把完成比赛且用时最短的选手作为胜者；购物时，为了省钱，对比选择最便宜的商店。假设你和朋友两个人准备去书店购买《新华字典》，怎么才能找到售价最低的书店呢？

去书店买书

请简单写一写你们找出售价最低的书店的方法。

科学素养培育与提升 ③

可以采用分治法来解决这个问题：先对书店进行划分，再分别去各自分到的书店询问价格，然后把各自询问的结果进行统计分析，就能得出最终的结果。

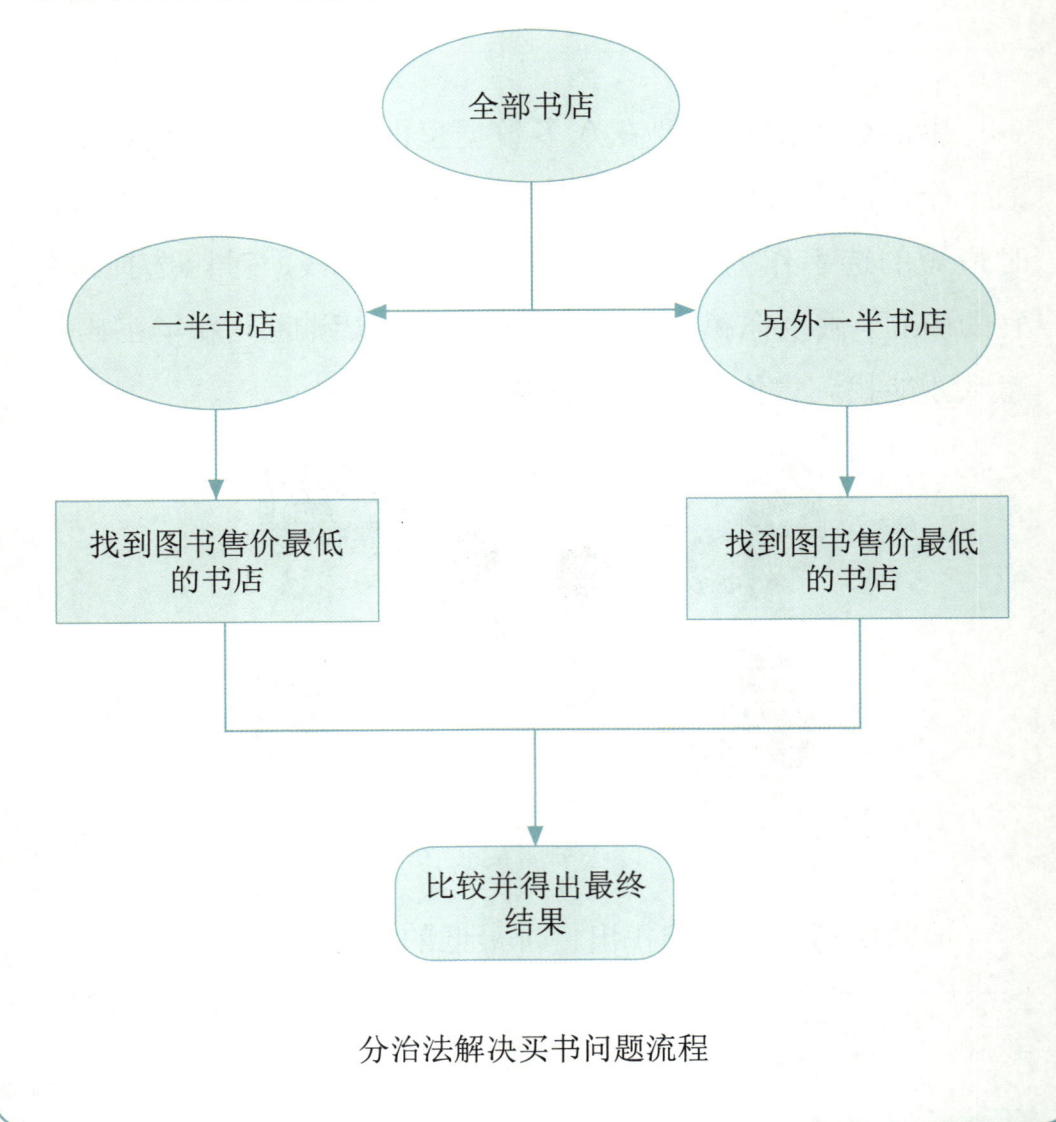

```
            全部书店
           /       \
      一半书店    另外一半书店
         ↓            ↓
   找到图书售价最低   找到图书售价最低
       的书店          的书店
           \        /
          比较并得出最终
              结果
```

分治法解决买书问题流程

第一章 算法与应用

学一学

▌分治法

分治法的一般步骤：把一个问题分解成两个或更多的相同或相似的子问题，再解决这些子问题，然后把得出的子问题答案合并起来，就可以得出原问题的答案。

▌分治法的适用条件

分治法能解决的问题一般需要满足以下条件：

（1）原问题可以分解为若干个规模较小的问题。

（2）原问题分解出的子问题的答案可以合并为原问题的答案。

（3）原问题分解出的各个子问题是相互独立的，即其中任意一个子问题的答案不会影响另一个子问题的答案。

科学素养培育与提升 ❸

头脑风暴

写一写分治法在生活中的应用。

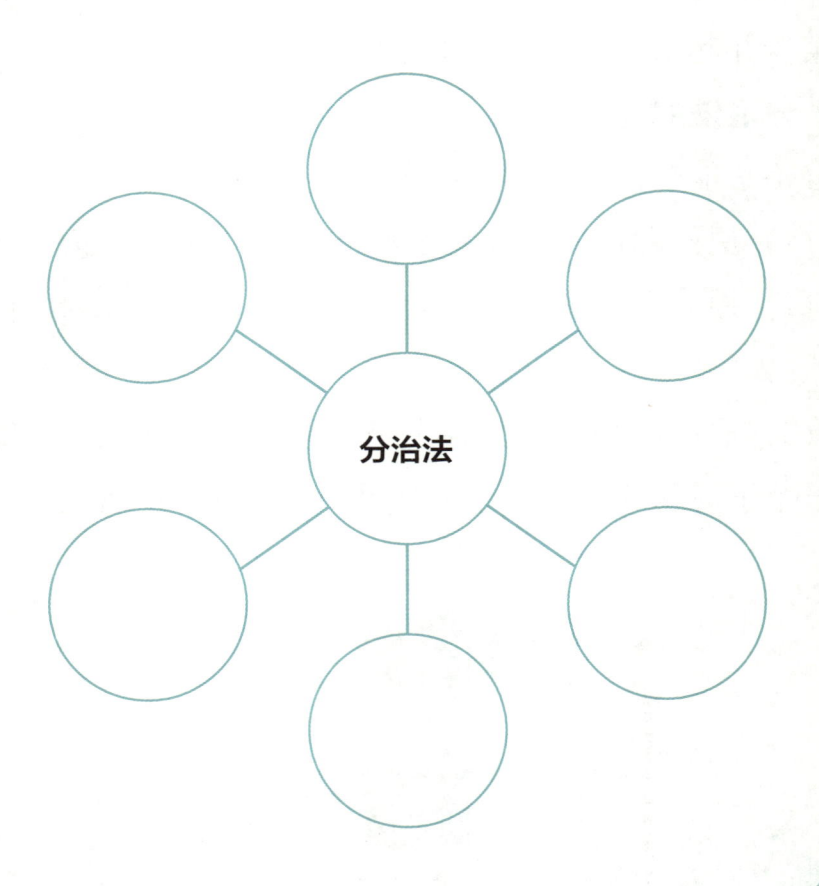

分治法

第一章　算法与应用

做一做

1. （单选题）下列场景没有用到分治法思想的是（　　）。

A. 和朋友在图书馆里分成两组寻找指定图书

B. 与同学一起收班级作业，你负责收取，同学负责清点

C. 与朋友一起用积木搭建房屋模型，一人搭建一半，然后再拼接起来

D. 帮老师清点班级人数，你清点男生人数，老师清点女生人数

2. 两组工作效率相同的工人共同铺设一段铁路轨道，假设全段铁路铺设难度与速度都相同，怎样安排两组工人的施工才能更快完成轨道铺设？试试用分治法解决这个问题。

科学素养培育与提升 ❸

试一试

请与同学合作统计，找出班级里面身高最高的同学。

	你	你的同学
统计同学人数		
统计数据中最高的同学		
全班最高的同学		

评一评

知识	我是否理解了本活动涉及的所有新知识？	☆☆☆☆☆
技能	我是否顺利地完成了本活动的全部任务？	☆☆☆☆☆
方法	我是否掌握了解决问题的新方法？	☆☆☆☆☆
协作	我是否在活动中配合同学完成了任务？	☆☆☆☆☆
表达	我是否在活动中展示交流了自己的想法和成果？	☆☆☆☆☆

第一章 算法与应用

练一练

请同学们回家后用分治法思想分配打扫范围，和父母一起打扫家里的卫生。把你的分配方案写在下面方框内。

读一读

古代国家分治

分治法的应用相当广泛，小到归并排序，大到国家治理，都有分治思想的体现。古代的君主为了有效地统治国家，会使用分治的方法。他们将国土分为很多区域，每个区域派一个诸侯去管理。这样一来，君主们只需要管理各区域的诸侯，而不需要直接参与每个区域的具体事务，就能完成对整个国家的治理。

科学素养培育与提升 ③

1.4 分治法——核酸检测

看一看

核酸检测结果可以用来诊断人是否被新型冠状病毒感染。一旦核酸检测结果为"阳性",即可证明患者体内可能有病毒存在。如果在某区域发现了病例,那么往往需要对该区域人员进行核酸检测。怎样进行区域的核酸检测,才能快速获得区域内的感染人数呢?

需要完成核酸检测的区域

上节课我们使用了分治法,这节课是不是也可以使用分治法呢?

第一章 算法与应用

我们先把该区域分成4个小区域，再把它们划分成更小的区域，这样问题就得到了简化。

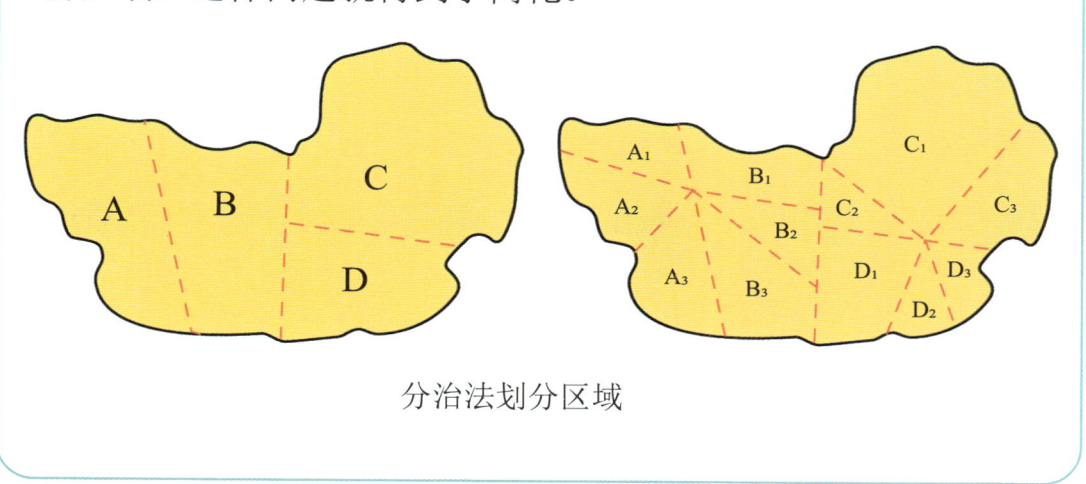

分治法划分区域

学一学

核酸检测策略

每当一个城市出现病例并需要进行核酸检测时，相关部门能在第一时间合理分配检测区域，再根据区域的情况进行二次划分。在这个过程中，两次区域划分对应两次分治法的应用。其中，第二次分治法的应用，是将我们第一次分治出来的子问题再次进行分治，从而达到把分治过后的问题通过分治法再次简化的效果。

科学素养培育与提升 ❸

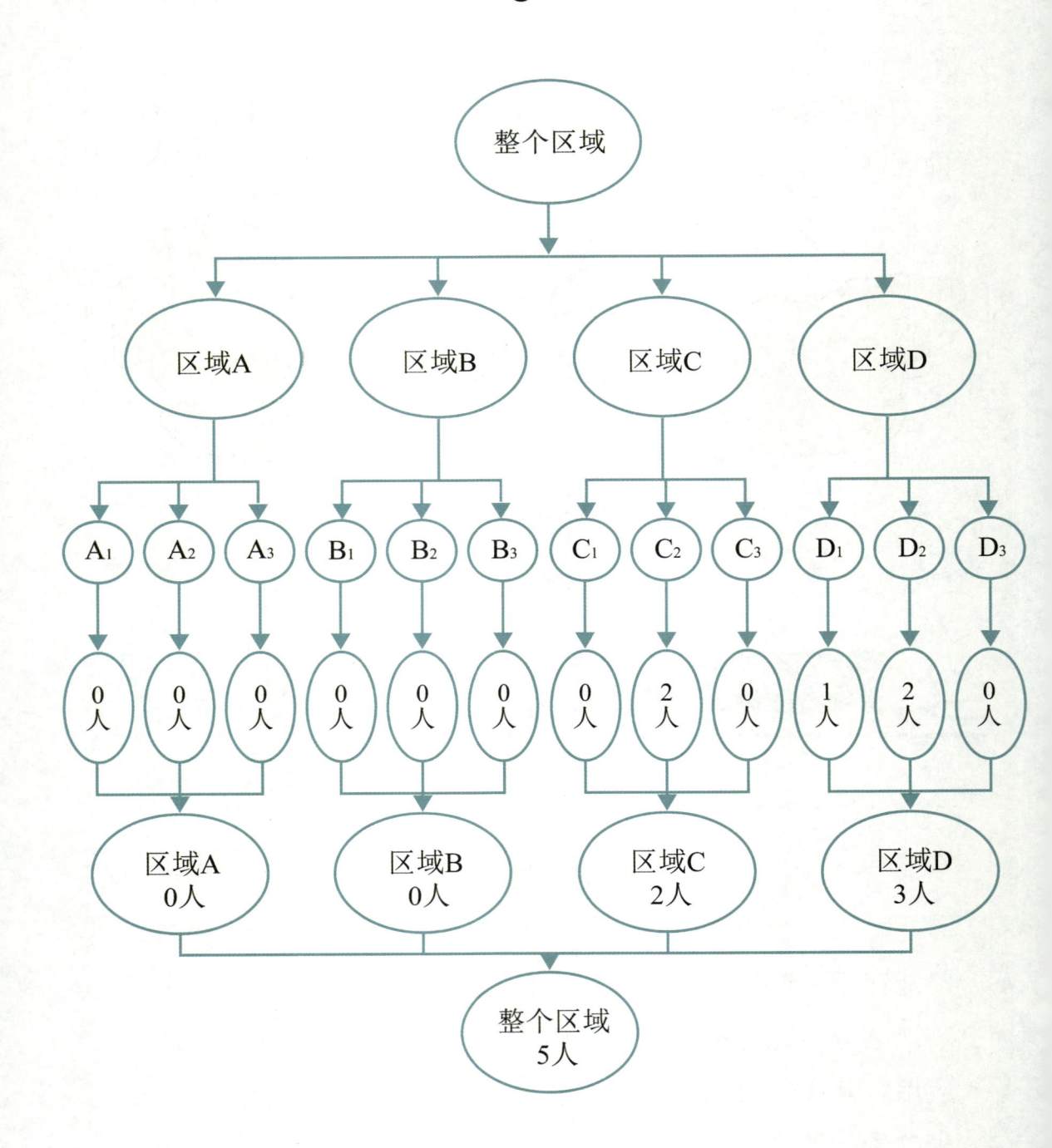

```
                    整个区域
         ┌────────────┼────────────┐
        ↓            ↓            ↓            ↓
      区域A         区域B         区域C         区域D
    ┌──┼──┐      ┌──┼──┐      ┌──┼──┐      ┌──┼──┐
   ↓   ↓  ↓     ↓   ↓  ↓     ↓   ↓  ↓     ↓   ↓  ↓
   A₁  A₂ A₃    B₁  B₂ B₃    C₁  C₂ C₃    D₁  D₂ D₃
   ↓   ↓  ↓     ↓   ↓  ↓     ↓   ↓  ↓     ↓   ↓  ↓
   0人 0人 0人   0人 0人 0人   0人 2人 0人   1人 2人 0人
    └──┼──┘      └──┼──┘      └──┼──┘      └──┼──┘
       ↓            ↓            ↓            ↓
      区域A         区域B         区域C         区域D
      0人          0人          2人          3人
       └────────────┼────────────┘
                    ↓
                  整个区域
                   5人
```

分治法——核酸检测流程

第一章 算法与应用

头脑风暴

完成气泡图，写出核酸检测流程哪些环节用到了分治法。

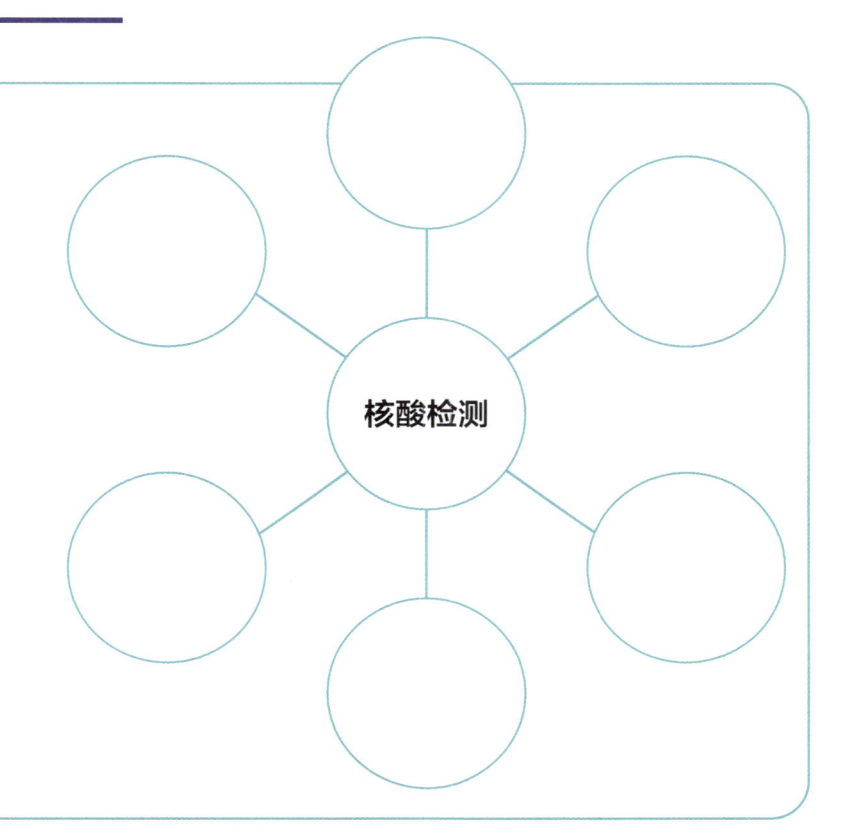

核酸检测

做一做

1. 通过分治法分出来的子问题还是太复杂，该怎么办呢？

科学素养培育与提升 ③

2.（单选题）下列用分治法解决问题的描述不正确的是（　　）。

A. 为了让问题更简单，把子问题再次分治

B. 分治法有助于更快解决问题

C. 进行多次分治可以不断地简化问题

D. 分治法只能将问题拆分成两个子问题

试一试

本班级准备进行一次全班大扫除，使用分治法设计出你的方案。

班级总人数					
打扫区域					
安排人数					

请把你的设计思路写在下面方框内。

第一章 算法与应用

思考一下：方案能否再次使用分治法优化一下？

评一评

知识	我是否理解了本活动涉及的所有新知识？	☆☆☆☆☆
技能	我是否顺利地完成了本活动的全部任务？	☆☆☆☆☆
方法	我是否掌握了解决问题的新方法？	☆☆☆☆☆
协作	我是否在活动中配合同学完成了任务？	☆☆☆☆☆
表达	我是否在活动中展示交流了自己的想法和成果？	☆☆☆☆☆

科学素养培育与提升 ③

练一练

查阅资料，描述核酸混合检测是如何利用分治法提升检测效率的。

读一读

归并排序

归并排序是建立在归并操作上的一种有效、稳定的排序算法，该算法用到了分治法的思想。

归并排序的步骤如下：

第一步：将序列中待排序数字分为若干组，每个数字分为一组。

第二步：将若干组两两合并后排序，保证合并后的组都是有序的。

第三步：重复第二步的操作，直到剩下最后一组。

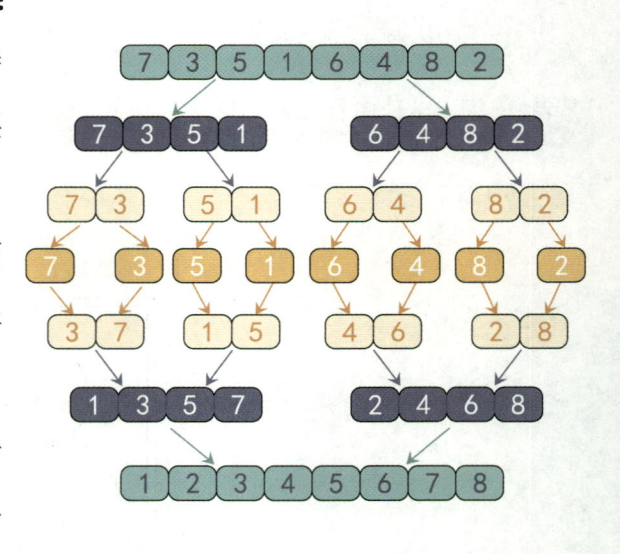

第二章　生活中的智能设备

第二章
生活中的智能设备

科学素养培育与提升 ③

2.1 仿真小实验

看一看

　　工程师在进行电子电路设计时，常常利用仿真软件在电脑上模拟电路工作状态，检测电路设计的错误或程序设计的问题。这种方法节约了大量的时间，并且避免了直接利用实物设计导致的资源浪费。

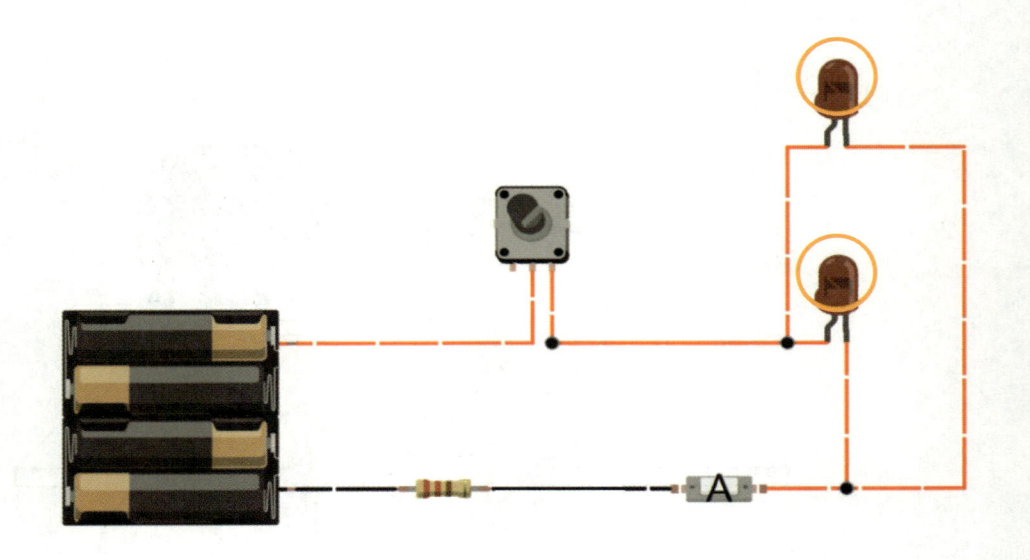

第二章 生活中的智能设备

学一学

在仿真软件上，我们能够通过集成在平台上的电子模块模型，进行模拟电路设计、控制程序设计编写、程序的下载与导入、程序的调试等一系列工作。比如可以选用按键、主控板、电机等，通过编程模拟实现电扇的自动控制；选用光敏传感器、主控板、LED（发光二极管）灯，通过编程模拟能够根据环境光线强度自动控制亮度的台灯。

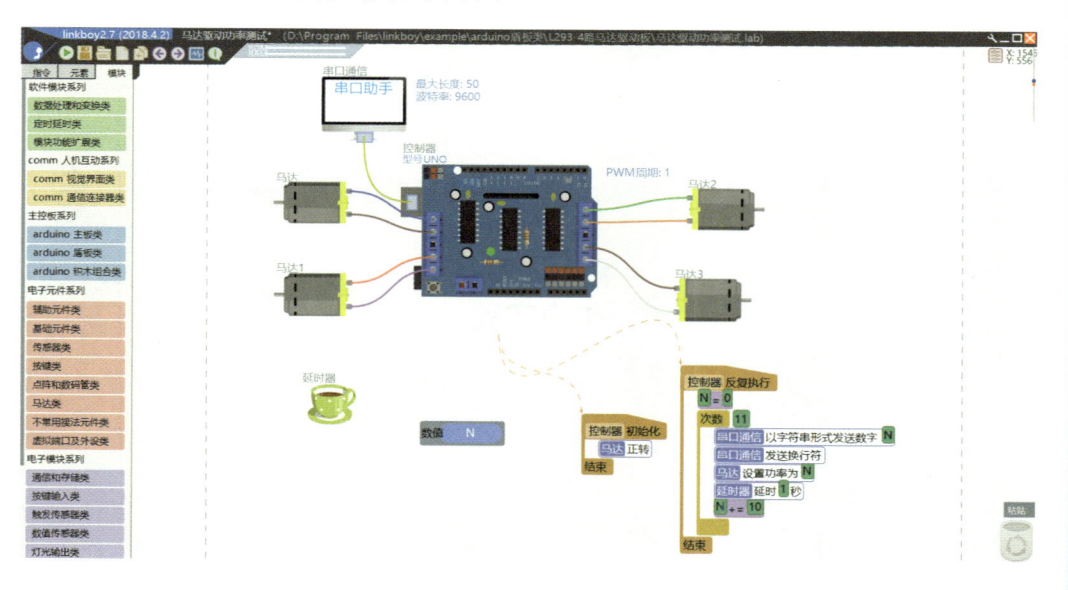

电机控制系统仿真

科学素养培育与提升 ③

头脑风暴

结合生活应用，请罗列出你能设计的仿真实验场景。

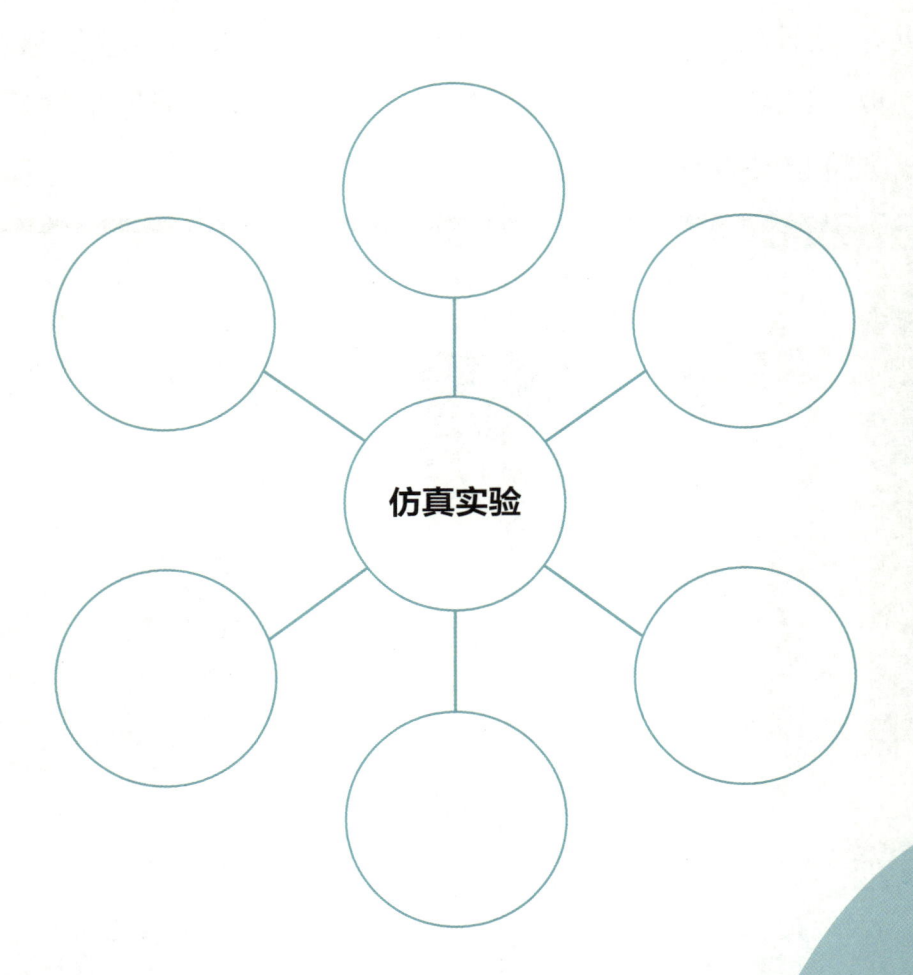

仿真实验

第二章 生活中的智能设备

软件核心

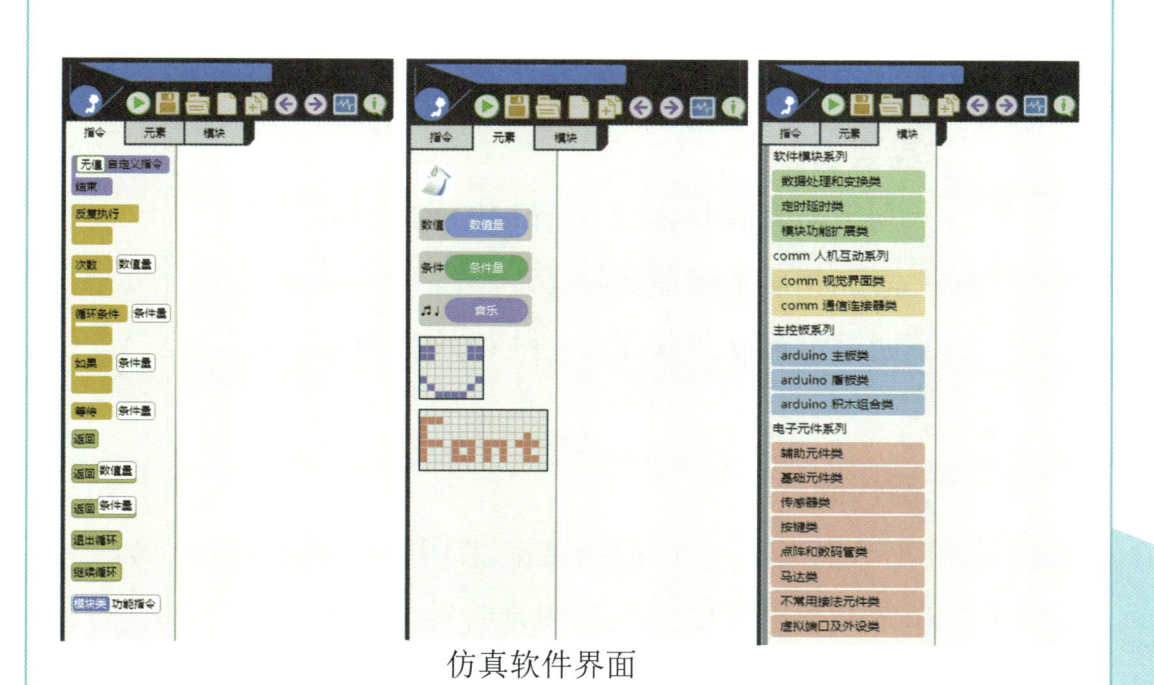

仿真软件界面

仿真软件通常包含如下窗口：

指令窗口：包含各项编程控制语句，通过逻辑编程实现硬件控制。

元素窗口：包含可自定义的各项变量类型及编程名称。

模块窗口：包含主控板及各类传感器的虚拟模块。通过选用各类传感器模块并与主控板搭配，加上程序控制，可以实现控制系统的仿真。

科学素养培育与提升 ❸

编程核心

▎作品要求

（1）利用仿真软件搭建一个LED灯控制模型。

（2）添加正确的控制程序。

（3）通过编程实现按键控制LED灯的循环闪烁。

▎关键代码

系统指令代码：包括启用或者禁用指定的事件，可以控制LED灯亮灭，也可以控制时间延时等。

[模块类] 功能指令

循环程序代码：主程序中需要多次反复执行的指令由该代码完成。

[控制器 反复执行]
[结束]

第二章　生活中的智能设备

判断程序代码：判断条件是否为真，"是"则执行"如果"内代码，"否"则执行"否则"内代码。

试一试

1. 请同学们尝试利用仿真软件实现按键控制 LED 灯的循环闪烁。

2. 请同学们思考：利用按键和 LED 灯模块可以设计哪些应用？

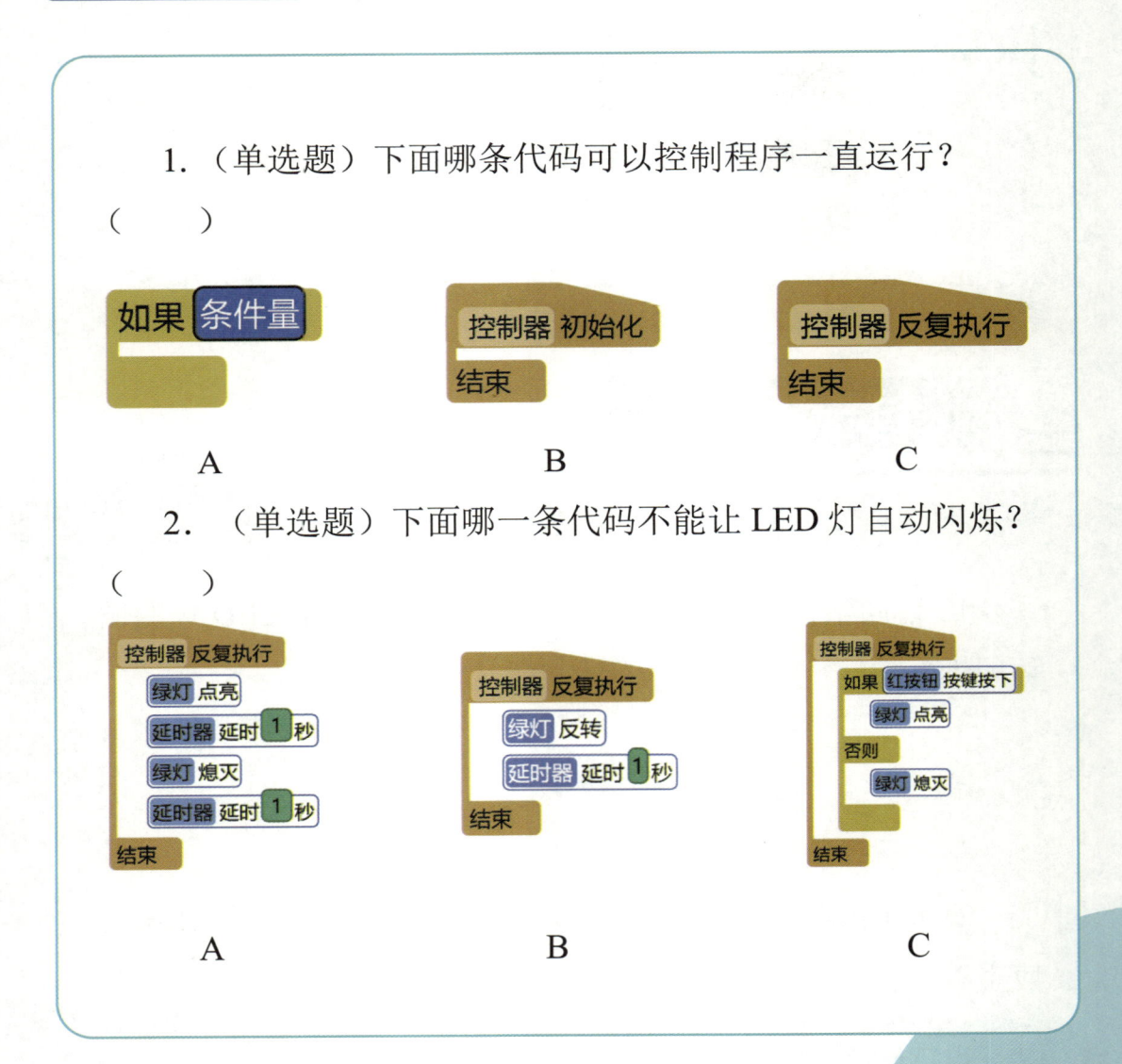

科学素养培育与提升 ③

做一做

1. （单选题）下面哪条代码可以控制程序一直运行？
（　　）

A：如果 条件量

B：控制器 初始化 结束

C：控制器 反复执行 结束

2. （单选题）下面哪一条代码不能让LED灯自动闪烁？
（　　）

A：控制器 反复执行 / 绿灯 点亮 / 延时器 延时 1 秒 / 绿灯 熄灭 / 延时器 延时 1 秒 / 结束

B：控制器 反复执行 / 绿灯 反转 / 延时器 延时 1 秒 / 结束

C：控制器 反复执行 / 如果 红按钮 按键按下 / 绿灯 点亮 / 否则 / 绿灯 熄灭 / 结束

第二章　生活中的智能设备

评一评

知识	我是否理解了本活动涉及的所有新知识？	☆☆☆☆☆
技能	我是否顺利地完成了本活动的全部任务？	☆☆☆☆☆
方法	我是否掌握了解决问题的新方法？	☆☆☆☆☆
协作	我是否在活动中配合同学完成了任务？	☆☆☆☆☆
表达	我是否在活动中展示交流了自己的想法和成果？	☆☆☆☆☆

练一练

1. 请同学们在仿真软件上利用 LED 灯实现流水灯设计。

2. 请同学们在课后了解仿真软件在其他领域的作用。

科学素养培育与提升 ③

读一读

同学们在游乐园或科技馆等公共场所经常可以看到各式各样的虚拟现实或体感交互体验设备，通过这些设备能"身临其境"地体验游戏场景，感受自然风光与宇宙星空。这些设备通过电脑软件模拟各种真实场景，让体验者可以在虚拟的画面中获得沉浸式体验。

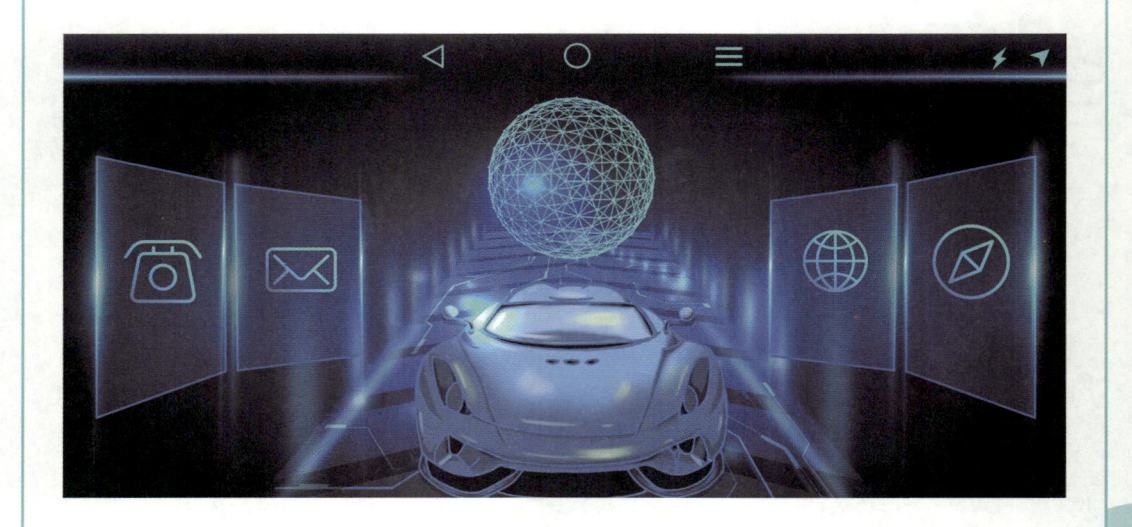

第二章　生活中的智能设备

2.2　熟悉开源硬件

看一看

在上一节中，我们利用仿真实验平台模拟了按键控制 LED 灯循环闪烁的过程。请大家回忆一下，我们都用到了哪些功能模块？如何设计的控制逻辑呢？

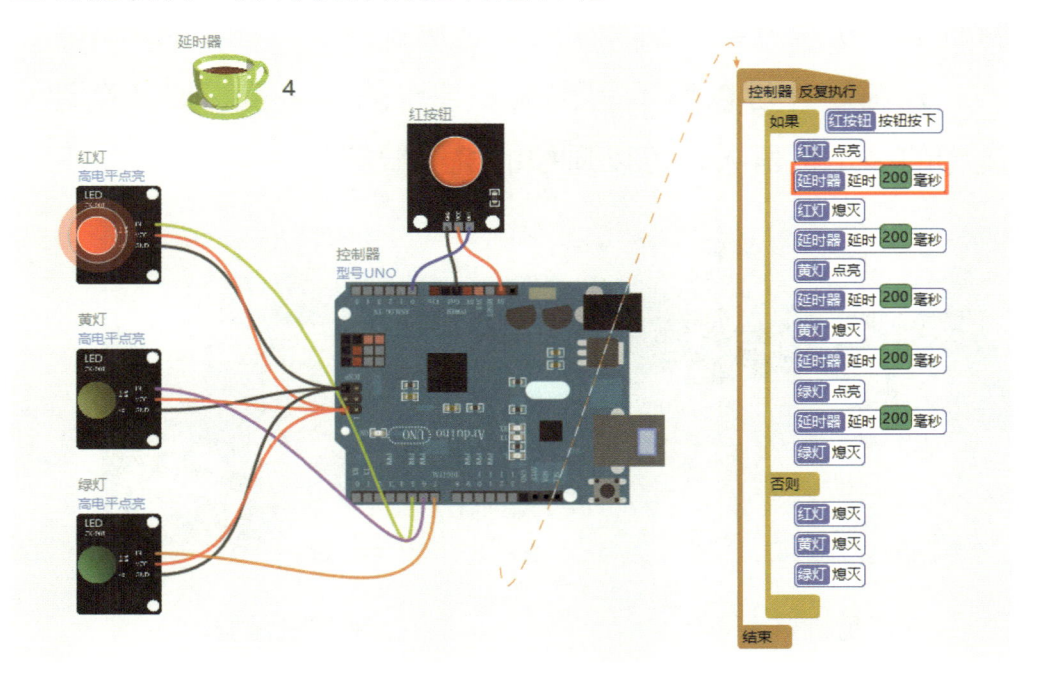

LED 灯控制系统仿真

科学素养培育与提升 ❸

学一学

　　开源硬件的应用包含硬件模型搭建和软件编程两个部分。它能通过输入设备（各类传感器）感知环境，将感知结果传输给主控器。主控器进行数据处理，再控制输出设备（各类执行器）实现各类控制（如运动、声音播放、灯光显示等）。

　　开源硬件可以用于制作很多神奇的小装置，比如全地形爬行的多足机器人、可以遥控的机械臂等。

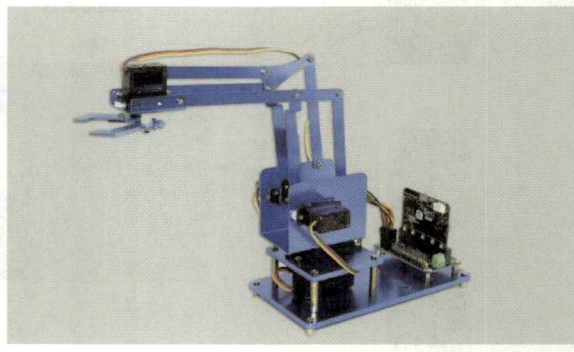

四足机器人　　　　　　　　遥控机械臂

第二章　生活中的智能设备

头脑风暴

结合生活中的应用，请用圆圈图罗列出你所知道的包含输入设备、主控器、输出设备等组成部分的设备。

生活中的设备

科学素养培育与提升 ③

搭建核心

▶ 输入设备

按键模块：是一种常见的信号输入控制电器元件，用于接通或断开电路，从而控制电机、灯光或其他设备的开关。

环境光传感器：可用来检测周围环境光的强度，可用它来制作一些和光线相关的设备，比如智能台灯、光控开关等。

红外感应器：由红外发射管与红外接收管组成，红外发射管发射出红外光，照射到物体后反射回红外接收管，从而实现检测目的，常用于自动感应门、电梯门和防盗系统等。

▶ 主控器

主控器是开源硬件的大脑与核心。它可以通过数据连线获取各类传感器返回的信息，通过计算与处理，并根据程序所规定的规则执行相应的控制策略，驱动输出设备工作，实现复杂和有趣的控制功能。

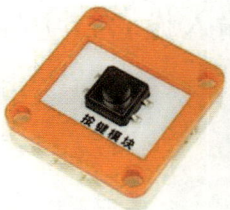

按键模块

环境光传感器

红外感应器

主控器

第二章　生活中的智能设备

▶ 输出设备

数码管显示模块：是一种可以显示数字和其他信息的电子设备。

LED 灯模块：是一种常用的发光器件，通过程序可以控制 LED 灯的亮灭和 LED 灯发光的强度。

电机：由直流电机组成，经常用于风扇或小车等装置的动力系统，可以通过编程控制其转速。

蜂鸣器模块：是一种可以发出不同音调的设备，经常用于信息提示或信息报警，也可以用于播放简单音乐。

| 数码管显示模块 | LED 灯模块 | 电机 | 蜂鸣器模块 |

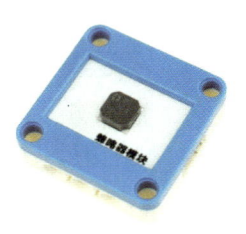

科学素养培育与提升 ❸

编程核心

▌作品要求

（1）选择正确的控制指令。

（2）编写正确的控制程序。

（3）程序下载至主板后可实现按键控制LED灯的循环闪烁。

▌关键代码

循环程序代码：主程序中需要多次反复执行的代码由该代码完成。

```
控制器 反复执行
结束
```

判断程序代码：当判断条件为真时，执行"如果"指令下的程序代码。

```
⚙ 如果
执行
```

第二章 生活中的智能设备

按键控制代码：按键信号输入管脚配置。

[数字型 按键模块 管脚 # 2]

LED 灯控制代码：分配 LED 灯控制管脚并控制其亮灭。

[食人鱼LED 管脚 # 4 设为 高]

试一试

1. 请同学们思考：利用开源硬件完成 LED 灯循环闪烁系统需要用到哪些模块？

科学素养培育与提升 ❸

2. 请同学们将编写好的程序下载至开源硬件搭建的LED灯循环闪烁装置，并验证控制功能是否实现。

做一做

1. （单选题）下列设备中哪一个不是输入设备？（　　）

    A. 红外感应器　　　　B. 声音传感器

    C. 按键模块　　　　　D. 蜂鸣器

2. （单选题）主控器不能实现的功能是（　　）。

    A. 控制传感器的采集信息

    B. 能控制电机的运转速度

    C. 不能进行数学和逻辑运算

第二章　生活中的智能设备

评一评

知识	我是否理解了本活动涉及的所有新知识？	☆☆☆☆☆
技能	我是否顺利地完成了本活动的全部任务？	☆☆☆☆☆
方法	我是否掌握了解决问题的新方法？	☆☆☆☆☆
协作	我是否在活动中配合同学完成了任务？	☆☆☆☆☆
表达	我是否在活动中展示交流了自己的想法和成果？	☆☆☆☆☆

练一练

1. 请同学们思考：如何改变 LED 灯闪烁的频率呢？

2. 请同学们在课后查询、了解更多的传感器种类，并记录下来。

47

科学素养培育与提升 ❸

读一读

程序编译

程序编译指计算机将我们编写的图形化程序、C语言程序及其他高级程序按照相应的规则，转化为机器可运行的二进制代码程序的过程。程序编译相当于计算机对编写好的程序进行自我检查。

程序编写完成后必须经过编译，编译过程中计算机会自动检查程序中的语法错误，当有错误时会自动显示在窗口，并显示错误原因。错误的程序无法通过编译，更无法运行。

程序编译视图

2.3 智能路灯

看一看

随着科技的进步，路灯比过去更加智能。智能路灯能够通过环境光传感器检测光线的变化，在晚上光线变暗时自动打开，也能在早上光线变强时自动关闭。

科学素养培育与提升 ③

学一学

　　环境光传感器主要由光敏元件组成。它可以感知周围光线的强度并将其输入控制器。智能路灯就是利用环境光传感器的特性改变自身的工作状态，达到自动打开、关闭的效果。

　　环境光传感器在生活中运用得很多，如手机、笔记本电脑、平板电脑等。它们可以根据周围环境光线情况自动调节显示器亮度，降低产品的功耗。

手机　　　　　笔记本电脑　　　　　　平板电脑

第二章　生活中的智能设备

头脑风暴

请用圆圈图罗列出与智能路灯相关的要素。

智能路灯

同学们，你们能制作一个可以在夜晚自动开启、白天自动关闭的智能路灯吗？

科学素养培育与提升 ❸

搭建核心

▎作品要求

（1）可以平稳地放在桌面上。

（2）将 LED 灯和环境光传感器固定到合适的位置。

▎核心零件

环境光传感器：可用来检测周围环境光的强度，可用它来制作一些和光线相关的设备，比如智能台灯、光控开关等。

LED 灯模块：是一种常用的发光器件，通过主控板可以控制 LED 灯的亮灭和发光的强度。

环境光传感器　　　　　　　LED 灯模块

第二章　生活中的智能设备

▸ **搭建器材**

3×5 直角连杆 　　　　直连杆 15 孔 　　　　5×7 连接框

▸ **核心结构**

底座 　　　　　　　　　　　　　　支架

科学素养培育与提升 ③

试一试

1. 请同学们尝试绘制智能路灯设计图，并标注核心结构。

2. 请同学们在下列方框中填写搭建流程。

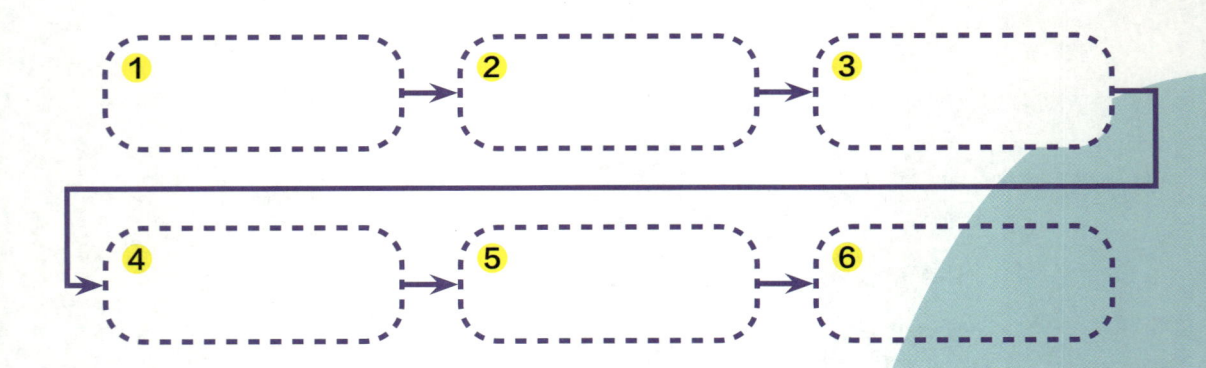

① → ② → ③
④ → ⑤ → ⑥

第二章 生活中的智能设备

编程核心

任务描述

（1）能够正确选用环境光传感器控制指令。

（2）梳理智能路灯的编程控制逻辑。

（3）能够实现环境变暗 LED 灯点亮，环境变亮 LED 灯熄灭的功能。

关键代码

环境光传感器代码：信号值区间为 0～1023。

`模拟型 环境光传感器 管脚# A1`

比较运算符代码： `[ > ]`

条件判断代码：如果条件成立，那么执行"执行"中的代码，否则执行"否则"中的代码。

`如果 / 执行 / 否则`

LED 灯控制代码：

`食人鱼LED 管脚# 4 设为 高`

科学素养培育与提升 ❸

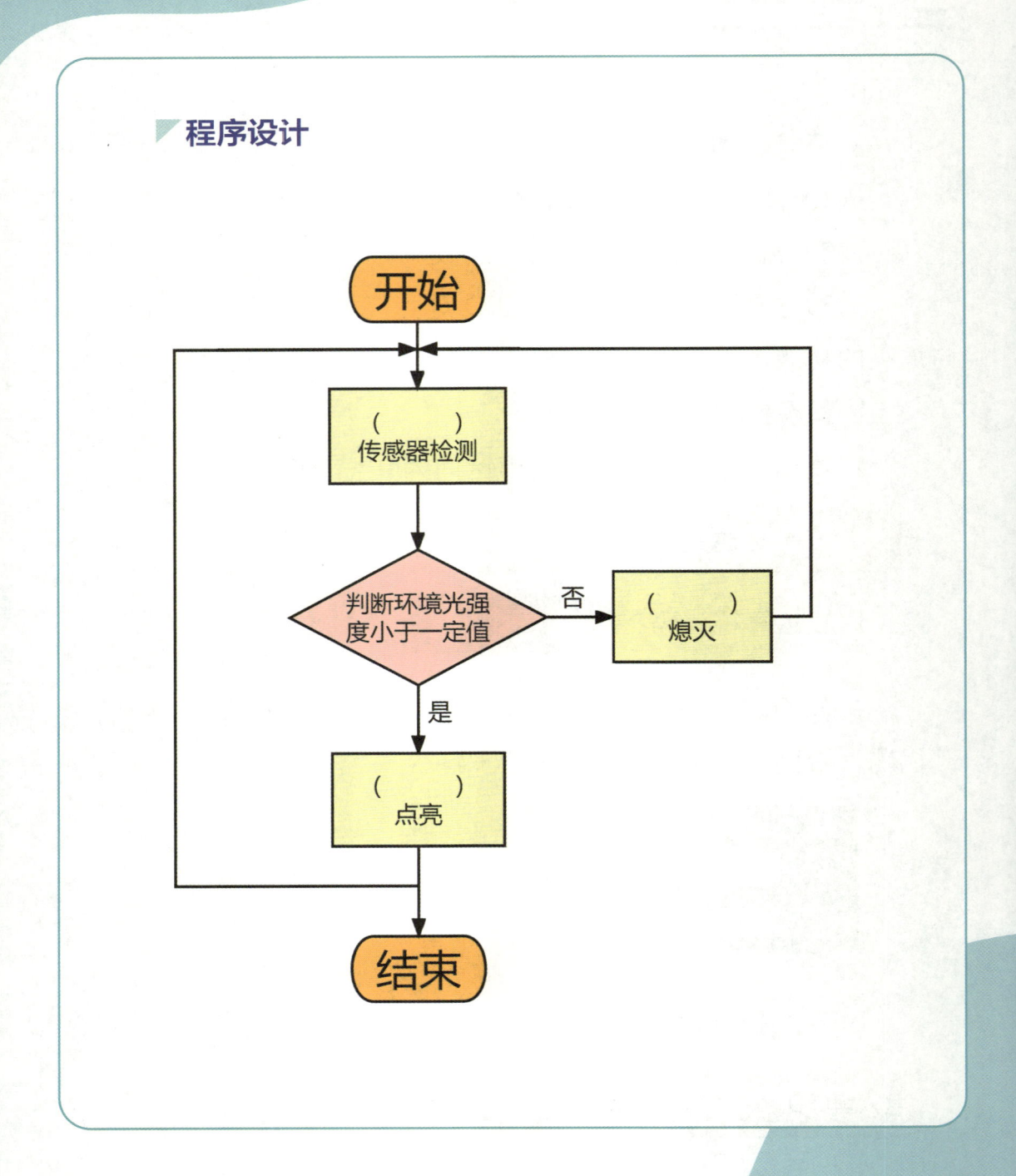

▰ 程序设计

```
开始
 ↓
( )
传感器检测
 ↓
判断环境光强度小于一定值 —否→ ( ) 熄灭
 ↓是
( )
点亮
 ↓
结束
```

第二章　生活中的智能设备

做一做

1.（单选题）以下选项中，(　　)代码可以让LED灯点亮。

A. 如果 0 > 5 执行 食人鱼LED 管脚# 4 设为 高 否则 食人鱼LED 管脚# 4 设为 低

B. 如果 5 < 0 执行 食人鱼LED 管脚# 4 设为 低 否则 食人鱼LED 管脚# 4 设为 高

C. 如果 模拟型 环境光传感器 管脚# A1 > 800 执行 食人鱼LED 管脚# 4 设为 低 否则 食人鱼LED 管脚# 4 设为 低

2.（单选题）下面(　　)不是环境光传感器的运用。

A. 液晶显示器会自动调节亮度

B. 会随着光线变化而变色的眼镜

C. 早上会随着天亮、光变强自动拉开的智能窗帘

科学素养培育与提升 ❸

评一评

知识	我是否理解了本活动涉及的所有新知识？	☆☆☆☆☆
技能	我是否顺利地完成了本活动的全部任务？	☆☆☆☆☆
方法	我是否掌握了解决问题的新方法？	☆☆☆☆☆
协作	我是否在活动中配合同学完成了任务？	☆☆☆☆☆
表达	我是否在活动中展示交流了自己的想法和成果？	☆☆☆☆☆

练一练

1. 请同学们思考：环境光传感器在生活中还有哪些应用？

2. 请同学们观察：智能路灯每天的工作时间是否一致？

第二章 生活中的智能设备

读一读

光敏电阻器

光敏电阻器是用半导体材料制成的特殊电阻器，其工作原理基于内光电效应。光照越强，其电阻值就越低。

光敏电阻器一般用于光的测量、光的控制和光电转换（将光的变化转换为电的变化）。光敏电阻器对光的敏感性与人眼对可见光的响应很接近，只要人眼可感受的光，都会引起它的电阻值变化。

光敏电阻器被广泛地应用于自动控制，能控制航标灯、铁路信号灯和其他照明系统的自动亮灭。

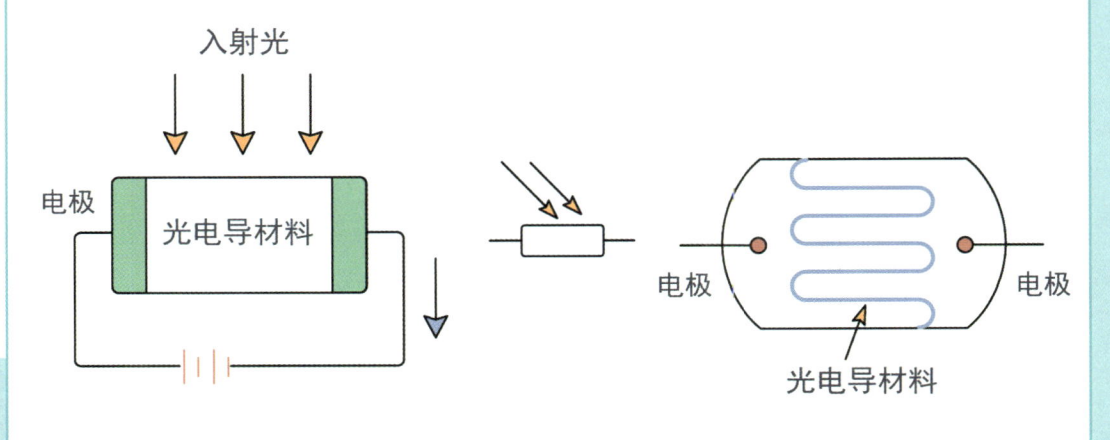

光敏电阻器结构

科学素养培育与提升 ③

2.4 红外报警装置

看一看

出门旅行时，家中无人看护，如何确保财产安全是人们担忧的问题。越来越多的家庭安装了家用警报装置。一旦开启警报装置，当有人非法闯入时，警报装置将进行示警。常见的防盗报警器有振动探测器、红外警报器、微波探测器等。

第二章 生活中的智能设备

学一学

红外警报器是生活中常见的警报装置之一，一旦探测到物体就会发出警报。红外感应器是红外警报器的重要构件。

红外警报器工作时，由红外感应器的发射器发出红外线，当有物体在检测范围内时，红外线碰到该物体并发生反射，被红外感应器的接收器接收，触发报警。

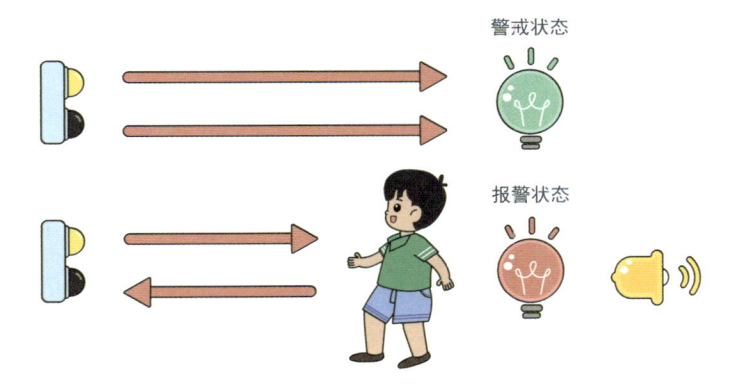

警戒状态

报警状态

红外感应器在生活中运用广泛，如防夹电梯、超市自动感应门、自动感应水龙头等。

| 电梯 | 自动感应门 | 感应水龙头 |

科学素养培育与提升 ③

头脑风暴

请用圆圈图罗列出红外感应器在生活中的其他应用。

红外感应器

同学们，你们能制作一个可以自动感应障碍物并报警的红外警报装置吗？

搭建核心

▍作品要求

（1）作品可以平稳地放在桌面上。

（2）将LED灯模块、蜂鸣器模块和红外感应器固定到合适的位置。

第二章　生活中的智能设备

▶ **核心零件**

红外感应器：有红外信号发射与接收二极管，可发射和接收红外线。

蜂鸣器模块：是一种可以发出不同音调的设备，经常用于信息提示或信息报警，也可以用于播放简单音乐。

LED灯模块：是一种常用的发光器件，通过程序可以控制LED灯的亮灭和LED灯发光的强度。

红外感应器 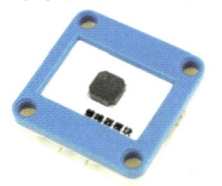　　　　　　蜂鸣器模块 　　　　　　LED灯模块

搭建器材：

5×11 连接框 　　2×4 直角连杆 　　销式直角连接器 　　摩擦轴销

核心结构：

底座 　　　　　　　　　　　　框架

科学素养培育与提升 ③

试一试

1. 请同学们尝试绘制红外报警装置的设计图，并标注核心结构。

2. 请同学们在下列方框中填写搭建流程。

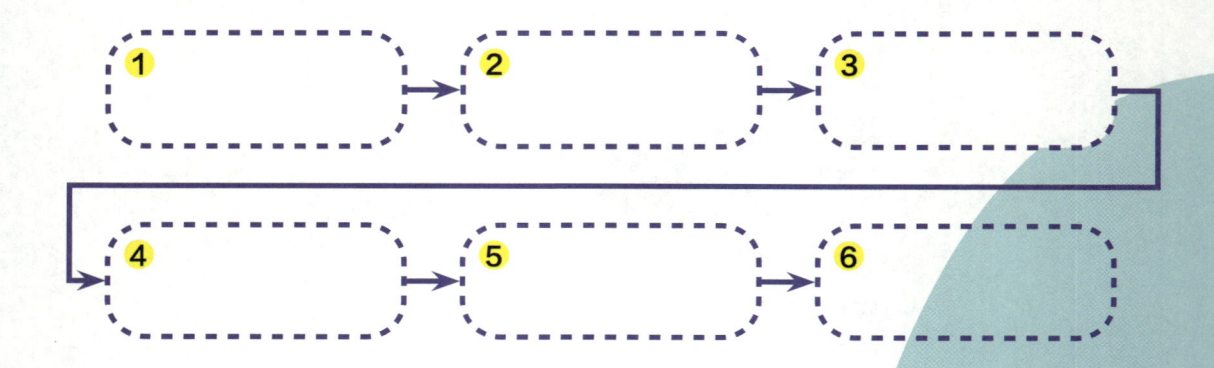

① → ② → ③
④ → ⑤ → ⑥

第二章　生活中的智能设备

学一学

▼ 任务描述

（1）能够正确选用红外感应器控制指令。

（2）梳理红外警报装置的编程控制逻辑。

（3）检测到障碍物时 LED 灯会闪烁，蜂鸣器会发出声音以作警报。

▼ 关键代码

红外感应器代码：检测到物体时返回数字信号 0，没有检测到物体时返回数字信号 1。

`数字型 红外感应器 ▼ 管脚 # [ 3 ▼ ]`

延时代码：可控制时间，一般使用毫秒，1000 毫秒 = 1 秒。

`延时 毫秒 ▼ [ 1000 ]`

蜂鸣器控制代码：发出的音调和频率息息相关。

`无源蜂鸣器 ▼ 管脚 # [ 8 ▼ ] 频率 [ NOTE_C3 ▼ ]`

科学素养培育与提升 ③

程序设计

```
        开始
         │
    ┌────▼────┐
    │  (   )  │
┌──▶│传感器检测│
│   └────┬────┘
│        │
│       ╱ ╲
│      ╱   ╲    (   )      ┌──────────┐
│     ╱判断是╲──────────────▶│   LED    │
│     ╲否有障╱                │  (    )  │──┐
│      ╲碍物╱                 │ 蜂鸣器关闭│  │
│       ╲靠╲                  └──────────┘  │
│        ╲近╱                                │
│         │ (   )                            │
│    ┌────▼────┐                             │
│    │ LED闪烁 │                             │
└────│蜂鸣器警报│                             │
     └────┬────┘                             │
          │◀────────────────────────────────┘
        结束
```

第二章 生活中的智能设备

做一做

1. （单选题）以下选项中，（   ）运用了红外感应器。

   A. 手机通过人脸识别功能解锁屏幕

   B. 洗手池的水龙头通过感应出水

   C. 通过卧室灯的按钮控制灯的亮灭

   D. 把手机上的照片通过蓝牙传输给电脑

2. （单选题）下面哪一个模块可以控制蜂鸣器发出声音？（   ）

   A. 无源蜂鸣器 管脚# 9 频率 NOTE_C3

   B. 结束声音 管脚# 9

   C. 语音播报模块 管脚# 6 设置音量0

   D. MP3音频播放模块 管脚# 6 播放

科学素养培育与提升 ❸

评一评

知识	我是否理解了本活动涉及的所有新知识？	☆☆☆☆☆
技能	我是否顺利地完成了本活动的全部任务？	☆☆☆☆☆
方法	我是否掌握了解决问题的新方法？	☆☆☆☆☆
协作	我是否在活动中配合同学完成了任务？	☆☆☆☆☆
表达	我是否在活动中展示交流了自己的想法和成果？	☆☆☆☆☆

练一练

1. 请同学们在课后查阅资料，比较振动警报器与红外警报器的优劣势。

2. 请同学们课后了解自动干手器的原理。

第二章　生活中的智能设备

读一读

家庭安防监控系统

家庭安防监控系统能为家庭提供全天候的电子安保，对家人、财产等进行实时监控。当发生入室盗窃、火灾以及紧急求助时，系统能自动拨打相应的电话并及时告知险情，得到最快的处理。家庭安防监控系统主要包括火灾报警、可燃气体泄漏报警、防盗报警、紧急求救等。

火灾报警：可在厨房放置感温探测器，在客厅、卧室等放置感烟探测器。随时监视各个房间内有无火灾发生。一旦发生火灾，家庭控制器立刻发出声光报警信号，通知家人及时处理。

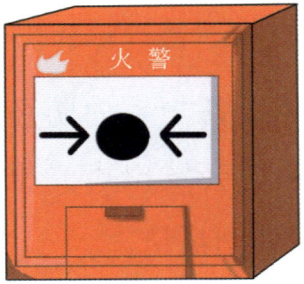

火灾报警

可燃气体泄漏报警：在厨房放置可燃气体探测器，可实时监视燃气管道、灶具的燃气是否泄漏。如有燃气泄漏，设备及时发出声光报警信号，并自动关闭燃气管道上的电磁阀，同时通知家人及小区物业管理部门进行后续的检查与处理。

科学素养培育与提升 ③

可燃气体泄漏报警

防盗报警：防盗报警分成住宅四周防护和宅内防护。主要措施是在住宅的门窗上安装门磁开关或玻璃破碎探测器，或在宅内主要通道、重要房间内安装被动红外探测器。当家人在家时，住宅四周报警设备开启，宅内报警设备撤防；当家人

防盗报警装置

外出时，四周防盗报警设备与宅内防盗报警设备都开启。若遇到非法侵入，报警系统会发出声光报警信号，及时通知家人及小区物业管理部门处理盗情。

紧急求救：当遇到疾病等意外情况时，按动报警按钮，可向小区物业紧急求救或打 120 呼救。

第三章　地球与生命

第三章
地球与生命

科学素养培育与提升 3

3.1 生命的单元

看一看

　　尽管世界上的生物种类繁多，但它们所表现的生命活动规律却有相同之处。在这千差万别的芸芸众生之中，是否有相同或相似的组成单元呢？这是人们一直在探索的问题。19世纪，德国植物学家施莱登和生理学家施旺创立了细胞学说，认为细胞是有机体，动植物都是它们按照一定的法则排列组成的。科学家们对细胞学说进行严格验证，证明细胞是大多数生物的基本结构单位，这为人类认识和研究生物起了很大的推动作用。

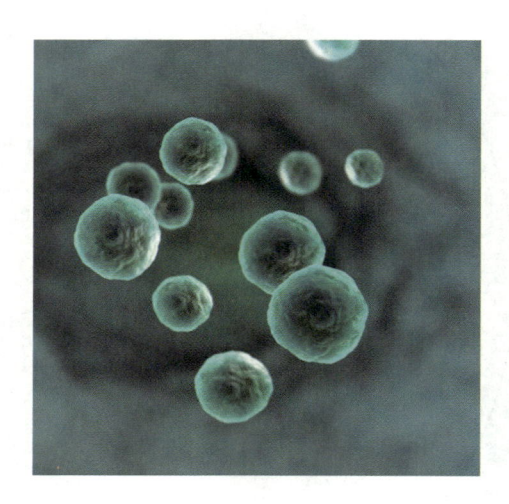

第三章　地球与生命

头脑风暴

请用气泡图罗列出与细胞相关的要素。

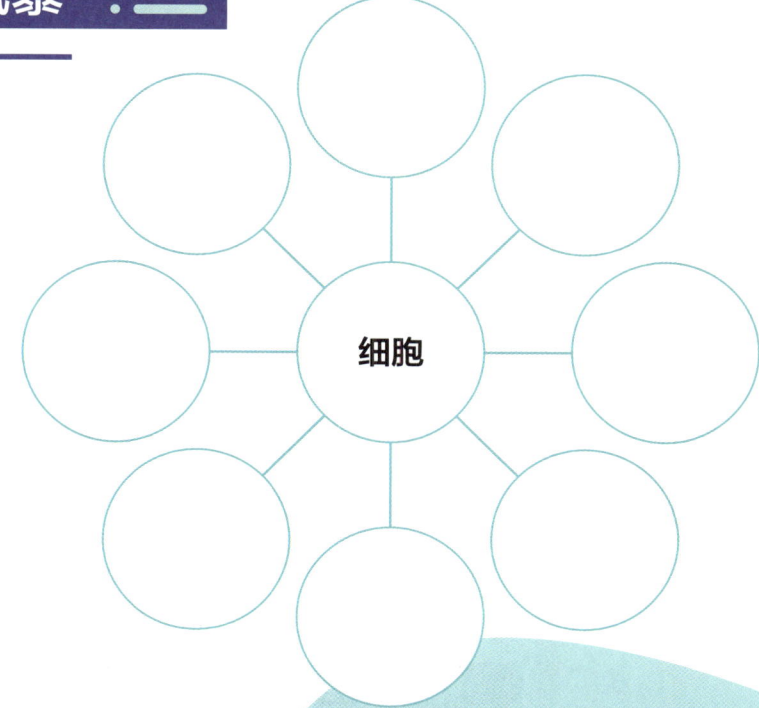

细胞

学一学

生物体能保持各部位正常运作，并健康地生长、发育和繁殖，得益于细胞两个主要的过程：细胞分裂与细胞分化。

细胞分裂——小树苗长成参天大树，植物开花结果，这些过程都伴随着细胞分裂。通过细胞分裂，生物体能由一个母细胞，通过一分为二、二分为四等无数次的细胞增殖，逐渐发育成为成年的个体。

细胞分化——同类细胞的后代逐渐变成形态和功能不同

科学素养培育与提升 ❸

的细胞群体的过程，叫作细胞分化。受精卵发育成为一个成熟个体的过程，实际上就是一个细胞由"全能"向"专业"发展的过程。大脑需要专门组织来进行信息传递，所以细胞分化出了神经细胞；人体需要专业运输员向各个部位运输氧气，所以细胞分化出了红细胞；生物体需要厚实的皮肤来保护自身，所以细胞分化出了上皮细胞……。专业化的分工使得各类细胞各司其职，让生物体不断进化，从而更加适应环境。

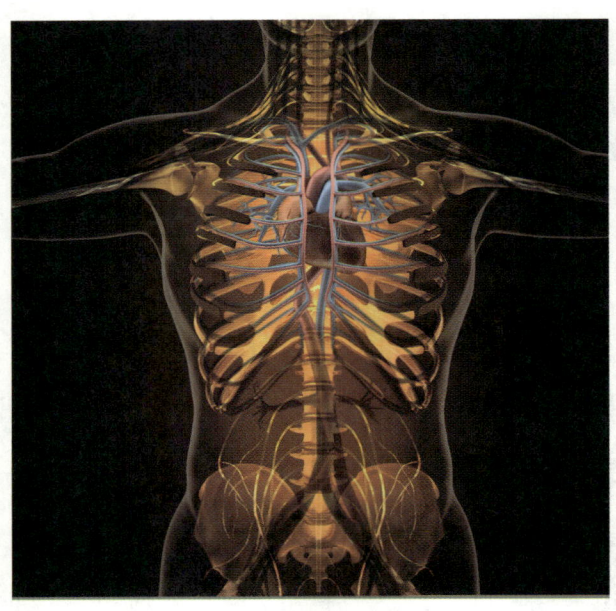

人体

第三章 地球与生命

做一做

1. （单选题）下列表示细胞类型转换过程，表示的是细胞的（ ）过程。

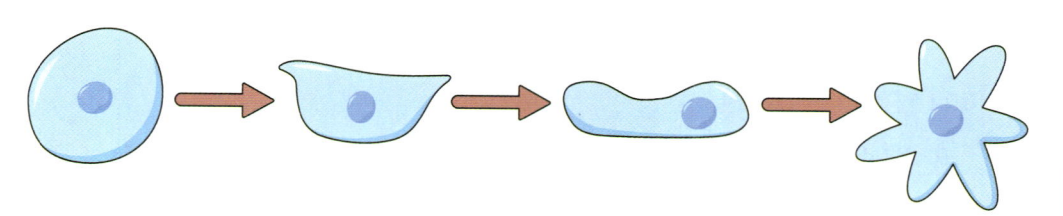

干细胞　　　　骨祖细胞　　　　成骨细胞　　　　骨细胞

A. 细胞分裂　　　　B. 细胞生长
C. 细胞分化　　　　D. 细胞衰老

2. （单选题）一个细胞进行连续的 4 次分裂，会分裂出（ ）个细胞。

A. 5　　　　　　　B. 10
C. 16　　　　　　D. 25

3. 请简要画出一个细胞连续分裂 3 次的分裂示意图。

75

科学素养培育与提升 ③

知识卡片

各显神通的血细胞

人体内有各种各样的细胞，在身体内部扮演不同的角色，血细胞就是其中之一。你知道血细胞究竟有哪些类型吗？每种又有什么作用呢？

我们血液里主要的细胞是红细胞、白细胞和血小板，它们可以在血浆内活动。红细胞是身体内运送氧气的专家，能够有效地携带氧气到身体各器官，并有顺序地进行二氧化碳交换及排出的工作。红细胞的形状非常特殊，有点像红色的"甜甜圈"，但中间不是通透的，而是较薄的膜，这种奇特形状有利于氧气的有效渗透。

白细胞是捍卫我们身体的战士。血液中的白细胞若没有染色，在显微镜下看起来是无色的，因此我们把所有形状相似的无色血细胞统称为白细胞。白细胞数目虽少，但是都活力十足、充满"战斗精神"。白细胞能对付外来的微生物，每一种白细胞对外来的微生物都能迅速反应，并具备强烈的杀伤力。

血小板是医术高明的止血大夫。显微镜下看到的血小板并不出色。它很小，扁扁的，呈不规则"馅饼"状。血小板在血液中平稳循环，它们各自行动，互不来往，有点像小飞

第三章　地球与生命

碟在太空中漫游。一旦血管受到伤害，血小板立刻赶到受伤血管现场，聚集在一起成为血小板集团，堵塞血管伤口，同时促进血管收缩，减少血液外流，产生血纤维蛋白，把已凝集的血小板锁在内部，形成坚硬的止血塞子。

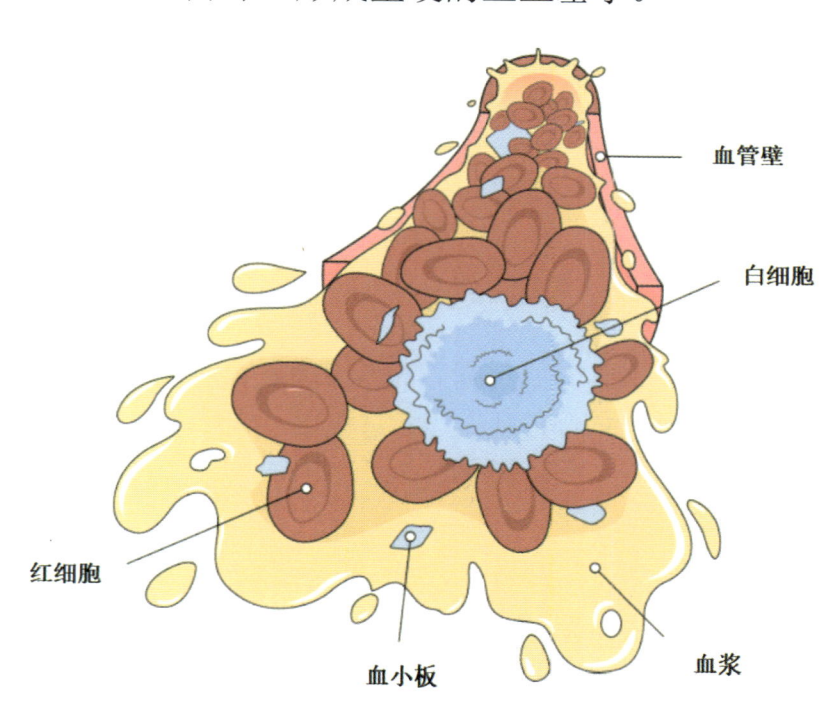

血管壁

白细胞

红细胞

血小板

血浆

科学素养培育与提升 ③

试一试

▰ 材料准备
硬纸板，彩笔，彩色超轻黏土。

▰ 操作过程
请根据提示，完成血细胞模型。

第一步：根据所学的知识，为三种血细胞设计一个形象吧

第二步：根据设计的形象，用超轻黏土捏出血细胞模型

第三步：将血细胞模型固定在做好的"血管"里，就完成啦

第三章 地球与生命

我的成果

☆我的作品里面的血细胞模型包含＿＿＿＿＿＿＿＿＿＿＿＿＿＿＿。
☆我完成作品的技巧是＿＿＿＿＿＿＿＿＿＿＿＿＿＿＿＿＿＿。
☆我的作品可以实现＿＿＿＿＿＿＿＿＿＿＿＿＿＿＿＿＿＿＿。

评一评

知识	我是否理解了本活动涉及的所有新知识？	☆☆☆☆☆
技能	我是否顺利地完成了本活动的全部任务？	☆☆☆☆☆
方法	我是否掌握了解决问题的新方法？	☆☆☆☆☆
协作	我是否在活动中配合同学完成了任务？	☆☆☆☆☆
表达	我是否在活动中展示交流了自己的想法和成果？	☆☆☆☆☆

科学素养培育与提升 ③

练一练

1. 想一想：红细胞的特殊结构为什么可以提高氧气的输送效率？

2. 想一想：如果细胞的分裂和分化不受限制，会产生什么样的后果？

读一读

王振义——医者赤诚心，坦荡无所求

王振义教授，中国工程院院士，上海交通大学医学院终身教授，主要从事血液内科以及血液学等方面的科研工作。

20世纪50年代，急性早幼粒细胞白血病是最凶险的一种白血病，死亡率极高。一旦得上这种病，90%的病人将在半年

第三章　地球与生命

内死亡，最快的甚至三天就不幸离世。

1978年，54岁的王振义在一间不足五平方米的实验室里，向这种全球医生都束手无策的疾病发起了挑战。历经八年科研，不断筛选，反复实验，王振义终于发现了抗肿瘤药物"全反式维A酸"，改变了白血病得不到有效医治的状况。

该治疗方法被誉为"上海方案"，与青蒿素的发明等并列为"20世纪新中国对世界医学的八大贡献"。王振义据此获得国际肿瘤学界的最高奖——凯特林奖。

此后，王振义带领团队不断优化这种特效疗法，让患者生还率大幅提高。正是因为王老的独辟蹊径，急性早幼粒细胞白血病不再是不治之症。

然而，王振义院士却并未申请"全反式维A酸"的专利。正是他的这项"义举"，让白血病"救命药"维持住了低价，时至今日还被纳入了医保的范畴，拯救了数以万计患者的生命。

科学素养培育与提升 ③

3.2 化石的秘密

看一看

　　人是从猴子变来的吗？恐龙曾经真实存在过吗？生物是否有共同的祖先？这些问题曾长期困扰着人们。科学家在漫长的探索中，发现了一个"神秘嘉宾"——化石，它能为我们讲述远古的故事，帮我们揭开生命演化的神秘面纱。那么化石究竟是什么？它是怎样形成的？它能为我们做什么呢？

恐龙化石　　　　　　　　　三叶虫化石

第三章　地球与生命

头脑风暴

请用气泡图罗列出与化石相关的要素。

化石

学一学

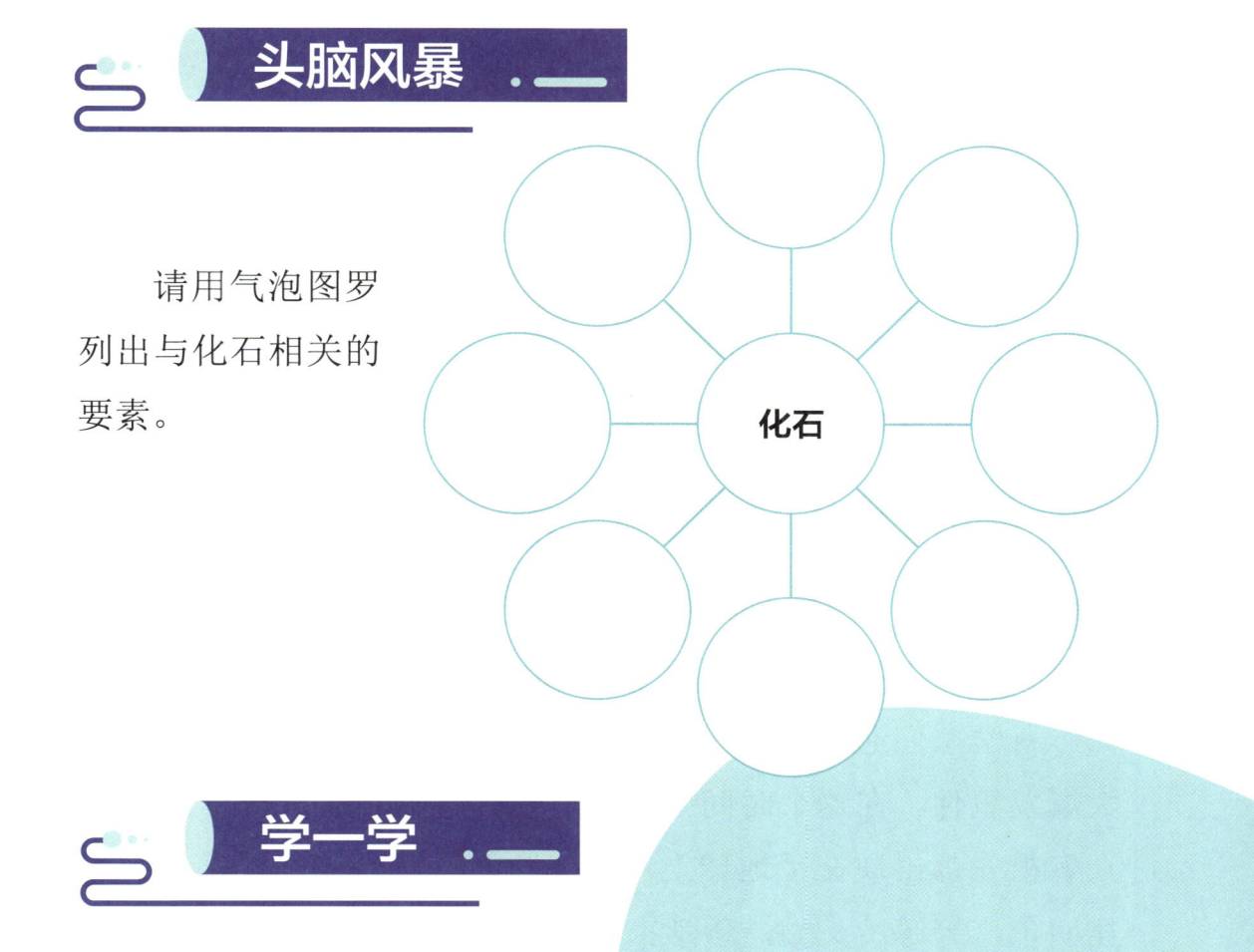

化石是留存在岩石中的古生物的遗体、遗物或遗迹，它们是生物存在的重要证据。化石的形式可以是生物的骨骼（如恐龙化石），可以是生物的外壳（如贝壳化石），可以是生物的遗物（如粪便化石），可以是生物的遗迹（如恐龙脚印化石），还可以是被树脂包裹的生物软体（如琥珀）。

化石的形成条件十分苛刻。举例来说，生物遗体化石的形成通常需要生物体有骨骼、牙齿、硬壳等坚硬的部分，还

科学素养培育与提升 ③

需要在死后被物质迅速地掩埋起来。掩埋有两个作用，一是避免生物的遗体被毁坏或被吃掉，二是隔绝氧气，减缓腐烂。若掩埋物无法阻碍腐烂的进程，那么化石也不能形成。遗体被掩埋后，要经历漫长的石化作用，最终形成化石。化石形成后，由于后期各种地质活动的影响，还是会被破坏。目前人类已发现的化石仅为所有化石的极小一部分。

科学家们利用化石发现了许多生命演化的重要信息。例如，科学家们通过化石发现了距今5.3亿年前的寒武纪生命大爆发事件。在这个时间节点上，现代生物高等分类单元的众多祖先都出现在了地球上，如节肢动物三叶虫、脊索动物昆明鱼，等等。又如，科学家通过化石发现了称霸侏罗纪和白垩纪的恐龙，并进一步揭示了距今6500万年前的白垩纪大灭绝事件。通过化石，古人类学家得以研究人类与猿猴的关系，得出"人类是由猿猴演变而来"的科学结论。化石是当之无愧的生命演化故事的倾诉者。

第三章 地球与生命

做一做

1. 你知道哪些著名的化石？请举例。

2. 请你总结化石形成的条件。

3. 人类为什么要研究化石？研究化石有什么意义？

科学素养培育与提升 ③

知识卡片

穿越时空的精灵——琥珀

琥珀是树脂的化石，它由远古时期的植物分泌的树脂经历漫长的时间而形成。它们晶莹通透，是一种有机宝石。然而，它们还有着另一种独特的能力，那就是能将远古的生物栩栩如生地保存下来，并能真实地还原当时的场景。琥珀是怎样形成，并如何具有这样的能力的呢？

琥珀是树脂化石，其形成需要三个主要条件。第一，树脂的性质要足够稳定。现代的很多树木都能够分泌树脂，例如弦乐演奏家常用的松香和市场上常见的桃胶，便是松树和桃树的树脂制成的。然而，不同树种分泌的树脂成分有所差异，只有树脂足够稳定，能够抵御外部环境的侵蚀，才有极小的可能成为琥珀。第二，琥珀的形成需要无氧的环境。当合适的树脂分泌出来后，因接触空气而慢慢变硬，逐渐从树体上脱落。在有氧条件下，树脂会慢慢发生氧化作用，直到自然界将其分解。海洋、沼泽等有水环境都是琥珀形成的天然绝佳场所。第三，被掩埋后未受到地质作用等干扰，并在较长的时间内有源源不断的树脂补充，最终形成具有一定规模的琥珀矿。

那么，琥珀为什么能够保存生物信息？由于琥珀由树脂形成，而树干、枝条都是众多生物（特别是各种昆虫）的栖

第三章 地球与生命

息场所，树脂产生后，往往能够包裹住各类生物，被包裹的生物随着树脂的凝固而被永远地保存了下来。蜂和蚂蚁常在树干上活动，被树脂包裹的概率较大；蝉以树汁为食，也常常出现在琥珀中；蚊虫等飞虫常在树上歇脚，而树脂具有较大的黏性，常成为它们歇脚的"最后一站"。此外，琥珀中还能见到各种各样千奇百怪的生物成分，如植物碎片、水生生物、小型动物、羽毛等。接下来，就让我们自己动手模拟一下琥珀的形成过程吧！

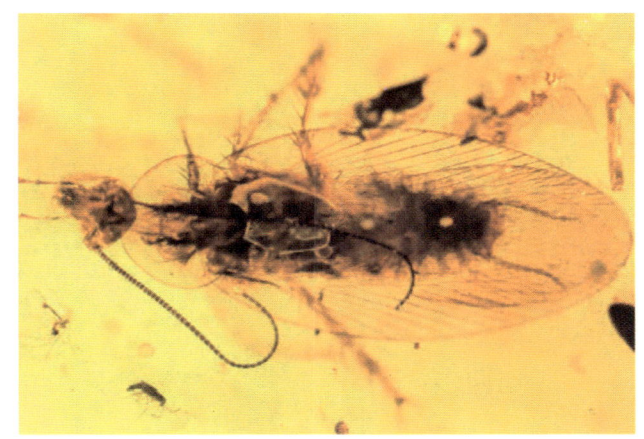

科学素养培育与提升 ❸

试一试

▎**材料的准备**

树脂滴胶（A胶：B胶=3：1），小昆虫，搅拌棒，手套，模具。

▎**操作的流程**

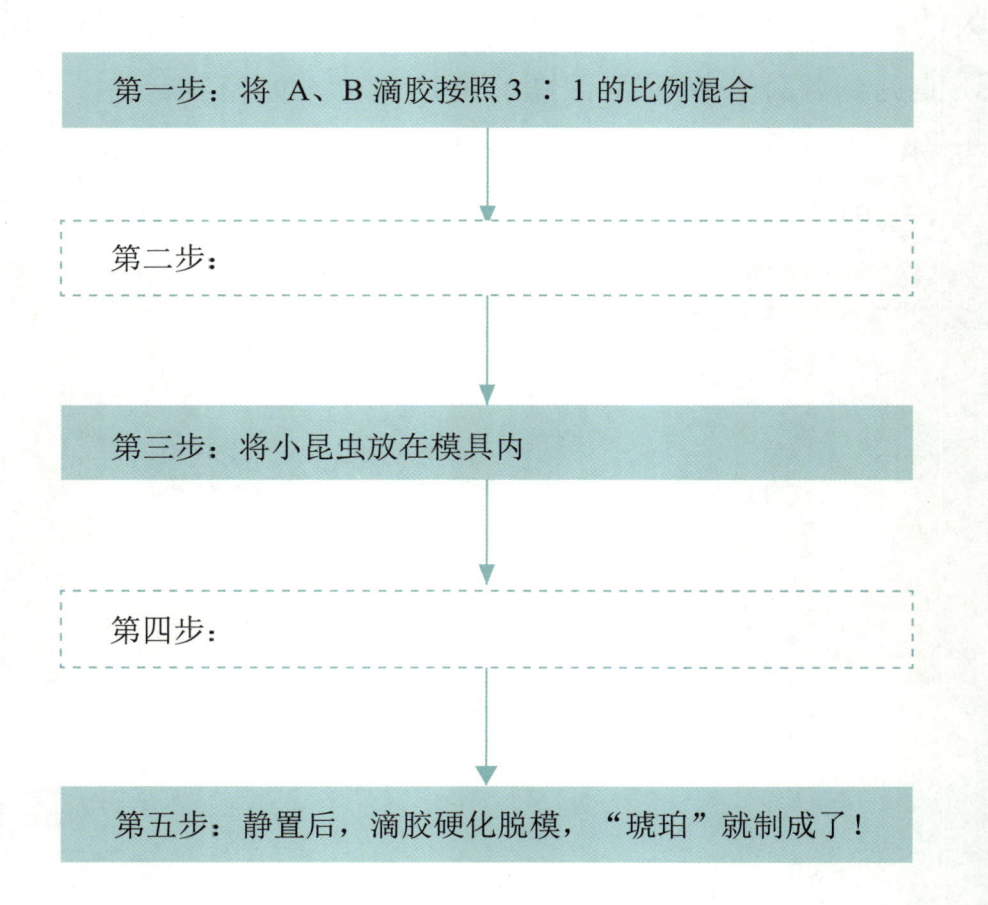

第一步：将A、B滴胶按照3：1的比例混合

第二步：

第三步：将小昆虫放在模具内

第四步：

第五步：静置后，滴胶硬化脱模，"琥珀"就制成了！

第三章　地球与生命

我的成果

☆我选择的昆虫种类是_____。
☆为了减少气泡我这样做_____。
☆我的作品名称是_____。

评一评

知识	我是否理解了本活动涉及的所有新知识？	☆☆☆☆☆
技能	我是否顺利地完成了本活动的全部任务？	☆☆☆☆☆
方法	我是否掌握了解决问题的新方法？	☆☆☆☆☆
协作	我是否在活动中配合同学完成了任务？	☆☆☆☆☆
表达	我是否在活动中展示交流了自己的想法和成果？	☆☆☆☆☆

科学素养培育与提升 ③

练一练

1. 查阅资料，想一想：科学家是怎样找到化石的？

2. 查阅资料，想一想：化石应该如何保存？

读一读

古生物学和地层学的一代宗师——孙云铸

孙云铸（1895—1979）是我国古无脊椎动物学巨擘，是我国古生物学和地层学的重要奠基人，享有"孙寒武"的美名。

在长达半世纪的科学探索生涯中，孙云铸将主要时间和精力放在三叶虫和寒武纪地层的科考、分析和论证上，先后开创性地提出了寒武纪地层划分方案，建立的阶名、化石带

第三章　地球与生命

绝大部分为地质学界所继承。

孙云铸认为，他的成长得益于老师和研究所地质前辈的严谨治学精神，他要将这种良好传统发扬光大。他在教学工作中注重结合我国地质科学发展的现实和需求，不仅开设古生物学、地层学、地史学课程，还在我国首开中国标准化石课程。中国很多地质工作者都受教于孙云铸，并成长为地质各学科造诣很深的专家。

孙云铸逝世后，国家为他在八宝山革命公墓礼堂举行了隆重的追悼仪式。在纪念孙云铸百年诞辰时，原地矿部部长朱训挥笔为孙云铸题词："一代宗师"；中国科学院院士王鸿祯教授题词："成一代宗师，育几世学人"。尊孙云铸为"一代宗师"，表达了地质工作者的共同心声。

科学素养培育与提升 ③

3.3 奇特的火山

看一看

　　地球上火山数量众多，在人类出现以前就有很多火山喷发过，现在已经不再喷发的被称为"死火山"，如果现在还会喷发，则被称为"活火山"。目前已知的"死火山"约有2000座，"活火山"有500余座，陆地上有，海洋中也有。"活火山"能造成很大的破坏。公元79年，意大利南部的维苏威火山突然喷发，造成16000多人死亡，后来考古学家发掘庞贝古城时，看到大量遗体在数米厚的火山灰中还完好地保存着。火山有哪些类型？火山形成的地貌又有什么不同？接下来就一起来学习吧。

第三章　地球与生命

头脑风暴

请用气泡图罗列出与火山相关的要素。

火山

学一学

火山按照喷发类型，可以分为裂隙式喷发火山和中心式喷发火山。

裂隙式喷发火山常常顺着断裂带、岩石裂隙等狭窄区域喷溢出来，形成熔岩流。例如冰岛的拉基火山，每年都会吸引大量的游客去一睹正在流动的熔岩。

中心式喷发火山通过管状的火山通道喷出地表，这样的火山有锥形的山体和圆圆的火山口。中心式火山喷发可以是

93

科学素养培育与提升 ❸

宁静的，熔岩从火山口流出，例如夏威夷群岛的火山；也可以是十分剧烈的爆炸式喷发，此时的岩浆中挟带大量的气体和碎屑物质，积聚了一定的压力和能量后冲破火山口，产生强烈的爆发，例如汤加火山。

裂隙式喷发火山　　　　　　　中心式喷发火山

　　火山活动常常携带巨大的能量，会塑造出千奇百怪的地貌。这种由火山喷发而形成的地貌被称为火山地貌。圆锥形的火山锥和圆形的火山口是最常见的火山地貌，它们在地球上各处均有分布。例如日本的富士山、意大利的埃特纳火山，以及国内的云南腾冲火山、吉林长白山火山等。火山喷发挟带的物质也会形成不同的地貌。如被抛掷到高空再落下堆积形成的火山碎屑锥、流动的熔岩冷却后形成的熔岩锥、熔岩滴丘等。

　　火山爆发常常是毁灭性的，但火山也不是"百害而无一利"的。首先，火山活动能够形成丰富的矿产资源，如硫黄矿、铁矿、铜矿等。其次，火山活动伴随的地热资源能够为人所利用，如温泉等。最后，火山是绝佳的旅游资源，能够吸引大量的

第三章　地球与生命

游客前去观赏，有利于当地的经济发展。

做一做

1. （单选题）火山喷发的岩浆来源于（　　）。

    A. 地壳　　　　B. 地核

    C. 地幔　　　　D. 地心

2. （多选题）按活动类型划分，火山可以分为（　　）。

    A. 活火山　　　B. 死火山

    C. 休眠火山　　D. 未喷发火山

3. 想一想：我们可以通过哪些方式预测火山活动？

科学素养培育与提升 ③

知识卡片

火山喷发的原理

有的火山喷发宁静，有的火山喷发"毁天灭地"。火山究竟是怎样喷发的？

地球的内部圈层分为地壳、地幔和地核。在上地幔和地壳深处，由于高温高压而形成的熔融物质便是岩浆。当地质运动造成各种断裂带或裂隙时，聚集在地下的岩浆压力降低，从中分离出气体和水蒸气，此时岩浆的体积膨胀，便会沿着这些断裂带和裂隙不断向上移动。它们或许在还未到达地表时便重新凝结成了岩石，也或许会冲破地表的阻碍，这就产生了火山的喷发。

喷发时，若是岩浆中没有挟带大量气体和碎屑物、喷出的压力较小，火山喷发即缓和宁静。而当气体和碎屑物较多时，由于气体膨胀，岩浆的压力很大，这时，大量的气体裹挟着岩浆和沿途的碎屑物质，会在突破地表的一瞬间，产生爆炸式的喷发。接下来我们用一个小实验模拟火山的喷发。

火山喷发

第三章 地球与生命

试一试

▍材料的准备
塑料瓶，小苏打，柠檬酸，色素，托盘，水，洗洁精，量杯，搅拌棒。

▍操作的流程

第一步：将塑料瓶放置托盘上方，将小苏打倒入塑料瓶中

第二步：

第三步：将柠檬酸加入水中

第四步：

第五步：将配置好的溶液倒入塑料瓶中，观察现象

科学素养培育与提升 ❸

我的成果

☆我的作品名称是＿＿＿＿＿＿＿＿＿＿＿＿＿＿＿＿＿＿＿＿＿。
☆我看到的现象是＿＿＿＿＿＿＿＿＿＿＿＿＿＿＿＿＿＿＿＿＿。
☆现象发生的原因是＿＿＿＿＿＿＿＿＿＿＿＿＿＿＿＿＿＿＿。

评一评

知识	我是否理解了本活动涉及的所有新知识？	☆☆☆☆☆
技能	我是否顺利地完成了本活动的全部任务？	☆☆☆☆☆
方法	我是否掌握了解决问题的新方法？	☆☆☆☆☆
协作	我是否在活动中配合同学完成了任务？	☆☆☆☆☆
表达	我是否在活动中展示交流了自己的想法和成果？	☆☆☆☆☆

第三章　地球与生命

练一练

1. 查阅资料，想一想：世界上还有哪些著名的火山？记录下它们的类型及分布地带。

2. 查阅资料，想一想：在太阳系中，除了地球，其他行星有没有火山存在呢？

读一读

刘嘉麒——探秘地质六十年

刘嘉麒院士是我国地貌学与第四纪地质学领域当之无愧的领军人。殊不知，走上地质研究这条路，对刘嘉麒来说算是机缘巧合。

"哪个学校不要钱或是少要钱就考哪个学校"，这是深知家庭不易的刘嘉麒在高考时期的被迫选择，所以实行"五包"

科学素养培育与提升 ❸

政策的长春地质学院（即现在的吉林大学）造就了他与地质学的"初次相遇"。

不惑之年的刘嘉麒为了继续之前中断的学业，他主动放弃了当时颇有成就的工作岗位，考入中国科学院研究生院。这份魄力和勇气，在他往后的研究中也深有体现。

20世纪70年代，我国地质学研究领域尚有大片空白亟待填补，刘嘉麒意识到：这不仅需要坚实的理论基础，更需要在研究中创新。于是，在完成研究生毕业论文时，他放弃了相对成熟的课题，选择使用同位素年代学和地球化学方法来研究长白山乃至整个东北地区的新生代火山活动。这个课题在当时几乎没有可供参考的资料，连他的导师都一再劝阻。而刘嘉麒却铁了心，在他看来，"做与别人同样的事情没劲，要做就要比别人强，做别人没做过的"。

之后，他日夜奋斗在实验室里，缺少数据就去搜集一手的资料，理论匮乏就去建立新的体系，终于测定出了一批高质量的年轻火山岩年龄，并凭借此成果获得了地球化学奖。

在刘嘉麒看来，读万卷书还不够，做地质研究更重要的是行万里路。他用了60年时间，十进长白山，七登青藏高原，三上北极，二下南极，足迹遍布50多个国家和地区，真正做到了用脚步去丈量地球。

第四章　载人航天

第四章

载人航天

科学素养培育与提升 ③

4.1 走近载人航天

看一看

　　古往今来，人们对于天空充满了无限的好奇和向往，还编织了许多神话故事，比如女娲补天、后羿射日、嫦娥奔月等。这些神话故事汇聚了人们丰富的想象，也激发着人们探索天空的热情。

第四章 载人航天

头脑风暴

请用气泡图罗列出与天空相关的要素。

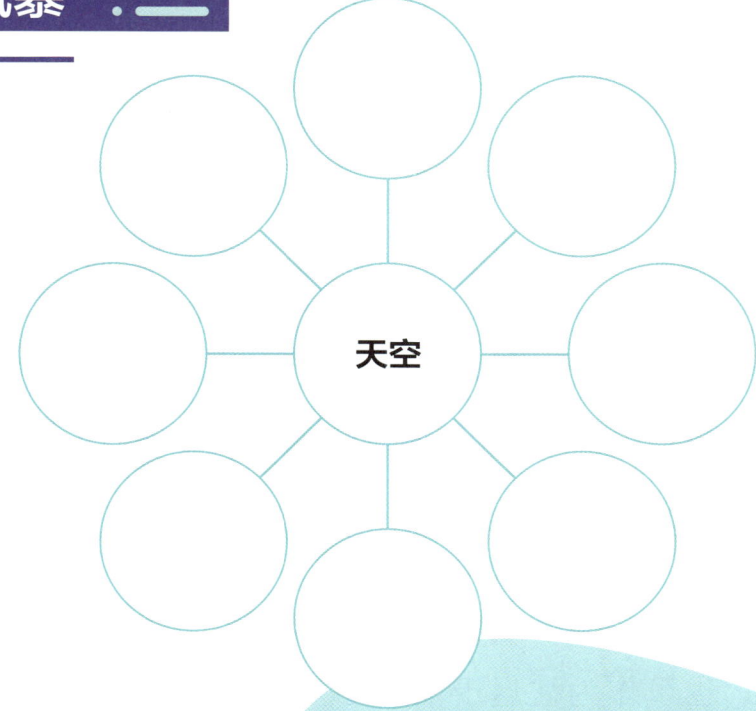

天空

学一学

关于天空，你有过哪些美好的幻想呢？

1961年，苏联宇航员加加林乘坐"东方一号"飞船到达太空，成为进入太空的第一人。世界载人航天的序幕也由此拉开了。

▰ 载人航天

载人航天是人类驾驶和乘坐载人航天器在太空中从事各种探测、研究、试验、生产和军事应用的往返飞行活动，能

103

科学素养培育与提升 ❸

把人类的活动范围从陆地、海洋和大气层扩展到太空，并充分利用特殊的太空环境进行各种研究和试验活动，开发丰富的太空资源。

载人航天器

载人航天器是绕地球轨道或外层空间按受控飞行路线运行的载人飞行器。经过六十多年的发展，载人航天器家族中有三个成员：载人飞船、航天飞机和空间站。

载人飞船

载人飞船是能保障航天员在外层空间生活、工作、执行航天任务并返回地面的航天器。它可以独立进行航天活动，也可作为往返于地面和空间站之间的"渡船"，还能与空间站或其他航天器对接后进行联合飞行。

航天飞机

航天飞机是一种有人驾驶、可重复使用的运载工具，能往返于近地轨道和地面。它既能像运载火箭那样垂直起飞，又能像飞机那样在返回大气层后在机场着陆，为人类自由进出太空提供了很好的工具。

载人飞船 　　　　　　　　航天飞机

第四章 载人航天

空间站

空间站，是一种在近地轨道长时间运行，可供多名航天员巡访、长期工作和生活的载人航天器。空间站就像一座"宇宙城堡"，航天员可以在里面开展大量的科研实验、技术试验等。

中国空间站，也叫天宫空间站，初期计划在 2022 年完成三个舱段的建造，包括一个核心舱和两个实验舱，每个舱段 20 多吨重，整体呈"T"字构型。在建设期间，位于核心舱前端"球形"节点舱的两个对接口，以及核心舱末端一个对接口，可与载人飞船、货运飞船进行交会对接，为空间站接送航天员、运送物资和设备等。

天宫空间站建在距地面超过 300 千米高的轨道上，设计寿命为 10 年，可供 3 名航天员长期驻留，6 名短期驻留。

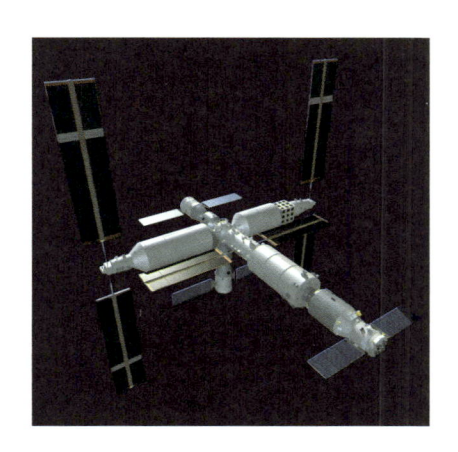

空间站

科学素养培育与提升 ③

试一试

如果有机会到天宫空间站体验"太空一日游",你最想做什么事情?请把一日游的计划写在下方的表格中吧!

天宫空间站一日游计划		
时间	事件	备注

第四章　载人航天

做一做

查阅资料，了解天宫空间站的最新动态，把你了解到的信息写在下面方框里。

评一评

知识	我是否理解了本活动涉及的所有新知识？	☆☆☆☆☆
技能	我是否顺利地完成了本活动的全部任务？	☆☆☆☆☆
方法	我是否掌握了解决问题的新方法？	☆☆☆☆☆
协作	我是否在活动中配合同学完成了任务？	☆☆☆☆☆
表达	我是否在活动中展示交流了自己的想法和成果？	☆☆☆☆☆

科学素养培育与提升 ③

练一练

在人类探索太空早期，因太空环境存在太多不确定性和危险，人们便将动物用作"先驱者"来探索在太空中面临的问题。

查阅资料，了解有哪些小动物曾被带上太空做实验。这种做法是否正确呢？在下面的方框里写下你的看法。

第四章　载人航天

读一读

为什么要发展载人航天

载人航天事业是人类历史上最复杂的工程之一，需要耗费大量的资金、人力和时间。但随着我国载人航天工程的推进，其发展的重要性也越来越被人们所理解。

载人航天技术是一门高度集成的综合性技术。它不仅体现了现代科学技术多个领域的成就，还能推动科学技术的发展。在发展我国载人航天事业的过程中，科学家们发明了许多新技术、新材料、新工艺等，带动了传统产业的技术改造，提高了生产率和经济效益。

此外，载人航天将人类的活动范围拓展到广阔无垠的太空，并充分利用太空独特的真空、失重、高辐射等环境开展空间科学技术实验。

发展载人航天工程，其最终目的都是服务于我们的生活。现在已经有许多源于太空的科技运用到我们的生活中，比如气垫运动鞋、医院里的磁共振、方便面里的脱水蔬菜包等。

科学素养培育与提升 ③

4.2 航天员

看一看

2003年10月15日，我国第一艘载人飞船神舟五号成功进入太空。航天员杨利伟乘坐飞船，在太空绕地球运行了14圈，在顺利完成各项预定操作任务后，安全返回主着陆场。

航天员是很多人羡慕的职业，他们可以穿着航天服，乘坐航天器遨游太空。但是航天员的工作并不轻松，他们要操作很多精密的仪器，要掌握多项复杂的技能，还要应对各式各样的挑战。怎么样才能成为一名合格的航天员呢？让我们一起来看看吧。

第四章　载人航天

学一学

航天员，指乘坐航天器进入太空飞行的人员，按任务一般可分为驾驶员、任务专家和载荷专家，或指令长、驾驶员、随船工程师和飞行工程师。作为一名航天员，需要具备崇高的献身精神、高深的学识水平、非凡的工作能力、良好的心理素质和健康的身体条件等。

茫茫宇宙，神秘莫测。迈向太空的每一步，其实都伴随着巨大的危险和牺牲。而航天员，是开拓太空之路的先锋。他们用无畏的决心和毅力，谱写出一个个飞天奇迹。

一次次发射升空，都凝聚着航天员们飞天逐梦的无私与勇敢。他们肩负着探索宇宙的使命，承载着中华民族几千年来的飞天梦想，是当之无愧的人民英雄！

科学素养培育与提升 ❸

做一做

1. （多选题）成为一名航天员需要具备的基本条件有（　　）。

   A. 工作能力超群　　　B. 心理素质良好

   C. 学识水平高深　　　D. 身体健康

2. 航天员身上有怎样的精神值得我们学习，请写出5个关键词：

试一试

通过制作趣味的航天员模型，让我们一起播撒航天的种子，向航天员致敬吧！

第四章 载人航天

在制作之前，我们简要认识制作材料的名称及作用。

材料	材料名称	材料作用
	电池模块	供电，具有正极和负极
	开关模块	控制电流的通断
	振动马达模块	给作品提供旋转运动
	导电胶带	可以粘贴的电线，由可以导电的金属胶带（银色）和背胶（蓝色）组成

113

科学素养培育与提升 ❸

操作步骤如下：

1. 先撕下有电路部分的纸模，在电路模块上粘贴双面胶。

2. 撕开双面胶，根据图案粘贴各个电子模块。

3. 粘贴完模块后就可以开始用导电胶带粘贴连接电路了。

4. 在头部纸模的蓝色折边处粘贴双面胶，沿虚线折叠拼贴纸模。

第四章　载人航天

5. 折叠其他纸模，在蓝色折边粘贴双面胶。

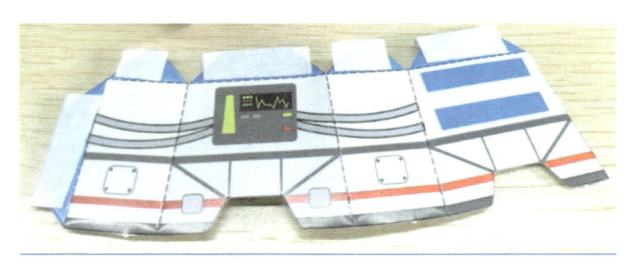

6. 拼贴纸模的各个部分，完成作品。

评一评

知识	我是否理解了本活动涉及的所有新知识？	☆☆☆☆☆
技能	我是否顺利地完成了本活动的全部任务？	☆☆☆☆☆
方法	我是否掌握了解决问题的新方法？	☆☆☆☆☆
协作	我是否在活动中配合同学完成了任务？	☆☆☆☆☆
表达	我是否在活动中展示交流了自己的想法和成果？	☆☆☆☆☆

科学素养培育与提升 ③

练一练

搜集资料，了解我国的航天员名单，并说说哪些航天员曾经飞上过太空。

读一读

如何成为一名航天员

相信许多同学都有过一个航天梦，在我国如何才能成为一名航天员呢？

要成为一名真正的航天员要经过两个阶段的选拔，第一阶段的选拔是从普通的候选人中挑选出合格者，成为预备航天员；第二阶段的选拔是经过长期的航天员训练，从预备航

第四章 载人航天

天员中挑选出可以承担飞行任务的真正航天员。

截至 2022 年，我国共进行了三批次的航天员选拔，前两批航天员选拔的范围比较小，都是从中国空军驾驶员中选拔的。这是因为空军驾驶员本身的身体素质就极好，而且他们对于高空、失重、低压、缺氧等特殊环境因素比常人更为熟悉适应。而第三批航天员主要将服务于空间站运营的飞行任务，他们中既有空军飞行员，也有来自科研院所的航天飞行工程师，还有来自科研单位的载荷专家。

航天员的选拔是优中选优，千挑万选；航天员的训练则是千锤百炼，百炼成钢。成为一名预备航天员后，需要进入中国航天员科研训练中心进行长期的封闭式训练。每一种训练都是挑战航天员的生理极限的，包括超重训练、转椅训练、幽闭空间训练、失重水槽训练等，还要学习大量的轨道力学，甚至数学、物理等一些基础学科。最后，在经过理论与训练的综合考试后，成绩优异的人，才能担当上天的重大任务。

航天员是一项肩负国家重大责任的职业，他们为了祖国的航天事业付出了许多，他们无愧于"航天英雄"的称号！

科学素养培育与提升 ③

4.3 航天器对接

看一看

神舟系列飞船，总重量约8吨，总长度约9米，最大直径约2.8米，内部空间约14立方米。在这么狭窄的空间内，无论是生活还是开展科学研究等工作，都是很不方便的。

飞船

随着航天技术的飞速发展，我国已全面掌握了航天器交会对接技术。这能缓解神舟飞船活动空间狭窄的问题吗？我们一起去看看吧！

学一学

航天器交会对接技术，即两个航天器（载人飞船、航天飞机等）在空间轨道上会合，并在结构上连成一个整体的技术。

第四章 载人航天

交会对接

我国在近年来的载人航天活动中，神舟飞船多次成功与宽敞的太空实验室进行对接！对接后的"飞船－实验室"组合体一同绕着既定的太空轨道运行，而航天员们可通过轨道舱的舱门，入驻活动空间较为宽敞的太空实验室内。这不仅提升了航天员在太空生活的舒适度，还给他们提供了"大展身手"的条件，进而开展更多的科学实验，造福人类！

做一做

掌握了航天器交会对接技术，有什么好处呢？

科学素养培育与提升 ③

试一试

在茫茫太空中,两艘航天器分别以接近第一宇宙速度(7.9千米/秒)的速度在各自的发射轨道上运行着,若要进行空中对接,难度可谓"万里穿针"!

让我们一起实践了解"对接技术"到底有多难吧!在实践之前,我们先简要认识"航天器对接"纸模型制作材料的名称及使用方法。

材料	材料名称	材料作用
	慢闪灯光模块	每隔一段时间就会缓慢改变颜色,里面有计时的芯片
	磁控开关模块	可以感应磁铁的开关

第四章 载人航天

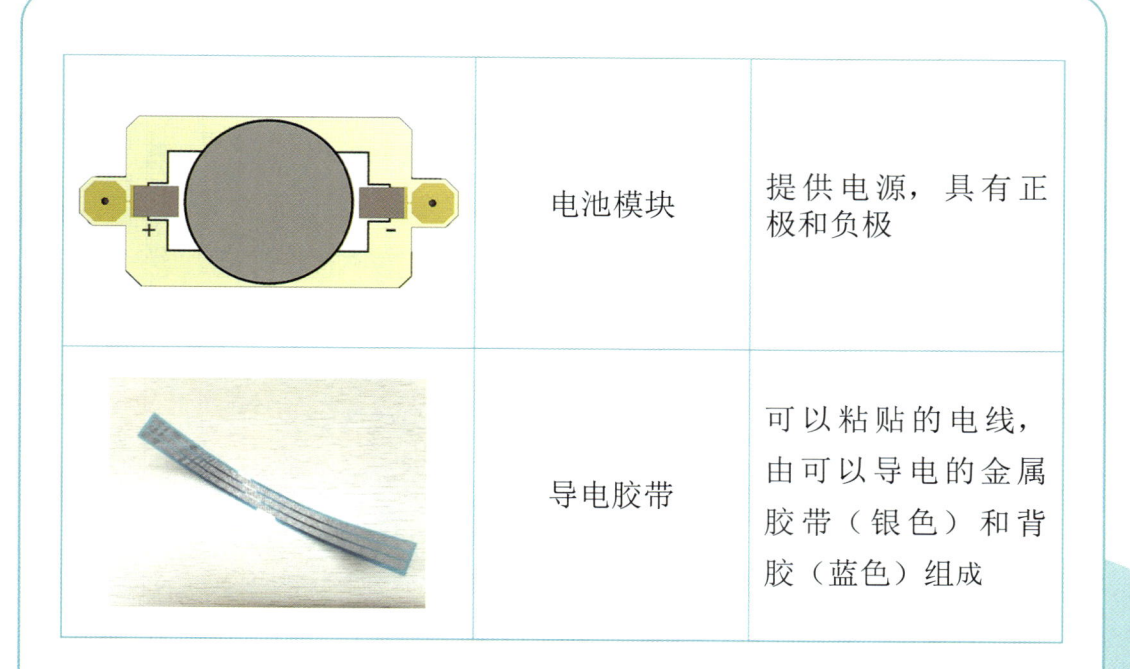

	电池模块	提供电源，具有正极和负极
	导电胶带	可以粘贴的电线，由可以导电的金属胶带（银色）和背胶（蓝色）组成

操作步骤如下：

1. 撕下有电路部分的纸模和对接环的纸模。

科学素养培育与提升 ❸

2. 采用双面胶拼贴好对接环，将对接环的插销插入空间站纸模的槽孔内。

3. 弯曲折叠对接环的插销，用双面胶粘贴固定，然后在电路模块图案处也粘贴双面胶。

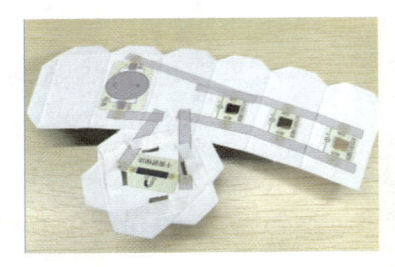

4. 撕开双面胶，根据正负极粘贴各个电子模块，然后粘贴导电胶带并连接电路。

5. 在纸模的折边处粘贴双面胶，然后拼贴纸模。

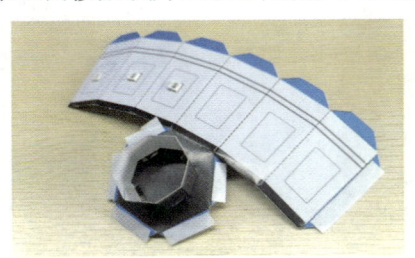

第四章　载人航天

6. 在空间站底部纸模的蓝色折边处粘贴双面胶，然后在纸模背面粘贴一条长的双面胶。

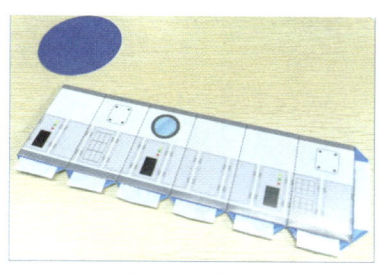

7. 撕开双面胶，先粘贴连接空间站电路纸模和底部纸模，再粘贴连接底部的蓝色圆片。

8. 在航天飞机底部纸模粘贴双面胶，然后粘贴固定航天器底部，完成制作。

123

科学素养培育与提升 ③

9. 用剪刀裁剪如下图所示的两个位置，在折边和背面粘贴双面胶，准备拼贴纸模。

10. 拼贴对接柱纸模，将对接柱底部折边穿过空间站顶部纸模的八边形孔，再用双面胶粘贴固定。

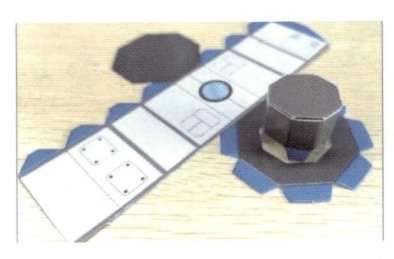

11. 在空间站上方的纸模背面折边的粘贴处粘贴双面胶。

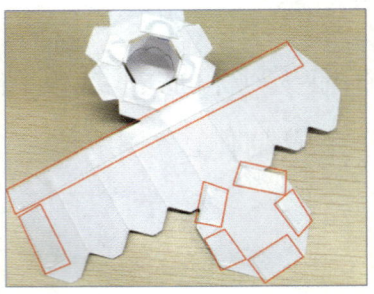

12. 撕开双面胶，拼贴空间站上方的纸模，将小磁铁用双面胶粘贴在对接柱上。

第四章　载人航天

13. 确认对接柱能插入对接环中，准备好太阳板纸模和空间站顶部纸模，粘贴双面。

14. 拼贴空间站顶部纸模和太阳能板。

15. 粘贴好大太阳能板，再粘贴到空间站下半部分。

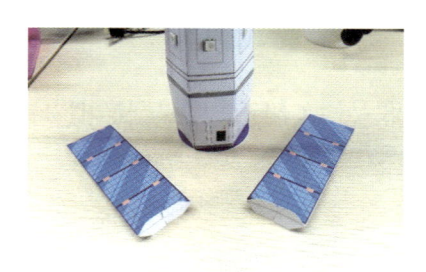

125

科学素养培育与提升 ❸

评一评

知识	我是否理解了本活动涉及的所有新知识？	☆☆☆☆☆
技能	我是否顺利地完成了本活动的全部任务？	☆☆☆☆☆
方法	我是否掌握了解决问题的新方法？	☆☆☆☆☆
协作	我是否在活动中配合同学完成了任务？	☆☆☆☆☆
表达	我是否在活动中展示交流了自己的想法和成果？	☆☆☆☆☆

练一练

1. 使用自己制作的"航天器对接纸模型"模拟航天器的对接，并分析总结其技术难点。

第四章 载人航天

2. 取两条不同长度但均大于 50 厘米的细绳，分别水平悬挂住航天器纸模型中的"航天飞机"和"空间站"，并分别用左手、右手提着"航天飞机"和"空间站"模块。其中，提着"空间站"模块的左手保持较高位置不动，提着"航天飞机"模块的右手自右向左、自下向上，尝试与左手的空间站模块进行对接。

按上述步骤进行多次对接模拟实验，分析并记录每次实验成功与失败的原因。

读一读

太空中的两个航天器如何完成交会对接？

在太空中进行交会对接的两个航天器，分别叫目标飞行器、追踪飞行器。目标飞行器首先发射升空，而追踪飞行器作为主动飞行器，需要去寻找目标飞行器并进行交会对接。

科学素养培育与提升 ❸

远程导引段：当两者相距较远时，地面测控中心分别测定目标飞行器、追踪飞行器各自的轨道数据。追踪飞行器经过多次的轨道调整，最后进入敏感器能捕获目标飞行器的范围（一般为15～100千米）。

近程导引段：当两者距离足够近时，就能通过追踪飞行器上安装的测量设备，以及目标飞行器相应配置的合作目标，获得两者之间的相对运动参数，自动将追踪飞行器引导到距目标飞行器0.5～1千米的位置上。

最终逼近段：交会段最后100～200米距离，两个飞行器的相对速度为1～3米/秒，被称为平移靠拢阶段。此时，两个飞行器虽然仍独立地按各自的轨道规律飞行，但轨道间的偏差已经非常小了。利用追踪飞行器的测量系统精确测量两个飞行器的距离、相对速度和姿态后，便可启动小发动机进行机动，使之沿对接走廊向目标飞行器慢慢逼近。

对接停靠段：在最后对接前即可关闭发动机，追踪飞行器以0.15～0.18米/秒的停靠速度与目标相撞，最后利用栓-锥等对接装置完成机械装配的过程。

最终，两个航天器不仅在空间轨道上会合，还会在结构上连成一个整体。

科学素养培育与提升

全4册

林长春 刘玉章 主编

4

科学出版社
北京

内 容 简 介

本书充分遵循学生身心发展规律，结合学生已有的经验和常识，围绕人工智能、自然科学、航空航天三大版块，精心设计呈现了56个主题式科学教育活动案例。全书共4个分册，每册4章，每章3~5个活动案例。基于校园及家庭生活中的真实问题和场景，每个活动都紧密围绕某个预设主题，逐一开展"看、学、思、做、练、读"等科学教育环节，引导学生积极思考、自主探究、创意设计、成果展示，有效培育与提升学生科学素养。

本书可供义务教育阶段中小学生开展科学教育或综合实践活动课程学习使用，也可供科技教师、科学教育专业师范生、教培行业从业者阅读参考。

图书在版编目（CIP）数据

科学素养培育与提升：全4册 / 林长春，刘玉章主编. -- 北京：科学出版社，2022.9
ISBN 978-7-03-073120-3

Ⅰ．①科… Ⅱ．①林… ②刘… Ⅲ．①科学知识-中小学-教学参考资料 Ⅳ．①G634.73

中国版本图书馆CIP数据核字（2022）第166496号

责任编辑：钟文希　兰　月／责任校对：彭　映
责任印制：罗　科／封面设计：墨创文化

科学出版社 出版

北京东黄城根北街16号
邮政编码：100717
http://www.sciencep.com

四川煤田地质制图印刷厂 印刷
科学出版社发行　各地新华书店经销

*

2022年9月第　一　版　　开本：787×1092　1/16
2022年9月第一次印刷　　印张：33
字数：741 000
定价：192.00元（全4册）
（如有印装质量问题，我社负责调换）

本书编委会

主　编　林长春　刘玉章

编　委（排名不分先后）

周学超　石　晗　张　丽　莫　琳

何　苦　刘　磊　罗雪娇

前言 QIANYAN

当今世界科学技术发展日新月异,围绕数字科技、人工智能、生命科学、新能源、航空航天等领域的新技术、新发明层出不穷,科学技术的创新发展深刻地影响着社会全方位的发展,社会各领域的发展决定着一个国家的综合竞争力。

习近平总书记指出:"科技创新、科学普及是实现创新发展的两翼,要把科学普及放在与科技创新同等重要的位置。没有全民科学素质普遍提高,就难以建立起宏大的高素质创新大军,难以实现科技成果快速转化。"这一重要论述,为新时代做好科学普及工作指明了前进方向,提供了根本遵循。开展面向青少年的科学普及工作有助于使学生保持对大自然的好奇心,从亲近自然走向亲近科学,发展基本的科学实践能力,理解科学、技术、社会与环境的关系,形成基本的科学态度和社会责任感,逐步树立正确的世界观、人生观和价值观,全面提高科学素养,为今后的学习、生活以及终身发展奠定良好的基础,最终促进我国经济社会发展和科技强国建设。

本书以人工智能、自然科学、航空航天三个专题为内容选题，以学科大概念为内容统领，以真实场景和项目式学习为呈现方式，着力培养青少年的科学素养。全书分章节将上述三个选题方向交叉分布在义务教育各个学习阶段。内容涉及人工智能领域的感知、搭建、算法、编程，生命科学领域的动物、植物、生态，地球科学领域的海洋与地质，以及航空航天领域的前沿科技等。

本书共有4个分册，根据学生的阅读习惯和学习能力的发展规律，按由浅入深、从形象到抽象、螺旋式上升等原则组织内容。其中，第一分册适合1～2年级学生使用，第二分册适合3～4年级学生使用，第三分册适合5～6年级学生使用，第四分册适合7～9年级学生使用。全书编排和设计注重任务驱动，强化基本操作，渗透基础知识，体现活动过程。

本书由重庆师范大学林长春和天立教育集团刘玉章担任主编，周学超、石晗、张丽、莫琳、何苦、刘磊、罗雪娇等参编。由于作者水平所限，书中难免有不足之处，敬请科学学科领域、科学教育领域专家和广大读者批评指正。

编 者
2022年6月

目录 MULU

第一章　算法与生活 …………………………… 1

1.1　贪心算法——找零钱 …………………… 2

1.2　贪心算法——排课表 …………………… 8

1.3　递归算法——兔子繁殖 ………………… 15

1.4　递归算法——汉诺塔 …………………… 21

第二章　智能控制小车 ………………………… 27

2.1　遥控小车 ………………………………… 28

2.2　声控小车 ………………………………… 38

2.3　避障小车 ………………………………… 49

第三章　生物与环境·················· 59

3.1　大自然的"侵略者"··················· 60

3.2　噪声的控制 ······················· 69

3.3　大自然的"工程师"··················· 77

第四章　送卫星上太空················· 87

4.1　人造地球卫星 ······················ 88

4.2　火箭设计师 ······················· 94

4.3　闪耀的东方之星 ···················· 100

第一章 算法与生活

科学素养培育与提升 ❹

1.1 贪心算法——找零钱

看一看

顾客使用现金购物时，难免会出现支付大额纸币，需要商家找零钱的情况。常见的小面额纸币有 50 元、20 元、10 元、5 元和 1 元。商家怎么才能用最少的纸币数量完成找零钱呢？

假设顾客购物应付 37 元，实际支付 100 元，商家应该怎么找零钱？

怎么才能用最少的纸币数量快速地完成找零钱呢？

第一章 算法与生活

请用下面的方法，从最大面额的纸币开始，完成找零钱工作。

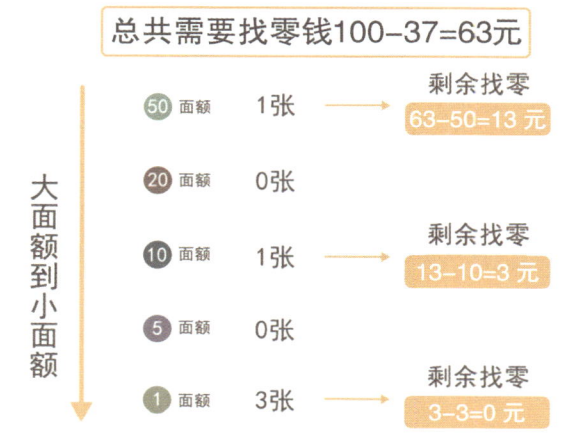

总共需要找零钱100-37=63元

大面额到小面额

- 50 面额 1张 → 剩余找零 63-50=13元
- 20 面额 0张
- 10 面额 1张 → 剩余找零 13-10=3元
- 5 面额 0张
- 1 面额 3张 → 剩余找零 3-3=0元

用最少的纸币数量完成找零钱工作

学一学

上面找零钱的方法用到了一种算法——贪心算法。贪心算法又叫贪婪算法，是指在对问题求解时，总是做出在当前看来是最好的选择。这也意味着，贪心算法不考虑问题的整体最优解，而是每个局部的最优解，得到的是在某种意义上的所有局部的最优解。

贪心算法的步骤：

第一步：找出适合的贪心策略；

第二步：把问题分解为若干个子问题；

科学素养培育与提升 ❹

第三步：根据贪心策略对每个子问题求解，得到子问题的最优解；

第四步：把所有子问题的局部最优解合成一个解。

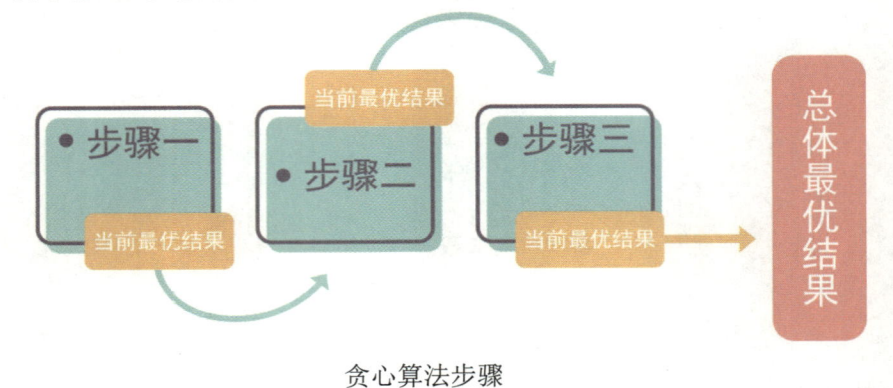

步骤一 → 当前最优结果 → 步骤二 → 当前最优结果 → 步骤三 → 当前最优结果 → 总体最优结果

贪心算法步骤

头脑风暴

请你在气泡图中填写贪心算法能解决日常生活中的哪些问题。

贪心算法

第一章　算法与生活

做一做

请使用数字 1～4 对下列贪心算法步骤进行排序。

（　）将局部最优解堆叠成全局最优解。

（　）将问题分解为若干个子问题。

（　）求解每一个子问题的最优解。

（　）找出适合的贪心策略。

试一试

假设仓库里有 5 种豆子，其对应的重量和价值如下，如果购买总重量为 100 千克的豆子，怎么购买才能使豆子的价值最大？

品类	重量/千克	价值/元	单价/（元/千克）
黄豆	100	100	
绿豆	30	90	
红豆	60	120	
黑豆	20	80	
青豆	50	75	

请写出你认为最恰当的购买方法。

科学素养培育与提升 ❹

评一评

知识	我是否理解了本活动涉及的所有新知识？	☆☆☆☆☆
技能	我是否顺利地完成了本活动的全部任务？	☆☆☆☆☆
方法	我是否掌握了解决问题的新方法？	☆☆☆☆☆
协作	我是否在活动中配合同学完成了任务？	☆☆☆☆☆
表达	我是否在活动中展示交流了自己的想法和成果？	☆☆☆☆☆

练一练

假设有 10 个小朋友，他们分别需要 1 颗糖、2 颗糖、3 颗糖……10 颗糖，但总共只有 20 颗糖。怎么分配才能让最多的小朋友满意？写出你的分配思路。

第一章　算法与生活

读一读

算法复杂度

算法复杂度分为时间复杂度和空间复杂度。时间复杂度是指执行算法所需要的计算工作量；空间复杂度是指执行这个算法所需要的内存空间（计算机的内存占用）。

时间复杂度常用大写字母 O 表述，大写字母 O 是用于描述函数渐近行为的数学符号。执行次数越多，O 里面表示复杂度的算式就越大，也表示该算法越复杂。

执行次数	复杂度	名称
12	$O(1)$	常数阶
$2n+3$	$O(n)$	线性阶
$4n^2+2n+6$	$O(n^2)$	平方阶
$4\log_2 n+25$	$O(\log_2 n)$	对数阶
$3n+2n\log_2 n+15$	$O(n\log_2 n)$	线性对数阶
$4n^3+3n^2+22n+100$	$O(n^3)$	立方阶
2^n	$O(2^n)$	指数阶

科学素养培育与提升 ❹

1.2　贪心算法——排课表

看一看

课程表是帮助学生了解课程安排的一种简单表格。请你帮助班主任设计一个课程表，要求根据下图所罗列的课程及课时进行安排，每门课程每周内至少安排 2 次，且每天的课程不能重复，2 课时的课程不能分割在上午和下午，你会怎么安排？

课程表

	周一	周二	周三	周四	周五
午休时间					

将以下课程填入表中

课程名	语文	数学	英语	信息技术	体育	活动拓展
课时	1	1	1	2	1	2

> 上节课我们学习了贪心算法，应该怎么使用贪心算法安排课程表呢？

8

第一章 算法与生活

在安排课程表时，我们可以使用贪心算法，先满足 2 课时的信息技术课和活动拓展课的排课要求，再将只占 1 课时的其他课程排进课程表。

使用贪心算法排课

学一学

贪心算法的使用原则

贪心算法没有固定的算法框架，算法设计的关键是贪心策略的选择。必须注意的是，贪心算法不是对所有问题都能得到整体最优解。要想得到整体最优解，选择的贪心策略必须具备无后效性，即某个状态以后的过程不会影响以前的状态，只与当前状态有关。所以使用贪心算法在选择贪心策略时，一定要仔细分析其是否满足无后效性的条件。

科学素养培育与提升 ❹

贪心策略适用的前提是局部最优策略能产生全局最优解。实际上，贪心算法适用的情况很少。一般对一个问题分析其是否适用贪心算法，可以先选择该问题下的几个实际数据进行分析，就可做出判断。

头脑风暴

贪心算法的特点有哪些？试着在气泡图里写出来。

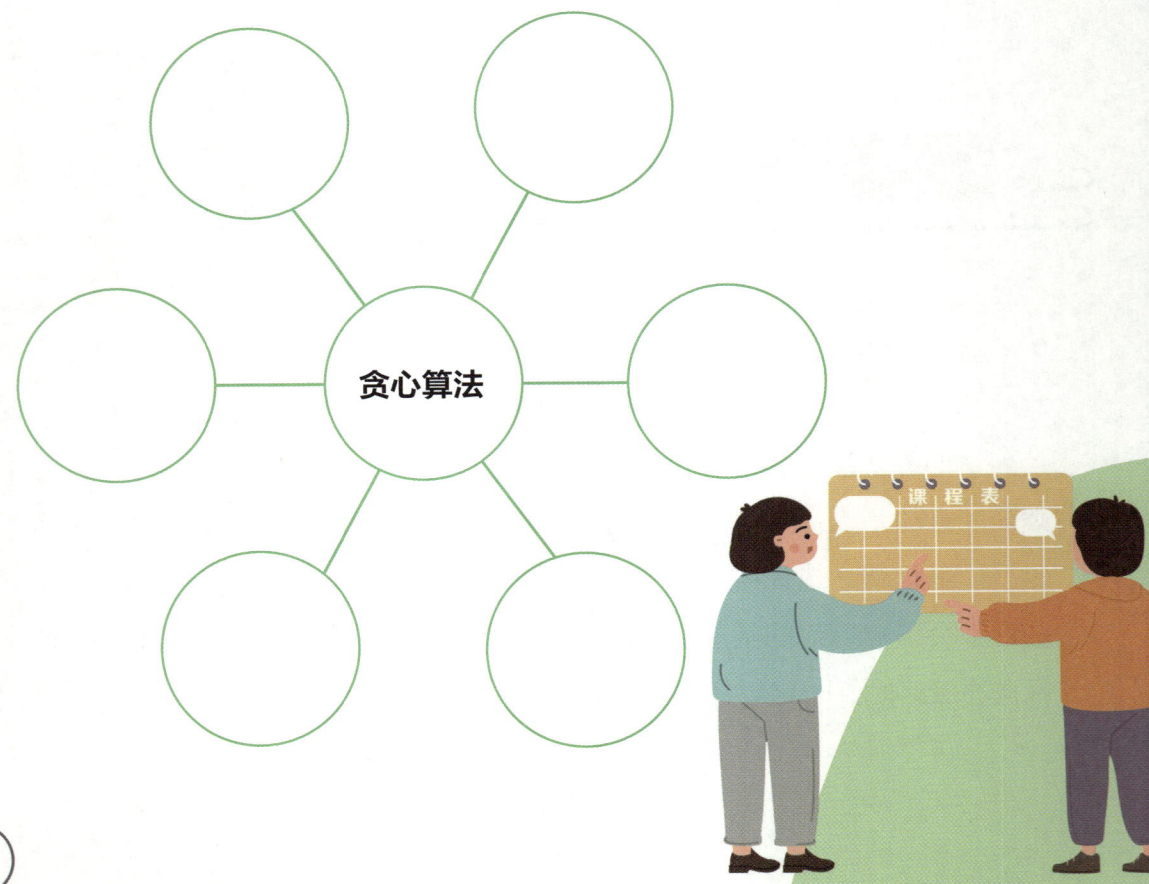

贪心算法

第一章　算法与生活

做一做

1. （单选题）下面关于贪心算法，描述不正确的是（　　）。

A. 贪心算法的结果不一定是全局最优解

B. 贪心算法是取每个步骤的最优解

C. 贪心算法可以提高解决问题的效率

D. 贪心算法的结果一定是全局最优解，因为分解出来的每个步骤都是最优的

2. （单选题）下面情境中不能使用贪心算法的是（　　）。

A. 超市购物找零钱

B. 安排班级同学参加 4×100 米接力赛

C. 过生日按照食量切给同学蛋糕

D. 从低到高安排班级同学的座位

试一试

下面图片中，数字代表从一个点到另外一个点的路径长度，请同学们计算，怎么走才能使从出发点 A 到终点 D 的路径最短？

科学素养培育与提升 ❹

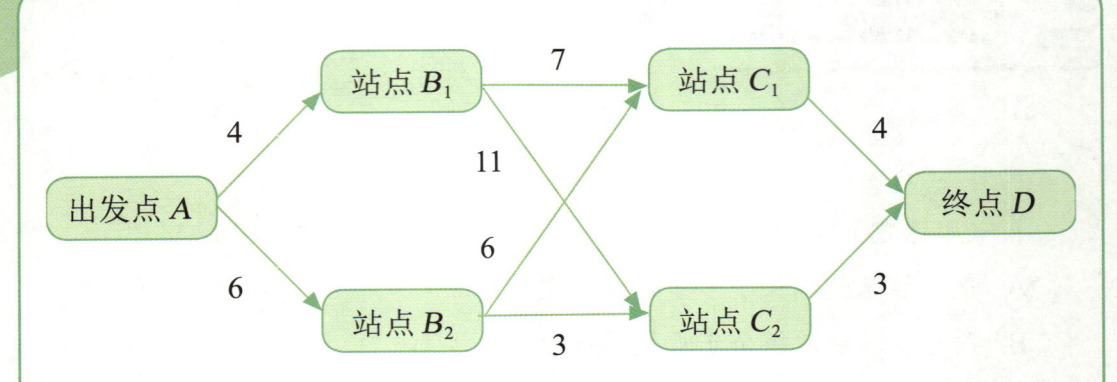

```
         7
出发点A ─4─→ 站点B₁ ──→ 站点C₁ ─4─→ 终点D
         ╲    11  ╳   ╱
          6  ╳  ╱    3
         ╲  ╱ 6 ╲
出发点A ─6─→ 站点B₂ ─3─→ 站点C₂
```

尝试使用贪心算法计算最短路径问题，把计算结果填在下面方框。

你计算出来的结果正确吗？如果不正确，你认为原因是什么。

第一章　算法与生活

评一评

知识	我是否理解了本活动涉及的所有新知识？	☆☆☆☆☆
技能	我是否顺利地完成了本活动的全部任务？	☆☆☆☆☆
方法	我是否掌握了解决问题的新方法？	☆☆☆☆☆
协作	我是否在活动中配合同学完成了任务？	☆☆☆☆☆
表达	我是否在活动中展示交流了自己的想法和成果？	☆☆☆☆☆

练一练

假设有若干个贴有 10、9、4 三种数字之一的圆球，从里面选择不同的球，使这些球上数字之和为 18，最少要拿多少个球？

10　　9　　4

科学素养培育与提升 ❹

读一读

贪心算法和局部搜索算法

贪心算法很多时候都不能得到全局最优解。对于每一个贪心策略，在提出之初，如果不能举出明显的反例，我们就可以尝试按此写出代码来，然后用简单的方法来校验，校验通过则说明我们的贪心策略是对的，否则就需要更换一个贪心策略了。

局部搜索算法是启发式算法中最简单的一种类型，具有实现简单、求解迅速等优点。在有些场合下，局部搜索算法也被称为"爬山"法。形象地说，是从山上某点开始，每次选择走向周围更低的点，直到周围点都比当前点更高为止（以最小化问题为例）。

从算法动作上看，贪心算法与局部搜索算法比较类似。但是，局部搜索算法一般属于改进型算法，也就是在已有的（可行）解的基础上进行改进，以获得目标函数值更优的解。与之不同的是，贪心算法一般属于构造型算法，也就是从部分解开始，逐渐添加一些子结构，以形成一个完整的解。作为一种启发式算法，贪心算法不能确保每次都能获得全局最优解。

第一章　算法与生活

1.3　递归算法——兔子繁殖

看一看

假定有一对小兔子，1个月之后小兔子就能长成大兔子，大兔子每个月能繁殖出一对小兔子，所有兔子都能存活下来。请问第1个月有一对小兔子后，到了第6个月一共有多少对兔子？

怎么才能准确地计算6个月后有多少对兔子呢？

科学素养培育与提升 ④

可以利用递归的方法，通过绘制图表呈现出第 1～6 个月期间每月的兔子数量，这样就可以清楚地计算出所有兔子的数量。

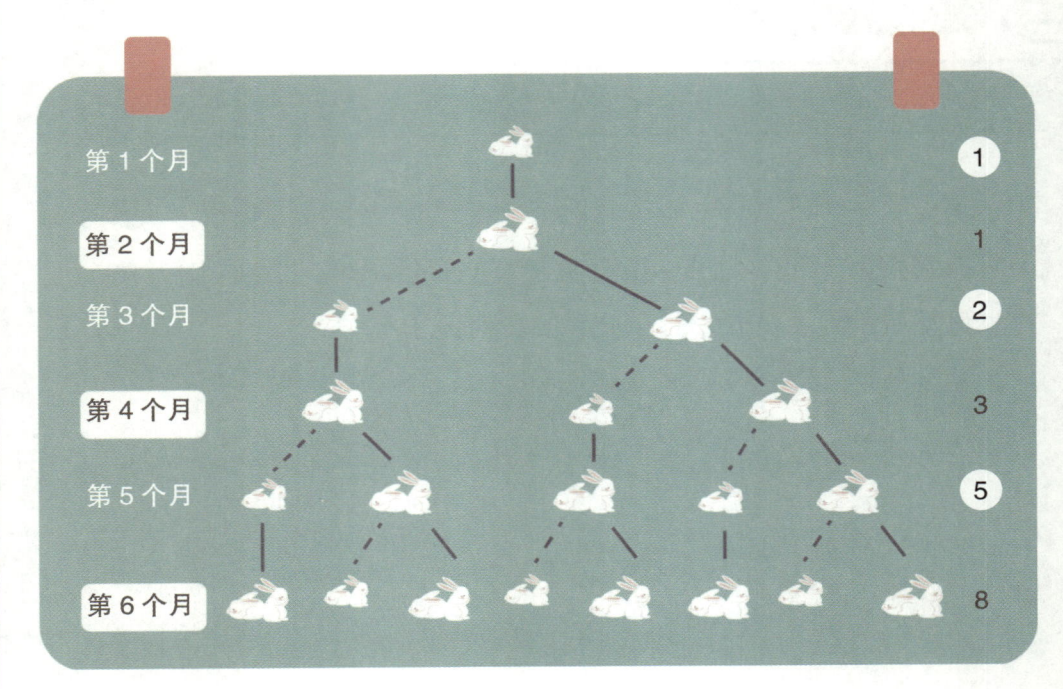

第 1 个月	1
第 2 个月	1
第 3 个月	2
第 4 个月	3
第 5 个月	5
第 6 个月	8

兔子繁殖数量图

第一章 算法与生活

学一学

递归算法

　　递归算法是把问题一步一步地分解为与原问题类型相同但是规模更小的子问题，再逐一求解这些子问题。递归算法只需要少量的计算公式，通过多次反复计算，就可以解决复杂的问题。

　　递归算法的步骤：

　　第一步：将问题逐层分解为与原问题类型相同、规模更小的子问题；

　　第二步：找出子问题与原问题之间的关系，找到运算规律；

　　第三步：给出限制条件，反复运算直到满足限制条件后，结束运算。

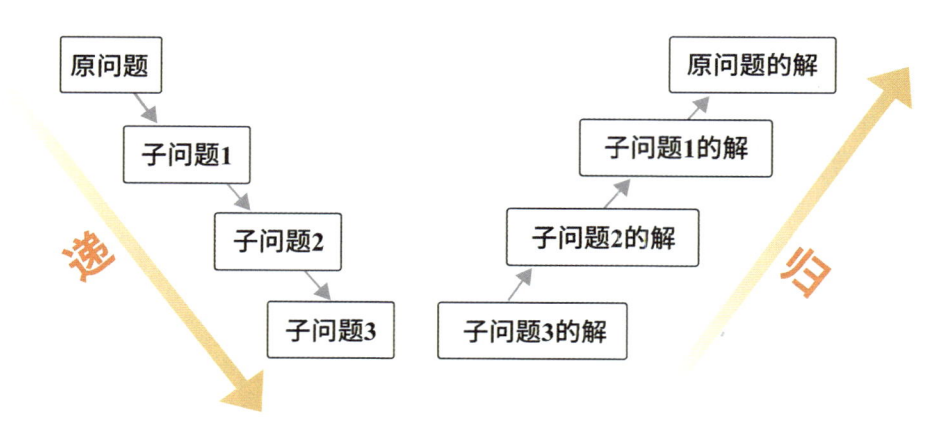

递归算法的步骤

科学素养培育与提升 ❹

头脑风暴

请同学们在气泡图中填写递归算法能解决生活中的哪些问题。（问题必须是可以分解成更小规模子问题的问题）

递归算法

做一做

（单选题）下面关于递归算法的描述中，说法正确的是（　　）。

A. 递归算法不一定需要"归"

B. 递归算法一定有"递"和"归"

C. 递归算法不一定先"递"后"归"

D. 递归算法不需要限制条件

第一章　算法与生活

试一试

假设一瓶汽水的售价为 3 元，喝完之后两个空瓶可以换一瓶汽水。若你有 60 元，最多能喝多少瓶汽水？

评一评

知识	我是否理解了本活动涉及的所有新知识？	☆☆☆☆☆
技能	我是否顺利地完成了本活动的全部任务？	☆☆☆☆☆
方法	我是否掌握了解决问题的新方法？	☆☆☆☆☆
协作	我是否在活动中配合同学完成了任务？	☆☆☆☆☆
表达	我是否在活动中展示交流了自己的想法和成果？	☆☆☆☆☆

科学素养培育与提升 ❹

练一练

请同学们根据本节"看一看"的假设条件,计算出第 8 个月一共有多少只兔子。

读一读

递归——斐波那契数列

斐波那契数列是数学家斐波那契以兔子繁殖为例研究的数列,故称"兔子数列",又称黄金分割数列。斐波那契数列指的是这样一个数列:1,1,2,3,5,8,13,21,34,55,89,144,233,377,610,987,1597,2584,4181,6765,10946,17711,…。这个数列从第 3 项开始,每一项都等于前两项之和。斐波那契数列中的斐波那契数在生活中比较常见——比如松果、凤梨、树叶的排列,某些花朵的花瓣数(典型的有向日葵花瓣)等。

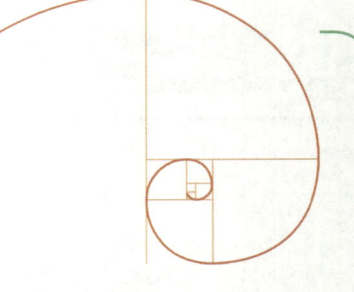

斐波那契数列

第一章 算法与生活

1.4 递归算法——汉诺塔

看一看

汉诺塔游戏源于一个古老传说，它一共有 A、B、C 三根柱子，A 柱上有若干个盘，B、C 柱上没有盘。A 柱上的盘按照从大到小的顺序依次叠放，最上面的盘是最小的，越到下面盘越大。每次可以将任意一根柱子最上面的一个盘放到另外一根柱子上，但要遵守以下规则：①每次只能移动一个盘；②大盘不可以压在小盘上面。最终目标是把所有的盘从 A 柱上全部移动到 C 柱上。

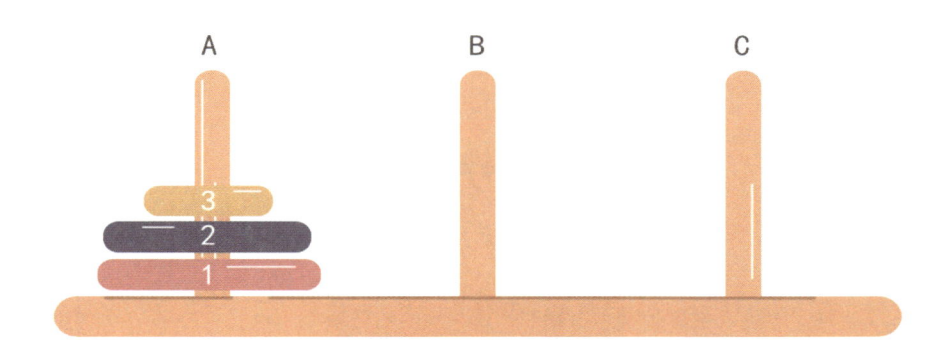

请记录，你使用了_____步完成了三层汉诺塔游戏。

你完成三层汉诺塔游戏使用的步数是最少的吗？怎么计算完成三层汉诺塔游戏所需最少的步数？

21

科学素养培育与提升 ❹

　　我们可以使用递归算法来完成游戏。通过反复使用 B 柱作为中介，反复调整盘的位置，最终把 A 柱上所有的盘全部移动到了 C 柱上面。完成游戏的步骤如图所示。

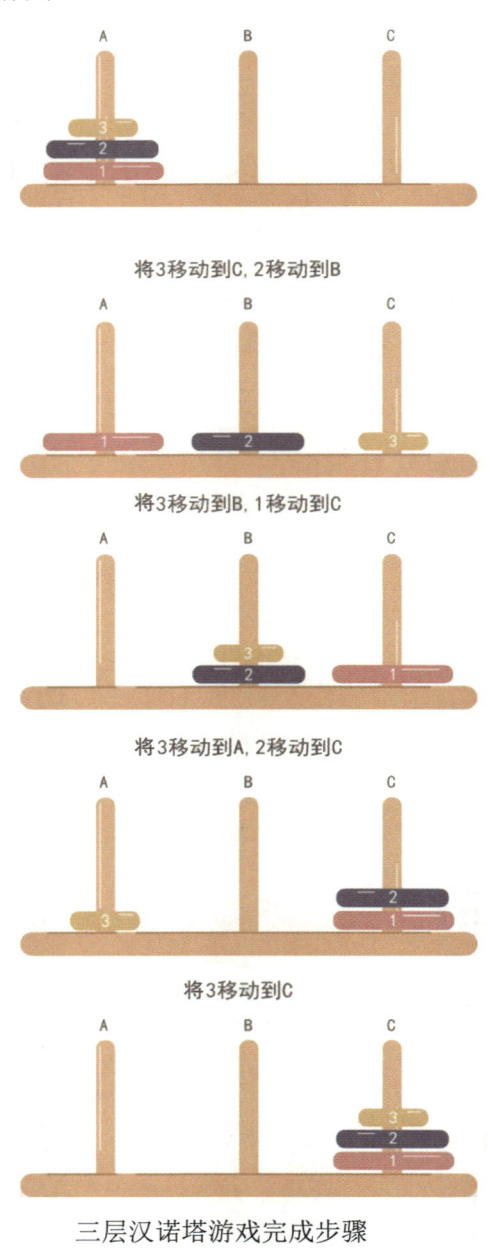

将3移动到C，2移动到B

将3移动到B，1移动到C

将3移动到A，2移动到C

将3移动到C

三层汉诺塔游戏完成步骤

第一章 算法与生活

学一学

▶ 递归的使用条件

递归，就是在运行的过程中调用自己。构成递归需具备的条件：

（1）子问题须与原问题为同类型，且更为简单；

（2）不能无限制地进行计算，必须有个条件结束计算，简化为非递归状况处理。

▶ 递归算法的应用——科赫曲线

科赫曲线是一种像雪花的几何曲线，所以又称为雪花曲线、科赫雪花，是分形曲线的一种。它的绘制过程很好地体现了递归思想，具体绘制方法是：

（1）任意画一个正三角形，并把每一边三等分；

（2）取三等分后的一边中间一段为边向外作正三角形，并把中间一段擦掉；

（3）重复上述步骤，画出更小的正三角形；

（4）一直重复，直到无穷，所画出的曲线叫作科赫曲线。

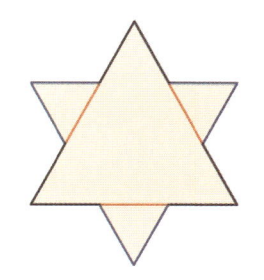

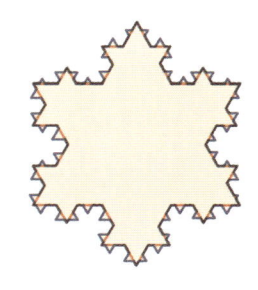

科赫曲线绘制过程

科学素养培育与提升 ❹

头脑风暴

请你在气泡图中写出递归算法的特征要素。

（递归算法）

做一做

判断下列关于递归算法的说法是否正确。

1. 递归不需要限制条件，可以无限制地进行计算。（　）
2. 递归的子问题一定是和原始问题同类型的问题。（　）
3. 斐波那契数列使用了递归法进行计算。（　）
4. 汉诺塔游戏必须使用递归法来完成。（　）

第一章　算法与生活

试一试

根据科赫雪花思想，画出一条直线多次递归的图形。

评一评

知识	我是否理解了本活动涉及的所有新知识？	☆☆☆☆☆
技能	我是否顺利地完成了本活动的全部任务？	☆☆☆☆☆
方法	我是否掌握了解决问题的新方法？	☆☆☆☆☆
协作	我是否在活动中配合同学完成了任务？	☆☆☆☆☆
表达	我是否在活动中展示交流了自己的想法和成果？	☆☆☆☆☆

科学素养培育与提升 ❹

练一练

小明去市场卖苹果，每天都可以卖出当天所有苹果的一半多一个，如果五天以后苹果还剩 2 个，那么小明最初一共有多少个苹果？

读一读

递归与循环

递归与循环是两种不同的解决问题的典型思路。递归通常很直白地描述了一个问题的求解过程，因此也是最容易被想到的解决方式。循环和递归具有相同的特性，即做重复任务，但有时使用循环的算法并不会那么清晰地描述解决问题的步骤。单从算法设计上看，递归和循环并无优劣之别。然而，在实际程序开发中，因为函数调用的开销，递归常常会带来系统性能降低的问题，特别是在求解规模不确定的情况下；而循环因为没有函数调用开销，所以计算效率会比递归高。

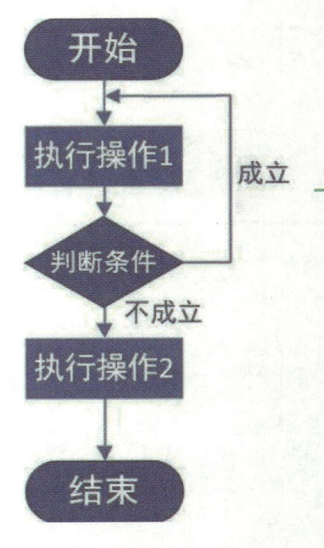

循环

第二章 智能控制小车

第二章

智能控制小车

科学素养培育与提升 ❹

2.1 遥控小车

看一看

近年来，中国的汽车保有量持续增长，是名副其实的汽车消费大国。

汽车由发动机、电气设备、车身、底盘等结构组成，主要用于载运人员和货物、牵引载运人员和货物及其他特殊用途。

在驾驶汽车时，驾驶员需要精神高度集中，但长时间疲劳驾驶容易引发交通事故。为此，现在的汽车使用了许多高新技术，让驾驶变得更加简单，例如自动巡航技术（无须操作汽车，就能保证汽车以固定的预选车速行驶），遥控泊车技术（通过车外遥控器启动发动机和遥控泊车系统，遥控汽车停车）等。

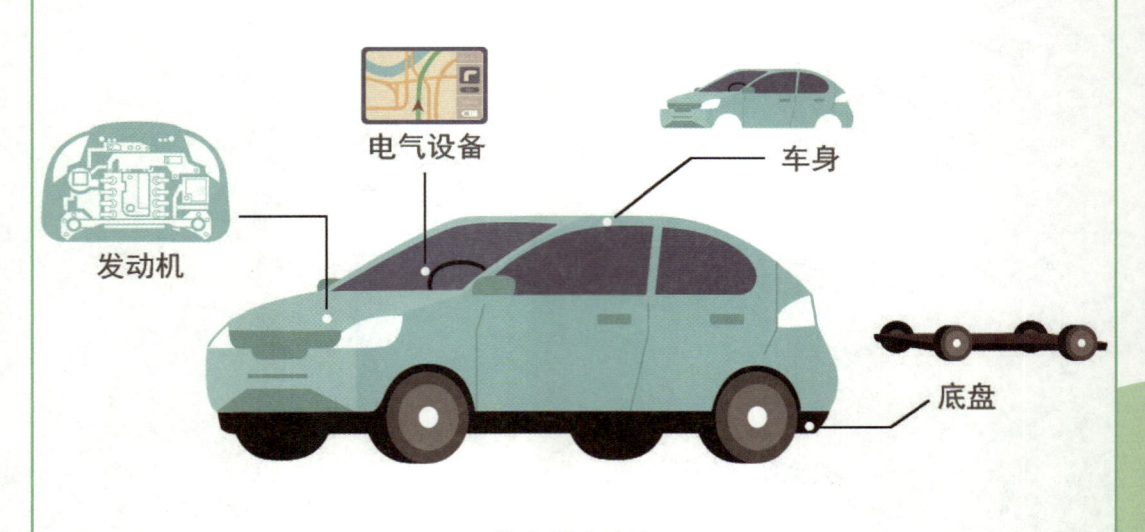

汽车组成结构

第二章 智能控制小车

学一学

遥控泊车技术中使用的蓝牙遥控技术，是无线遥控技术的一种。除了蓝牙遥控技术，常见的无线遥控技术还包括红外线遥控技术、无线电遥控技术、超声波遥控技术等。

生活中最常见的无线遥控技术是红外线遥控技术，例如遥控器控制电视、空调、汽车等，均用到该技术。

红外遥控小车是一种通过红外遥控器控制，可以前后左右移动的玩具小车。

（包括电机、电池和传动系统、转向系统等）
动力系统

（包括遥控信号的发射与接收）
遥控系统

（包括车身和底盘）
车架

控制系统
（包括遥控信号的处理和驱动执行等）

红外遥控小车组成结构

红外线遥控技术是指利用经过调制的红外光波（频率介于微波与可见光之间的电磁波）在发射器与接收器之间进行信号转换的一种控制技术。发射器通过发送不同的红外脉冲信号（经过调制的红外光波）来表示不同的指令，设备通过接收器接收红外脉冲信号，并进行解调，执行

科学素养培育与提升 ❹

相应的指令，这样就实现了红外遥控设备的目的。

红外线遥控技术具有抗干扰能力强、信息传输可靠、功耗低、成本低、易实现等显著优点。

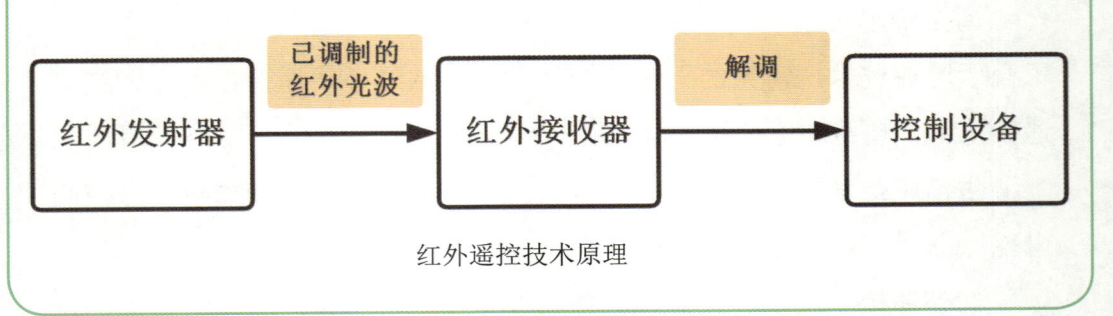

红外发射器 —已调制的红外光波→ 红外接收器 —解调→ 控制设备

红外遥控技术原理

头脑风暴

请用双气泡图罗列出遥控汽车与普通汽车的相同点和不同点。

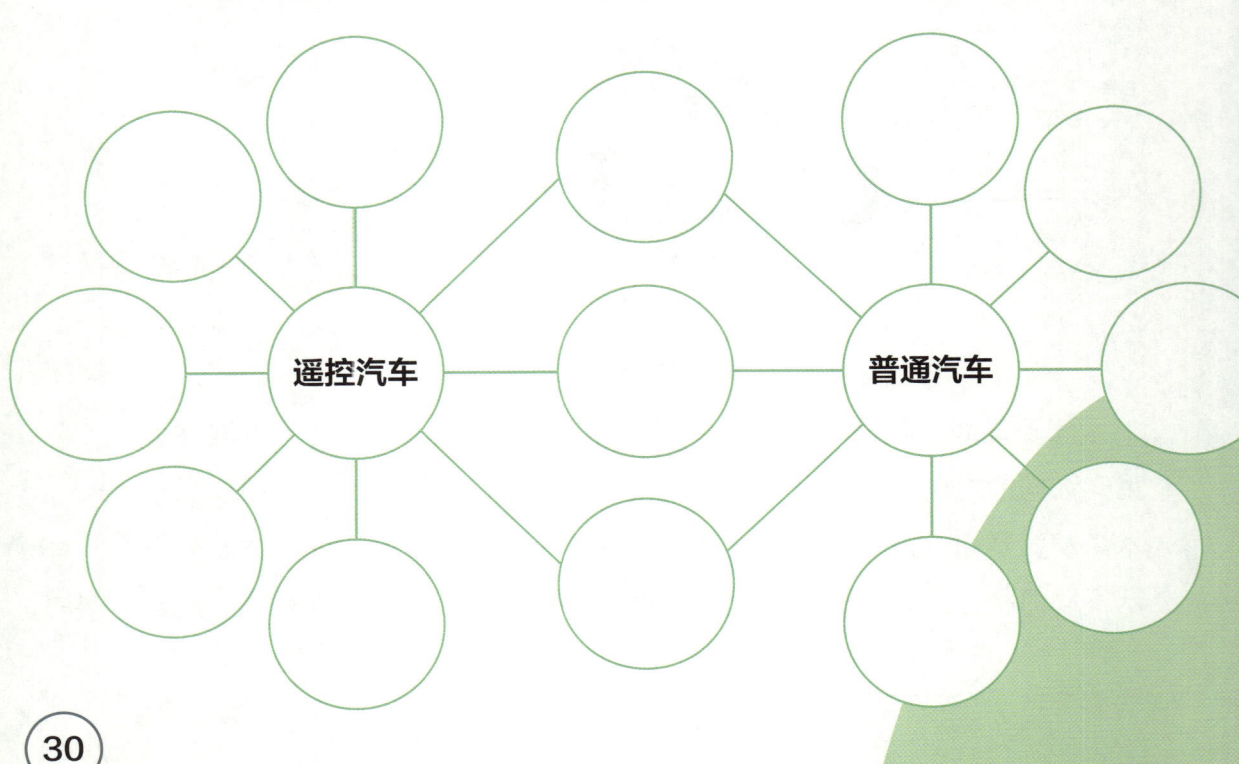

第二章　智能控制小车

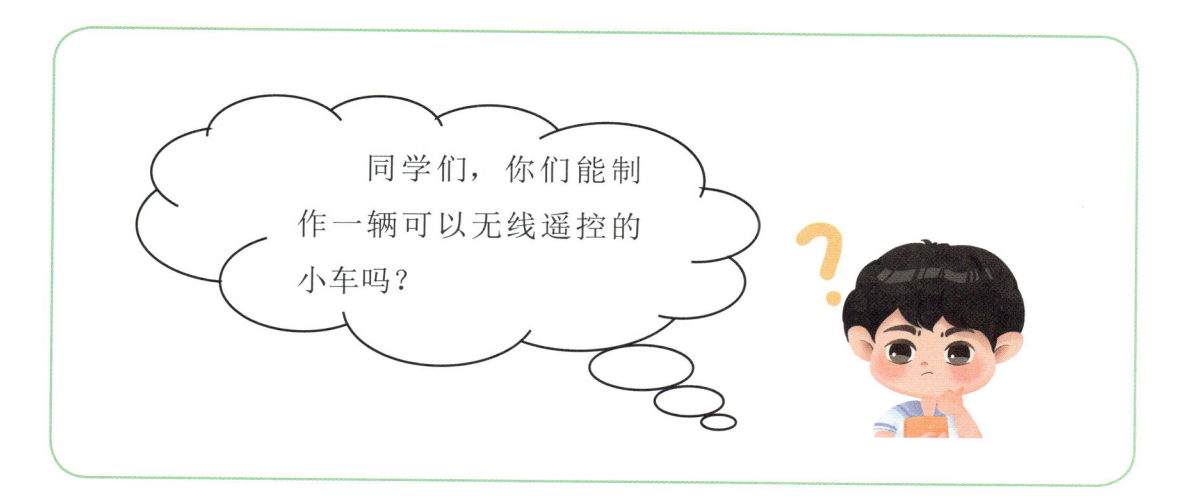

> 同学们，你们能制作一辆可以无线遥控的小车吗？

搭建核心

▌**作品要求**

（1）搭建一辆可以使用遥控器控制的小车；
（2）遥控小车可以实现四种运动状态：前进、后退、左转、右转；
（3）小车可以越过一定坡度的斜坡。

▌**核心零件**

主控器：开源硬件的大脑，控制所有的传感器输入模块及各类输出模块，执行编程平台编写的所有程序指令。

遥控系统：本次搭建主要使用的是红外遥控装置，主要由发射器（遥控器）和接收器（遥控接收模块）两部分组成。

电机：直流电机，经常用作风扇或小车等装置的动力系统，可以通过编程控制其转速。

科学素养培育与提升 ❹

主控器 　　　遥控器 　　　遥控接收模块 　　　电机

搭建器材

5×11 连接框 　　　24 齿齿轮 　　　8 齿齿轮

核心结构

减速系统 　　　双电机分离轴结构

第二章　智能控制小车

试一试

1. 请同学们思考，遥控小车要实现前后左右移动，驱动方式应该如何选择，请说明理由。

2. 请同学们思考，小车如何才能越过具有一定坡度的斜坡。

3. 请同学们尝试绘制遥控小车的设计图，并标出核心结构。

4. 请同学们根据自己的想法为本节课的作品标注出搭建的先后顺序，并填写在下列方框中。

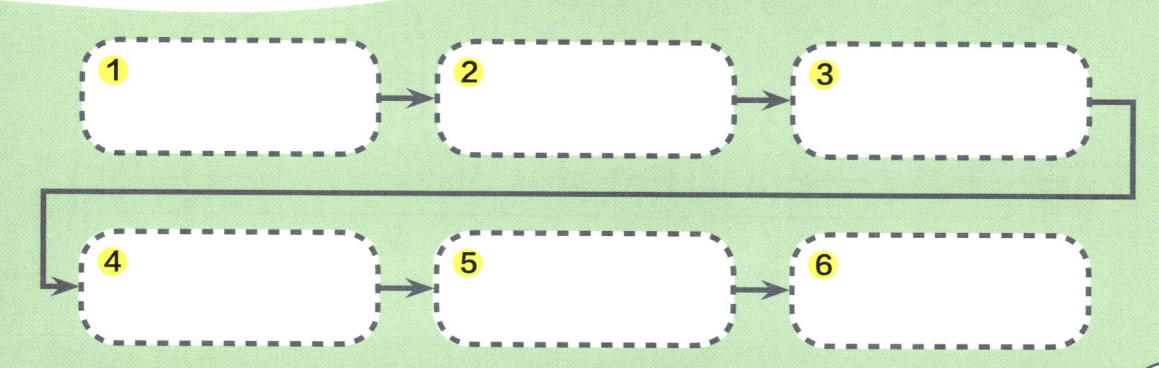

1 → 2 → 3
↓
4 → 5 → 6

33

科学素养培育与提升 ❹

编程核心

■ 任务描述

（1）能够梳理程序设计逻辑。

（2）能编写红外接收模块程序。

（3）能编写红外遥控器控制电机转速的程序。

■ 关键代码

红外接收代码：可以设置红外接收模块的管脚。如须更改管脚，鼠标单击 `11` 即可更改。

遥控器控制程序：通过设置遥控器上的数字按钮，控制电机的转速。

■ 程序设计

```
开始
  ↓
接收遥控信号
  ↓
判断是否为前进信号 → 是 → 小车前进
判断是否为（  ）信号 → 是 → 小车后退
判断是否为左转信号 → 是 → 小车（  ）
判断是否为（  ）信号 → 是 → 小车右转
判断是否为停止信号 → 是 → 小车（  ）
  ↓
结束
```

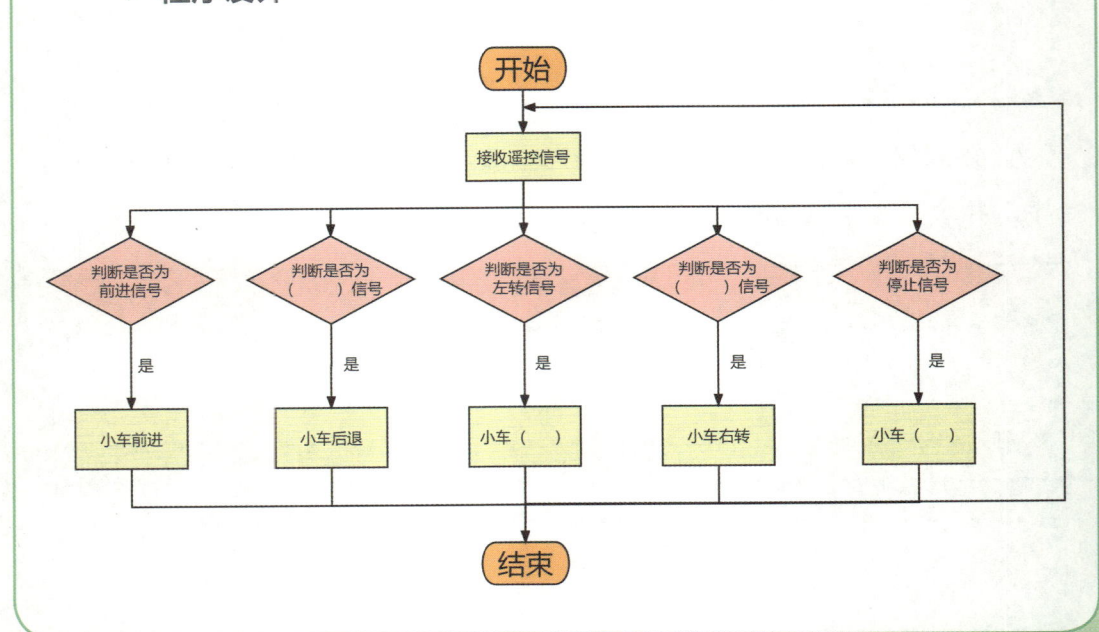

第二章 智能控制小车

做一做

1. 下列选项中，说法错误的是（　　）。

   A. 汽车由发动机、底盘、车身和电气设备四部分组成，可用于载人或载货

   B. 红外遥控装置发出的红外光波，具有抗干扰能力强、信息传输可靠的特点

   C. 人可以不借用任何设备看见红外光波

   D. 红外遥控装置主要由红外发射器及红外接收器两部分组成

2. 如果想让小车行驶得更快，可以选择下列哪种传动方式（　　）。

   A. 主动轮　从动轮

   B. 主动轮　从动轮

   C. 主动轮　从动轮

3. 在编程中，设置遥控器上的数字按钮时，不需要用到下列哪个模块（　　）。

   A. ir_val

   B. ▭ = ▭

   C. item += 1

   D. 红外遥控器键值

科学素养培育与提升 ❹

评一评

知识	我是否理解了本活动涉及的所有新知识？	☆☆☆☆☆
技能	我是否顺利地完成了本活动的全部任务？	☆☆☆☆☆
方法	我是否掌握了解决问题的新方法？	☆☆☆☆☆
协作	我是否在活动中配合同学完成了任务？	☆☆☆☆☆
表达	我是否在活动中展示交流了自己的想法和成果？	☆☆☆☆☆

练一练

1. 请同学们思考红外遥控装置还能应用到哪些领域。

2. 请同学们在课后查阅资料，总结归纳红外线遥控技术在使用过程中的优缺点，并记录在下方空白处。

第二章　智能控制小车

读一读

生活中常见的遥控方式

无线遥控的分类方法有很多，按照传输控制指令信号的载体分类，主要有无线电遥控、红外线遥控和超声波遥控三种方式。本节课已经深入学习了红外线遥控，其他两种无线遥控方式介绍如下。

无线电遥控：无线电遥控技术是利用无线电信号对被控物体实施远距离控制的技术，它的传播媒介是无线电波。无线电波是电磁波的一种，可以通过天线发射和接收。无线电波的波长越短频率越高，相同时间内传输的信息就越多。手机通话就是利用无线电波实现的。

无线信号发射塔 　　　　　　超声波遥控器

超声波遥控：超声波遥控技术是利用超声波作为媒介对使用对象进行控制的技术。超声波是一种波长极短的机械波，在传播过程中极易损耗，传输距离较短。

科学素养培育与提升 ❹

2.2 声控小车

看一看

　　随着科技的发展，声音控制技术在生活中的应用越来越广泛。跺跺脚就能让昏暗楼道里的灯亮起来；对着智能音箱说出播放音乐的指令，智能音箱就能自动播放音乐；在拥有智能家居系统的家里，对着窗帘说"打开窗帘"，窗帘就会自动打开……

语音控制智能音箱

第二章 智能控制小车

学一学

声音控制技术（简称声控技术）是集声音识别技术、声音采集转换技术和声音检测技术于一体的现代化控制技术。声控技术早期是为残障人士服务的，帮助他们控制一些简单的设备，辅助生活。声控技术是人类利用声音的一种方式。

智能手机语音助手

在声控技术中，负责采集声音的是声音传感器，该传感器内置了一个对声音敏感的驻极体话筒，其结构如图所示。当声波传到话筒表面时，话筒内的驻极体薄膜会振动产生微小电压，这一电压经过一系列转换，就可以被数据采集器接收。

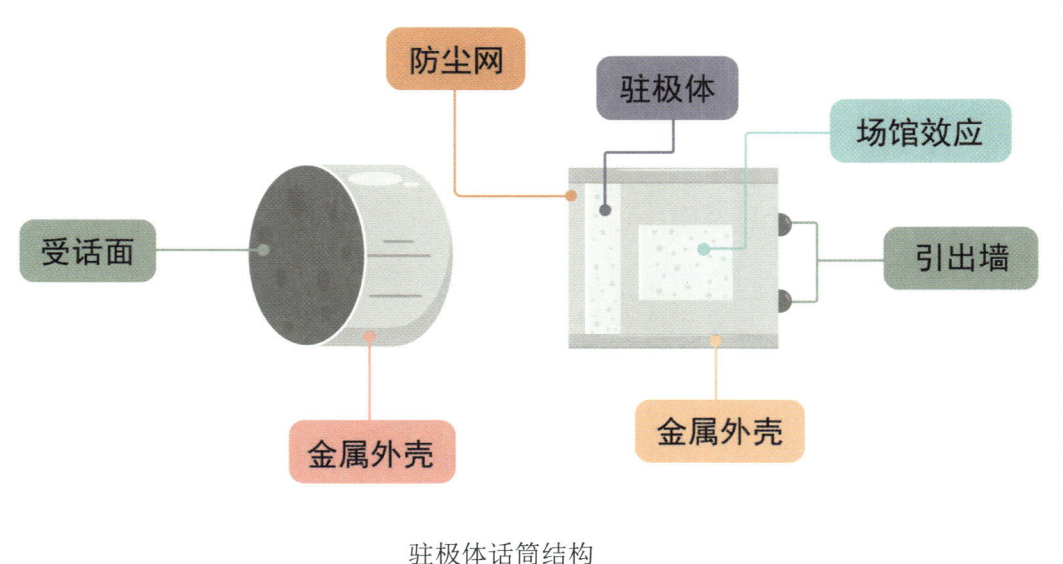

驻极体话筒结构

科学素养培育与提升 ❹

头脑风暴

请在下列单气泡图中罗列出生活中的声控设备。

生活中的声控设备

同学们，你们能制作一辆可以用声音控制运动方向和速度的小车吗？

第二章　智能控制小车

搭建核心

▶ 作品要求

（1）搭建一辆声控小车。

（2）声控小车使用单电机驱动。

（3）利用减速系统对声控小车进行速度控制。

▶ 核心零件

声音传感器：采集环境中的声音信号并转换成电信号的传感器。

声音传感器

▶ 搭建器材

5×7 连接框 　　2×4 直角连杆 　　24 齿齿轮 　　8 齿齿轮

科学素养培育与提升 ④

核心结构

电机固定　　　　　　　　　　单电机分离轴结构

试一试

1. 请同学们尝试绘制声控小车的设计图，并标出核心结构。

第二章 智能控制小车

2. 请同学们根据自己的想法为本节课的作品标注出搭建的先后顺序，并填写在下列方框中。

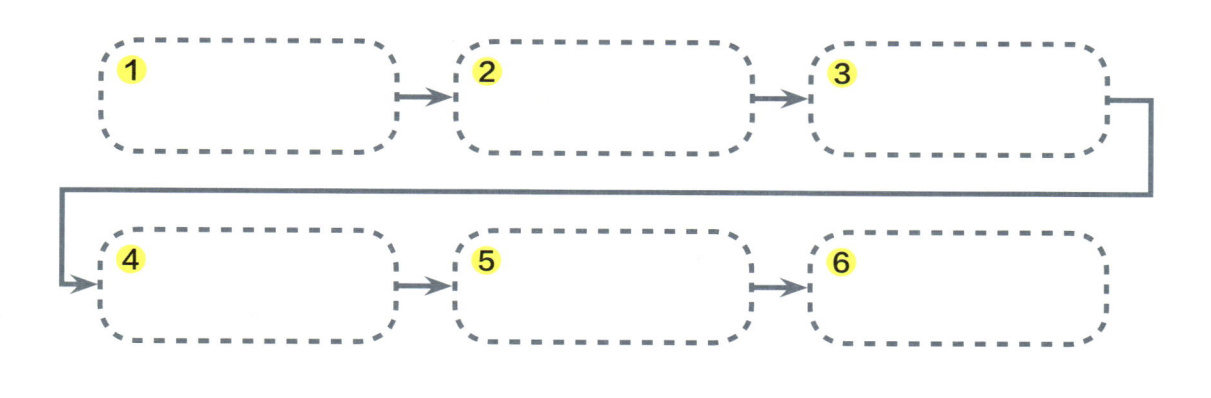

```
┌─ 1 ─┐ → ┌─ 2 ─┐ → ┌─ 3 ─┐
                              │
┌─ 4 ─┐ → ┌─ 5 ─┐ → ┌─ 6 ─┐ ←┘
```

编程核心

▶ 任务描述

（1）能正确使用逻辑运算代码。

（2）能获取声音大小的模拟值。

（3）能编写利用声音大小控制电机转速的程序。

▶ 关键代码

声音传感器代码：对声音传感器进行管脚设置。如须更改管脚，鼠标单击 `A0` 即可更改。

`模拟型 声音传感器 管脚# A0`

科学素养培育与提升 ❹

声音传感器检测声音程序：声音传感器检测到的模拟值范围为 0～1023。

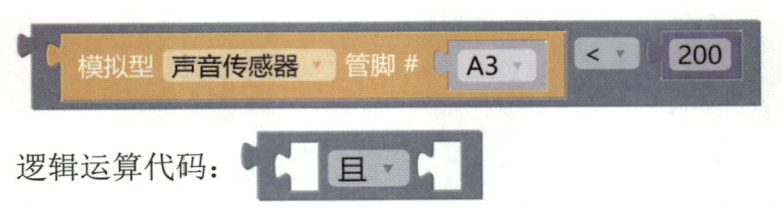

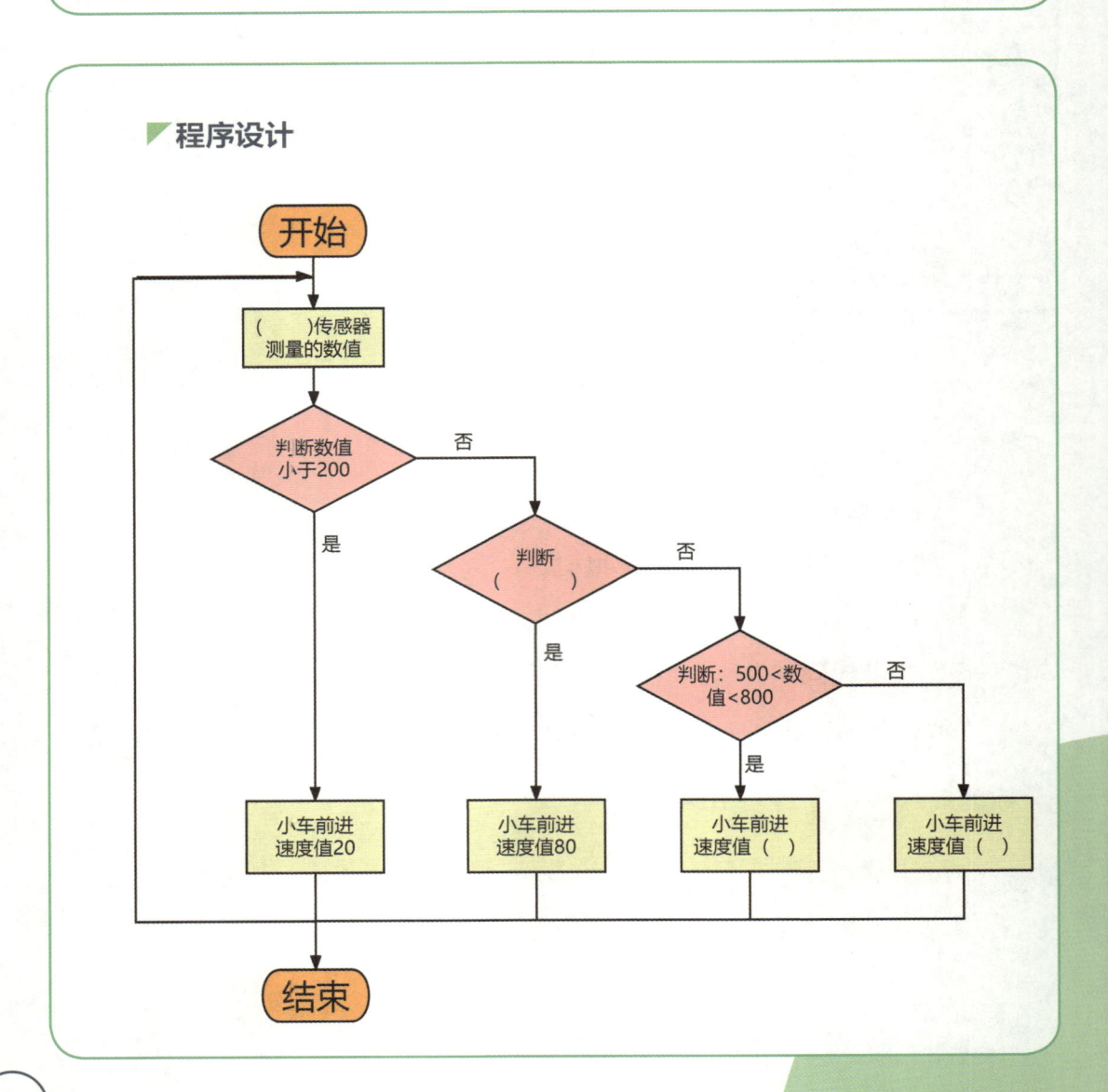

模拟型 声音传感器 管脚# A3 < 200

逻辑运算代码： 且

程序设计

```
开始
  ↓
(　　)传感器测量的数值
  ↓
判断数值小于200 ──否──→ 判断(　　) ──否──→ 判断：500<数值<800 ──否──→ 小车前进速度值(　　)
  │是                      │是                    │是
  ↓                        ↓                      ↓
小车前进速度值20          小车前进速度值80        小车前进速度值(　　)
  ↓
结束
```

第二章 智能控制小车

做一做

1. （单选题）下列说法中，正确的是（　　）。

A. 声音传感器既可以接收声音信号，也能发出声音

B. 语言翻译设备在使用者说话时可以将中文实时翻译成其他语言，在翻译过程中使用了声音控制技术

C. 声音传感器在采集到声音信号后，将声音信号转换成电信号进行传输

D. 在利用智能语音设备查询天气时，没有用到声音控制技术

2. （单选题）声音传感器使用的是模拟信号值，其模拟值的范围是（　　）。

A. 0～255　　B. -255～255　　C. 1～1024　　D. 0～1023

3. （单选题）在编程中，如果需要执行3个及以上条件的判定，应该使用以下哪种模块？（　　）

A. 如果 执行

B. 如果 执行 否则

C. 如果 执行 否则如果 执行

科学素养培育与提升 ❹

评一评

知识	我是否理解了本活动涉及的所有新知识？	☆☆☆☆☆
技能	我是否顺利地完成了本活动的全部任务？	☆☆☆☆☆
方法	我是否掌握了解决问题的新方法？	☆☆☆☆☆
协作	我是否在活动中配合同学完成了任务？	☆☆☆☆☆
表达	我是否在活动中展示交流了自己的想法和成果？	☆☆☆☆☆

练一练

1. 请同学们思考，如何改进声控小车，可以实现对小车运动的精确控制。

2. 请同学们利用本节课所学知识，设计一种智能设备，在下页空白处画出设计草图并写出工作原理。

要求：①必须使用声音传感器；②能够解决生活中的实际问题。

例如：噪声检测器，当环境中的声音响度大于某个标准时会发出警示。

第二章　智能控制小车

读一读

声音转换过程

驻极体话筒是声音传感器的重要组成部分。话筒由一片单面涂有金属层的驻极体薄膜与一个上面有若干个小孔的金属电极（背电极）构成。驻极体薄膜与金属电极相对，中间有一个极小的空气间隙，两者间存在一定的电压。当声波引起驻极体薄膜振动而产生位移时，会引起驻极体薄膜与金属电极间的电压变化，从而实现声音信号转换为电信号的目的，如下图。

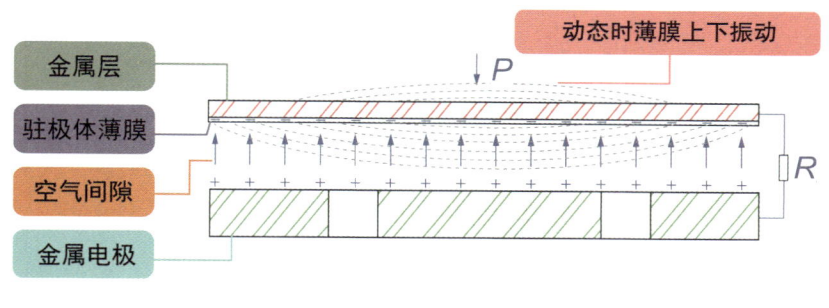

声音信号转换为电信号

科学素养培育与提升 ❹

语音识别

语音识别是利用机器对语音信号进行识别和理解，并将其转换成相应文本和指令的技术，涉及心理学、信号处理、统计学、数学和计算机科学等多门学科。语音识别本质上是一种模式识别，通过对未知语音和已知语音作比较，匹配最优的识别结果。

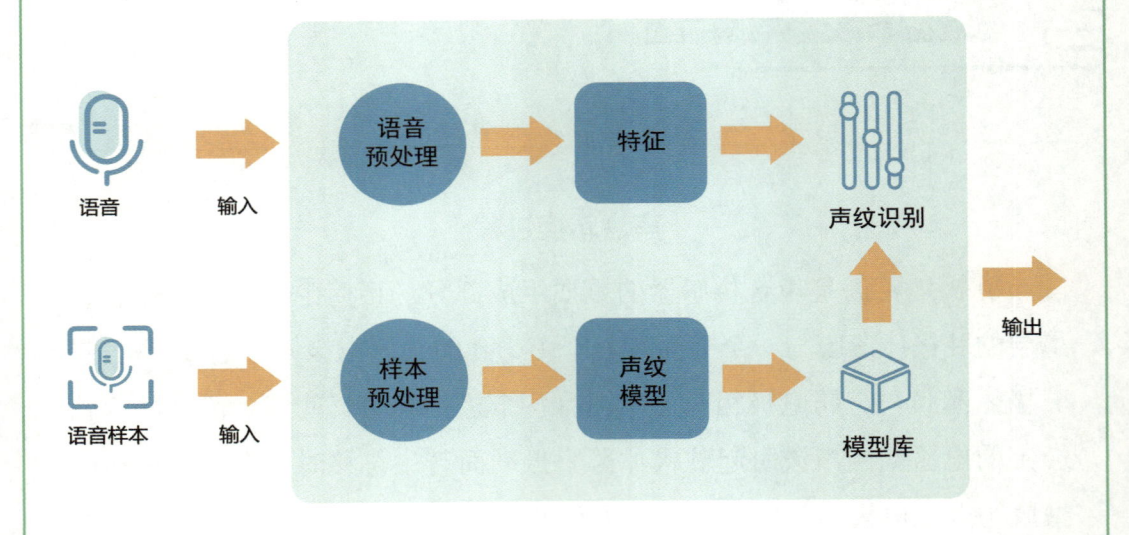

语音识别流程

第二章 智能控制小车

2.3 避障小车

看一看

无人驾驶汽车可以通过车上的多种传感器获取识别车辆的内部状态和外部环境，然后主动进行分析判断，从而自主控制车辆运动。它不仅能实现自动加减速、自动转向控制，还能实现自动避障、自动泊车等控制。

无人驾驶汽车在自动避障与自动泊车过程中，都运用了超声波雷达技术，可以准确地探测周围障碍物的位置和距离。

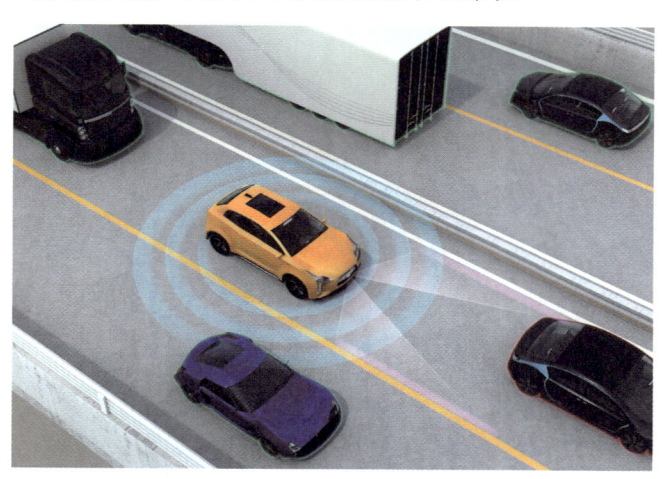

无人驾驶汽车

科学素养培育与提升 ❹

学一学

　　超声波雷达侦测器是一种利用超声波短距离传播特性测算距离的超声波传感器装置。在工作时，超声波传感器发射装置向外发出超声波，检测到障碍物时，超声波传感器接收装置会接收到反射回来的超声波。从发射器发出超声波到接收器收到反射波，有一定的时间差，利用距离公式 $s = vt$（其中，s 表示距离；v 表示超声波的速度；t 表示发射超声波到接收超声波的时间）计算出总路程再除以2，就可以得到超声波雷达与障碍物之间的距离。

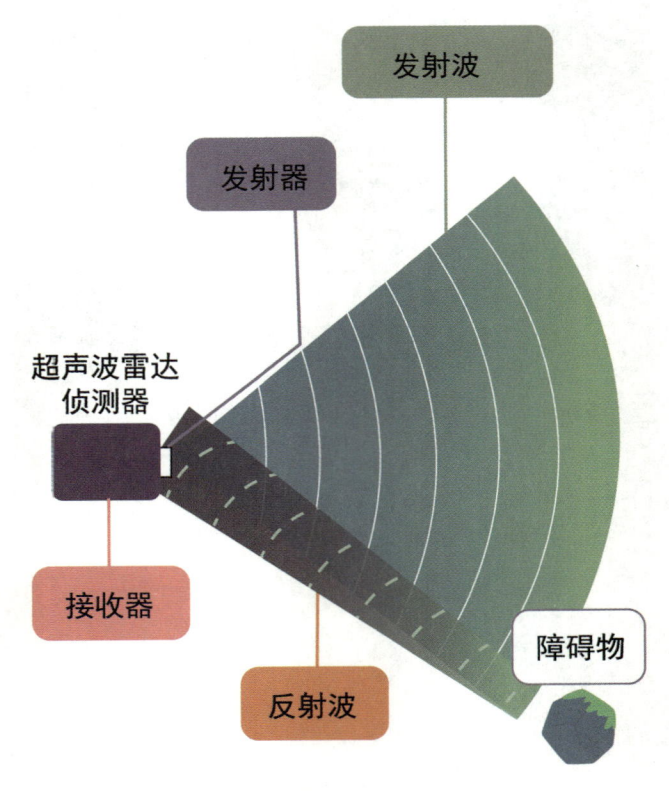

超声波雷达工作原理

第二章　智能控制小车

头脑风暴

请用流程图分析超声波雷达探测障碍物的过程。

```
超声波雷达
    ↓
  [    ]
    ↓
  [    ]
    ↓
  [    ]
    ↓
障碍物信息提示
```

同学们，你们能制作一辆可以自动避开障碍物的小车吗？

科学素养培育与提升 ❹

搭建核心

▰ 作品要求

（1）搭建一辆可以自动避障的小车。

（2）避障小车可以实现四种运动状态：前进、后退、左转、右转。

（3）避障小车慢速运动。

▰ 核心零件

超声波传感器是将超声波信号转换成其他信号（通常是电信号）的传感器，既能发射超声波信号，也能接收超声波信号。

超声波传感器

▰ 搭建器材

5×11 连接框 　　　24 齿齿轮 　　　8 齿齿轮

▰ 核心结构

减速系统 　　　双电机分离轴结构

第二章　智能控制小车

试一试

1. 请同学们尝试绘制避障小车的设计图，并标出核心结构。

2. 请同学们根据自己的想法为本节课的作品标注出搭建的先后顺序，并填写在下列方框中。

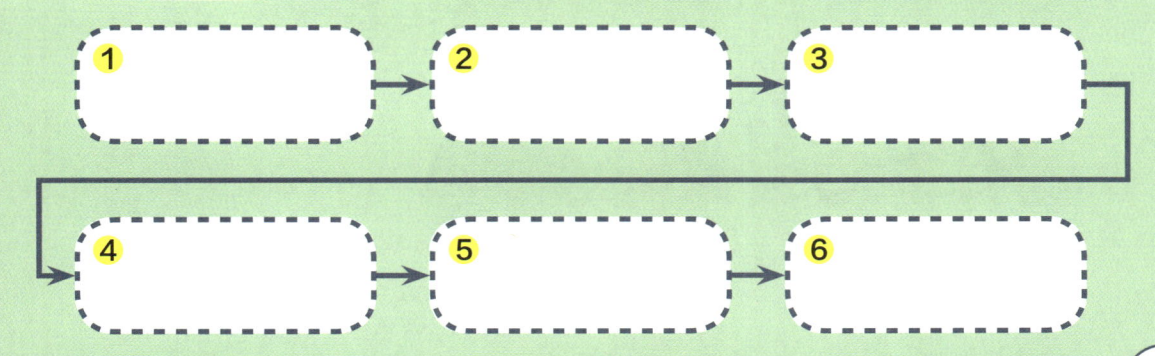

1 → 2 → 3

4 → 5 → 6

科学素养培育与提升 ❹

编程核心

▌**任务描述**

（1）能选择正确的超声波控制代码。

（2）能使用超声波传感器测量距离。

（3）能编写通过距离变化控制电机旋转的程序。

▌**关键代码**

超声波测距模块测试程序：测试超声波测距模块是否正常，确定 Trig（触发管脚）与 Echo（数据接收管脚）接口。

```
Serial ▼ 打印 自动换行 ▼   超声波测距(cm) ●● Trig# 10 ▼ Echo# 11 ▼  < ▼  30
延时 毫秒 ▼ 1000
```

超声波测距模块测距程序。

```
超声波测距(cm) ●● Trig# 10 ▼ Echo# 11 ▼  < ▼  30
```

第二章　智能控制小车

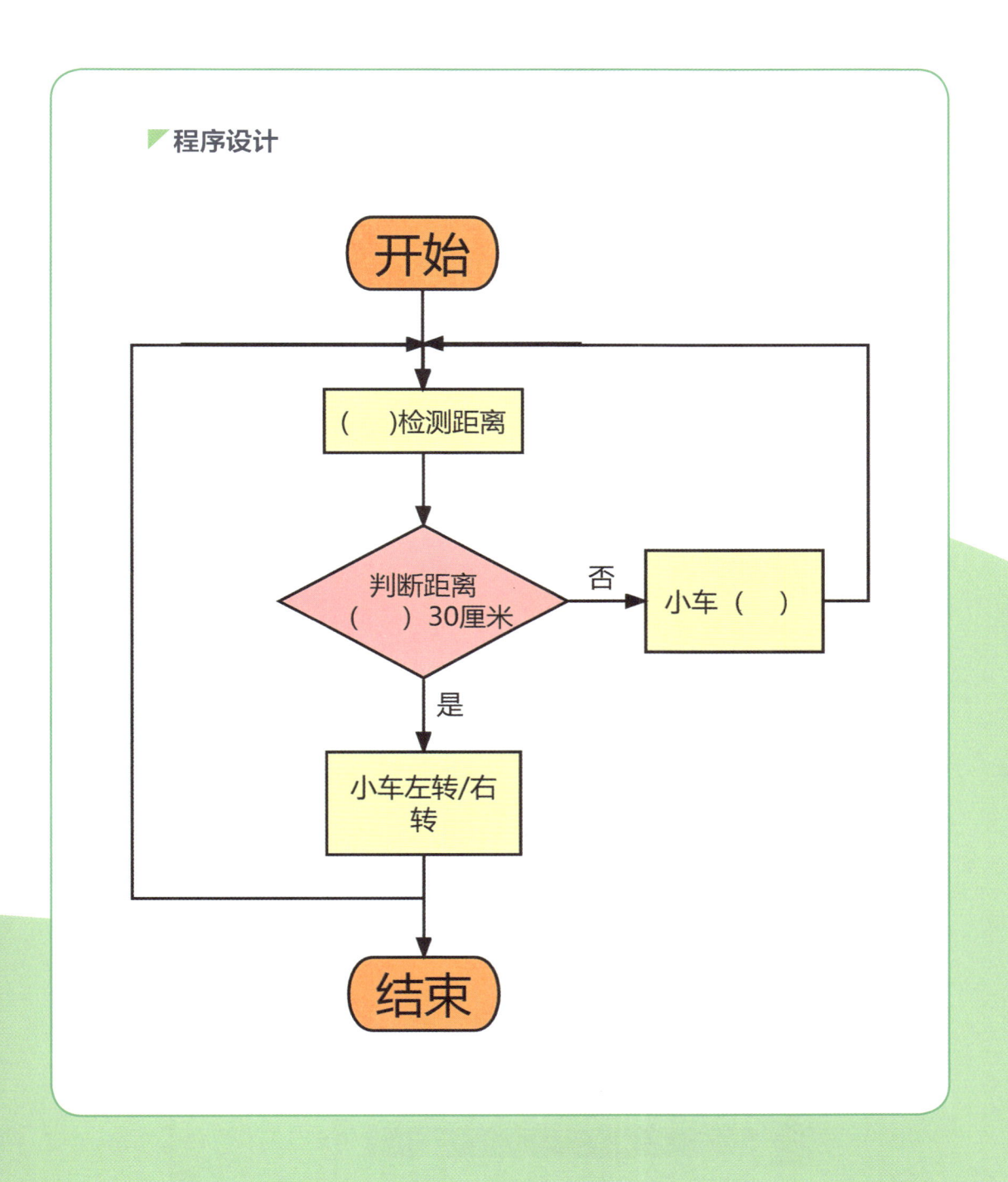

▶ 程序设计

```
开始
 ↓
（　）检测距离
 ↓
判断距离（　）30厘米 ──否──→ 小车（　）
 ↓是
小车左转/右转
 ↓
结束
```

55

科学素养培育与提升 ❹

做一做

1. （单选题）下列选项中，说法错误的是（　　）。

A. 超声波测距模块是将超声波信号转化为电信号的一种传感器

B. 超声波测距模块既能发射超声波信号，也能接收超声波信号

C. 超声波的传播距离长，应用广泛

2. 简述超声波测距模块是如何检测距离的。

3. （单选题）下列程序选项中，超声波传感器能够正常工作的是（　　）。

A. `Serial 打印 自动换行 超声波测距(cm) Trig# 10 Echo# 11`

B.
```
如果  超声波测距(cm) Trig# 11 Echo# 10 > 50
执行  Legoduino 电机A 反转 50 电机B 正转 0 (0~255)
      延时 毫秒 500
否则  Legoduino 电机A 反转 100 电机B 正转 100 (0~255)
```

C.
```
如果  超声波测距(cm) Trig# 10 Echo# 11 < 30
执行  Legoduino 电机A 正转 50 电机B 反转 50 (0~255)
      延时 毫秒 1000
      Legoduino 电机A 反转 50 电机B 正转 0 (0~255)
      延时 毫秒 500
否则  Legoduino 电机A 反转 100 电机B 正转 100 (0~255)
```

第二章 智能控制小车

评一评

知识	我是否理解了本活动涉及的所有新知识？	☆☆☆☆☆
技能	我是否顺利地完成了本活动的全部任务？	☆☆☆☆☆
方法	我是否掌握了解决问题的新方法？	☆☆☆☆☆
协作	我是否在活动中配合同学完成了任务？	☆☆☆☆☆
表达	我是否在活动中展示交流了自己的想法和成果？	☆☆☆☆☆

练一练

1. 请同学们查阅资料，找出自然界中可以发射和接收超声波的动物。

2. 请同学们在课后进行思考，超声波测距模块还可以用来做什么。

科学素养培育与提升 ❹

读一读

神奇的超声波

人耳能听到的声波频率为 20～20 000 赫兹（Hz），当声波的振动频率大于 20 000 赫兹（Hz）时，人耳无法听到。因此，我们把频率高于 20 000 赫兹（Hz）的声波称为超声波。超声波是一种波长极短的机械波。自然界中存在许多能发射和接收超声波的动物，其中以蝙蝠最为突出，它能利用微弱的超声回波在黑暗中飞行并捕食。

蝙蝠回声定位

超声波是一种由于物体振动而产生的声音。超声波因为波长短，在空气中极易损耗，容易散射，因此传播距离近。正因为超声波波长短，超声波更易于获得各向异性的声能，可用于清洗、碎石、杀菌消毒等。超声波在医学、工业上有很多的应用，如超声波美容、超声波诊断等。

超声波美容仪

第三章　生物与环境

第三章
生物与环境

科学素养培育与提升 ④

3.1 大自然的"侵略者"

看一看

科技的发展促进了世界各个地区之间的交流,从而带来了生物入侵的问题。迄今为止,已有数百种外来物种入侵中国:水葫芦快速的繁殖能力,使得它们几乎蔓延到中国的各个水域;福寿螺超强的生存能力,使得它们严重挤压本土物种生存空间,泛滥成灾;大家生活中常见的美味的牛蛙、小龙虾,在专家眼里也是危险的外来入侵物种。你知道这些外来的"侵略者"都是通过什么方式引入或传入的吗?

牛蛙

小龙虾

第三章 生物与环境

头脑风暴

请用气泡图罗列出与外来入侵物种相关的要素。

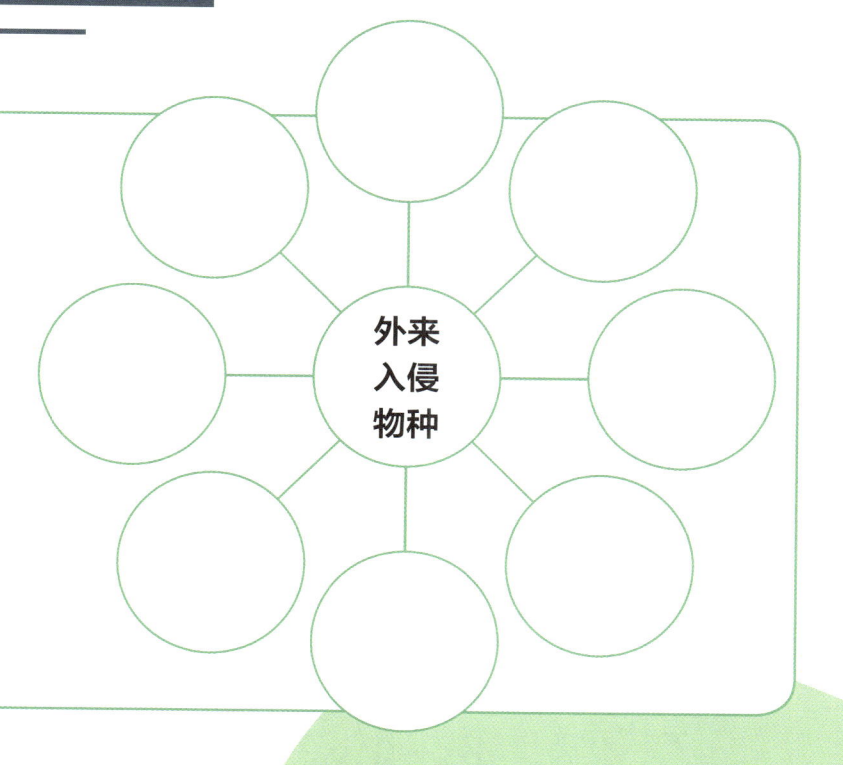

外来入侵物种

学一学

外来入侵物种是指出现在其自然分布范围及潜在扩散范围之外的物种。它们到达新的环境后，通过较强的适应能力而不断繁殖、扩散，常常会泛滥成灾。

物种入侵最主要的两个途径是有意引入和无意传入。人们为了利用某个物种，将其引入后却发生了生物灾害的暴发，这样的物种被称为有意引入的外来入侵物种。例如，作为畜禽饲料和观赏植物而被引入的水葫芦，作为食物而被引入的福寿螺、罗非鱼和牛蛙等，为了生物防治而

科学素养培育与提升 ❹

被引入的食蚊鱼等。此外，随着全球化的进程不断加快，世界各国的贸易往来更加频繁，也让许多的"偷渡者"有机可乘。这些"偷渡者"便是无意传入的外来入侵物种。进口农产品和进口货物的包装物是最主要的"偷渡船"。例如，随着进口蔬菜水果而入侵蔓延到我国的草地贪夜蛾，随着包装箱传入的松材线虫等。

外来入侵物种对入侵地生态的危害巨大。首先，入侵物种会与本地物种争夺生存空间与食物，甚至会捕食本地物种，对本地物种个体、种群和群落都具有较大威胁；其次，入侵物种可能会与本地物种杂交而对遗传基因产生影响，造成"基因污染"；再次，入侵物种会对人类产生较大的经济影响和健康威胁，如水葫芦造成的水质污染、草地贪夜蛾造成的粮食破坏、福寿螺造成的寄生虫疾病等。

清理水葫芦

第三章　生物与环境

做一做

1.（单选题）下列哪些是外来入侵物种？（　　）

A. 茼蒿　　B. 罗非鱼　　C. 三文鱼　　D. 车厘子

2. 你还知道哪些外来入侵物种？请举例说明它的入侵方式和危害。

3. 外来入侵物种进入新环境后，往往会大量暴发。推测一下这是为什么。

科学素养培育与提升 ❹

知识卡片

美食中的陷阱——福寿螺

田螺味道鲜美，是我们日常生活中喜爱的美食，但却常常被不法商贩用外观相似的福寿螺冒充。福寿螺又是"何方神圣"呢？

福寿螺

福寿螺原产于美洲，20世纪80年代，福寿螺被当成可食用的经济型螺类引入我国后，迅速适应本土环境，对我国的生态环境造成了危害。它们在温暖湿涯的自然环境下繁殖能力惊人，一只成年雌性福寿螺每年产卵数万粒，我们经常在水边看见的粉色卵就是福寿螺产下的。除此之外，福寿螺生存能力很强，成年福寿螺即使在无水和无食物的恶劣条件下，也能以休眠方式生存下来。目前，福寿螺已经被列为重大危险性农业外来入侵生物之一。

福寿螺不仅是农作物以及水生生物的"杀手"，还对人类健康具有较大的杀伤力。福寿螺体内常会寄生广州管圆线虫，数量可多达数千条。人们未煮熟食用后，轻则发烧拉肚子，重则损害神经系统，引发脑膜炎，甚至导致死亡。所以，在食用螺肉时，需要小心甄别，千万不要误食福寿螺。那我们如何甄别福寿螺和田螺呢？

福寿螺一般个头较大，颜色偏黄褐色，壳开口大，质地较软，容易碎裂，螺尾呈现出短圆锥形；田螺个头一般较小，颜色偏青褐色，壳开口较小，质地坚硬，螺尾尖长，呈现出圆锥形。你学会了吗？鉴螺达人赶紧来试试吧！

第三章　生物与环境

试一试

1. 请根据提示完成福寿螺和田螺的鉴别。

	名称	
	颜色	
	质地	
	形状	
	大小	

2. 请找出下图中的福寿螺和田螺，填写在括号内。

（　　　）　　　　　　　　　　　（　　　）

（　　　）　　　　　　　　　　　（　　　）

科学素养培育与提升 ❹

我的成果

☆田螺的特征是＿＿＿＿＿＿＿＿＿＿＿＿＿＿＿＿＿＿＿＿＿＿＿＿＿。
☆福寿螺的特征是＿＿＿＿＿＿＿＿＿＿＿＿＿＿＿＿＿＿＿＿＿＿＿。
☆我的鉴别技巧是＿＿＿＿＿＿＿＿＿＿＿＿＿＿＿＿＿＿＿＿＿＿＿。

评一评

知识	我是否理解了本活动涉及的所有新知识？	☆☆☆☆☆
技能	我是否顺利地完成了本活动的全部任务？	☆☆☆☆☆
方法	我是否掌握了解决问题的新方法？	☆☆☆☆☆
协作	我是否在活动中配合同学完成了任务？	☆☆☆☆☆
表达	我是否在活动中展示交流了自己的想法和成果？	☆☆☆☆☆

第三章　生物与环境

练一练

1. 想一想并查阅资料，除了有意引进和无意传入外，还有什么方式会导致外来物种入侵。

2. 想一想并查阅资料，我们可以通过哪些方式防治外来入侵物种。

读一读

葡萄根瘤蚜——人类历史上第一个检疫性有害生物

19世纪下半叶，欧洲葡萄酒业经历了一场浩劫。在这场漫长的鏖战中，欧洲的葡萄园受尽折磨，损失惨重。而这背后的罪魁祸首，竟然是一种小小的蚜虫——葡萄根瘤蚜。

葡萄根瘤蚜原产于美洲，后来随着葡萄苗木传入了欧洲。它是美洲葡萄的一种常见害虫，不会对美洲葡萄造成太大的影响，但是来到欧洲后，情况就不同了。

科学素养培育与提升 ❹

　　葡萄根瘤蚜成虫体长 1 毫米左右，它会钻入葡萄树体内吸取汁液，最终在葡萄根上形成瘤子，导致葡萄树枯萎死亡。成虫繁殖的幼虫长大后会钻出葡萄树羽化，飞到周边的葡萄园进一步蔓延。葡萄根瘤蚜在欧洲没有任何天敌，繁殖能力惊人，就这样慢慢蔓延到了整个欧洲。

　　可怕的是，葡萄根瘤蚜对葡萄树的侵害非常缓慢，经过长达十年的时间才会导致葡萄树的死亡。当第一棵欧洲葡萄树开始枯萎死亡时，人们才赫然发现整个欧洲的葡萄树已被大面积感染，且陆续开始凋零。不到二十年，整个欧洲绝大部分地区的葡萄园都遭到破坏。

　　欧洲的生物学家发现，葡萄根瘤蚜和美洲葡萄是共生关系。最后，科学家被迫使用美洲葡萄藤的根部来给残存的欧洲葡萄进行嫁接。但是嫁接出的新品种口味和之前已有了巨大差异。

　　1881 年，为防治葡萄根瘤蚜带来的危害，许多国家在波恩国际会议上签订了《葡萄根瘤蚜公约》，这是世界上第一个为防治外来有害生物而签订的国际条约，也是国际植物检疫合作的里程碑。

第三章　生物与环境

3.2　噪声的控制

看一看

噪声污染、空气污染、固体废弃物污染和水污染是当代社会四大环境污染。为了提高生活质量，人们想尽各种办法治理污染。但与其他三种污染不同的是，声音无法也不需要完全消除，因为人们的正常生活需要声音环境。然而，随着现代工业和科学技术的发展，生活中的噪声源似乎越来越多——川流不息的车辆、施工的工地等等。噪声究竟对人们有哪些危害？我们又该怎样测量并防治它呢？

科学素养培育与提升 ❹

头脑风暴

请用双气泡图罗列出噪声与音乐的相同点和不同点。

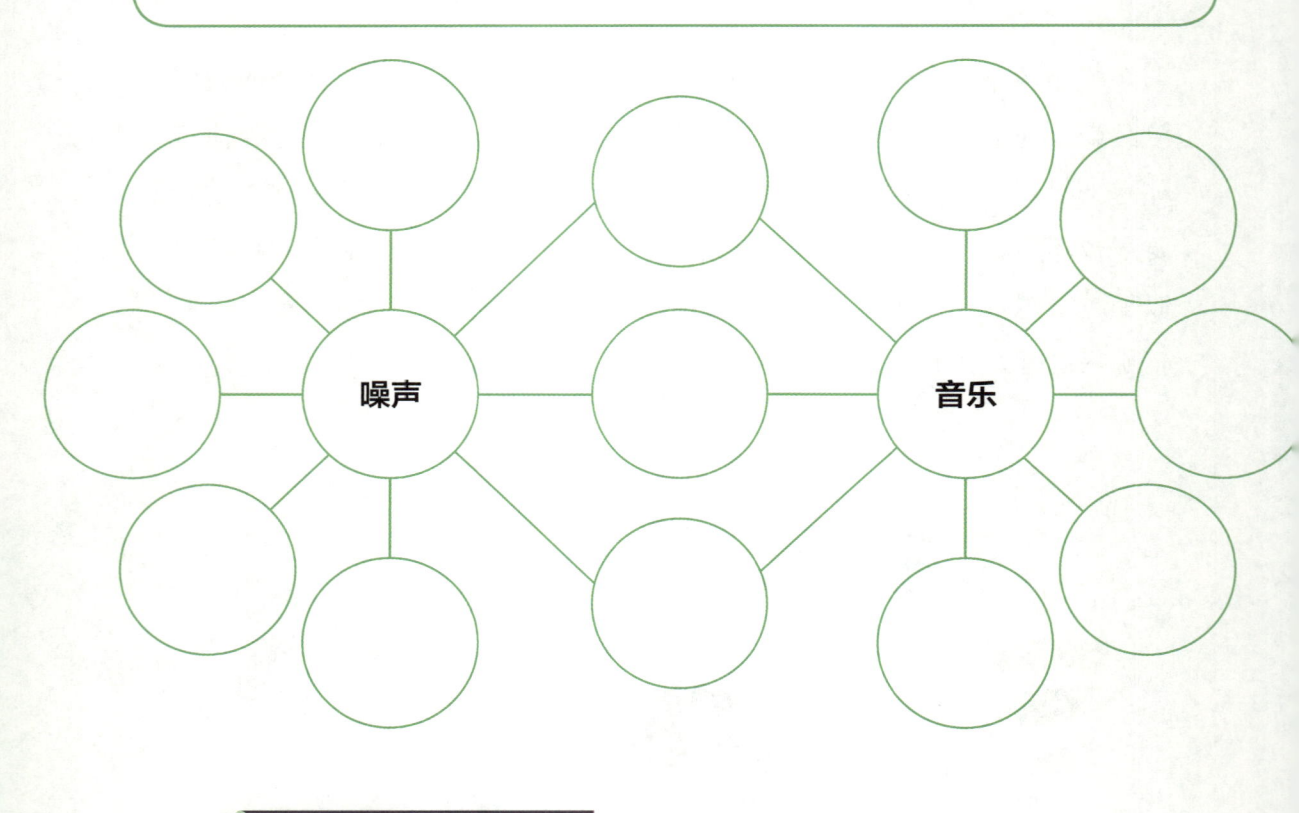

学一学

噪声是一类引起人烦躁甚至危害健康的声音，其本质是一种机械波。噪声的危害是多方面的，除了对人的听力有直接的损害以外，还会对人的心理状态、情绪等产生较大的干扰，进而对人们的生活和工作造成影

第三章　生物与环境

响。此外，过于强烈的噪声还会对物质结构产生损害。例如超音速飞机低空掠过时，特殊的噪声会破坏建筑物的玻璃、框架、墙壁等结构，使其出现开裂、破碎等现象。

控制噪声的方式主要有三种，分别是对声源的控制、对传播途径的控制和对噪声接收方的保护。

治理噪声污染，从声源上控制噪声是最根本和最有效的方式。改进发出噪声的生产设备、改良操作流程与工艺、提高加工的精度等手段，都能达到从声源处控制噪声的目的。此外，调整设备操作的时间和地域范围也是控制声源的一种手段。例如：在居民区附近的建筑施工机械等设备在夜间必须停止工作，学校附近禁止鸣笛等。

受技术水平的限制，目前对噪声声源的控制仍然处于较为基础的阶段。相对而言，从声音传播的途径入手，是更加经济便捷的方式。噪声也是一种声音，而人就是声音的接收方。对噪声传播途径的控制，主要方式有以下几种。①增加噪声源和接收方的距离：将噪声的衰减最大化，以达到降低噪声的目的。②建筑布局的优化：例如将卧室、书房等需要安静的房间布置在远离噪声的一侧。③隔声：将噪声和接收方阻隔开来，是有效控制噪声的方法之一。④吸声：隔声是将声音阻隔，而吸声是利用声音的传播衰减，通过增加声音的传播长度和控制声音的反射方向，达到将噪声"吸收"的效果。例如，吸音板、吸声砖等都是利用这一原理开发的新产品。⑤消声：使用消声器对噪声进行消除，同时不干扰正常流体通过。⑥绿化：采用植树、种草等方法也能达到一定的降噪效果。

对噪声接收方的保护也是一种控制噪声的方式，即利用各类听觉防护产品，主动地对个人进行保护，如降噪耳机、耳塞、耳罩、防声头盔等。

科学素养培育与提升 ④

做一做

1. （单选题）下列属于在声源处减弱噪声的是（　　）。

   A. 施工的场地周围设置墙板

   B. 城市以内禁止燃放烟花爆竹

   C. 在住宅和小区周围植树

   D. 在闹市区安装噪声监测装置

2. 生活中常见的通过对传播途径的控制来减弱噪声的方式如下：

   A. 距离的控制　　　B. 建筑布局的优化　　　C. 隔声

   D. 吸声　　　E. 消声

   请将以下案例对应的减少噪声方式的选项填入空格中。

   （1）在录音室的墙面上贴泡沫材料（　　）。

   （2）给汽车的排气管加装消音管（　　）。

   （3）在道路两旁加装玻璃墙（　　）。

3. 在日常的课堂学习中，哪些声音属于噪声？我们可以通过什么方法去减少这些噪声呢？

第三章 生物与环境

知识卡片

吸声材料

我们已经知道可以通过一些材料和结构，使声音在传播过程中的能量损耗增加，从而达到治理噪声污染的目的。那这些材料和结构具体是如何吸声的？它们吸声的方式又有哪些不同呢？

吸声材料——钢板

常见吸声材料可以按照原理分为多孔型和共振型两种。多孔型吸声材料内部有大量的微孔和间隙，而且这些微孔尽可能的细小并在材料内部是均匀分布的。材料内部的微孔应该是互相贯通的，微孔向外敞开，使声波易于进入微孔内。互不相通也不通到表面的闭孔材料是不能成为吸声材料的。当声波在微细通道内传播时，由于空气分子振动时在微孔内与孔壁摩擦，空气中的黏滞损失使声能转化为热能而不断损耗。共振型吸声材料，一般是利用材料本身的共振来消耗声音的能量，从而达到降低噪声的目的。

我们生活中的麻棉毛毡、玻璃棉、各种纤维材料等，都是多孔型吸声材料，而石膏板、钢板、塑料薄膜、皮革等都是共振型吸声材料。当然，随着技术的发展，吸声材料也会综合多种吸声方式，以达到更好的效果。比如发泡铝吸声板，它是熔融铝锭后添加增稠剂和发泡剂，经发泡制成海绵状泡沫的超轻型金属，是一种集结构与性能于一体的新型功能材料。这种材料的比重大约为普通木材的三分之一，还具有吸声、隔音、耐冲击、耐热及屏蔽电磁波等特点，在交通、军事、建筑等领域获得广泛关注和应用。

除了上述吸声材料，你还知道生活中有哪些性能较好的吸声材料吗？

科学素养培育与提升 ❹

试一试

▶ **材料准备**

消除噪声的材料（毛衣、海绵等均可，学生自带）、盒子、发声器、噪声测量仪器。

▶ **操作流程**

第一步：将发声器声音开启，并密封在盒子里，用仪器测量此时外部环境的声音响度

↓

第二步：各小组分别利用不同材料阻隔声音，将盒子密封后，在相同的距离测量外部环境的声音响度

↓

第三步：

↓

第四步：得出实验结论

☆实验过程中不变的条件是＿＿＿＿＿＿＿＿＿＿＿＿＿＿＿＿＿＿。
☆实验过程中变化的条件是＿＿＿＿＿＿＿＿＿＿＿＿＿＿＿＿＿＿。
☆消除噪声最好的方法是＿＿＿＿＿＿＿＿＿＿＿＿＿＿＿＿＿＿＿。

第三章　生物与环境

评一评

知识	我是否理解了本活动涉及的所有新知识？	☆☆☆☆☆
技能	我是否顺利地完成了本活动的全部任务？	☆☆☆☆☆
方法	我是否掌握了解决问题的新方法？	☆☆☆☆☆
协作	我是否在活动中配合同学完成了任务？	☆☆☆☆☆
表达	我是否在活动中展示交流了自己的想法和成果？	☆☆☆☆☆

练一练

1. 请调查一下，生活中还有哪些减少噪声的设备。

2. 对校园及周边噪声进行调查，搜集、记录和分析噪声来源的途径，总结出具体可行的减少噪声的方法和措施，撰写一篇科学小论文。

提示：学校及周边环境理想的声音强度范围是 15～40 dB。

科学素养培育与提升 ❹

读一读

马大猷——中国声学奠基人

人民大会堂的那两套声源系统（分散式声源系统和半分散式声源系统）作为庆祝新中国成立十周年的献礼，一直沿用至今。这两套声源系统的设计者，是我国著名的声学家、物理学家和教育家马大猷院士。

马大猷（1915—2012 年）毕生致力于声学应用基础研究，取得了两项开创性成果：创立声学中的简正波理论，并将其发展到实用阶段，在建筑声学和电磁理论方面取得重要成果；提出微穿孔板理论并应用于建筑声学和噪声控制领域，在气流噪声研究中取得独创性成果。

除了科研工作以外，马大猷院士还十分关注环保问题。在 1973 年召开的第一次全国环境保护会议上，马大猷提出噪声应与废水、废气、废渣并列，列为环境污染的"四害"之一。为了扩大影响和便于有关工作人员的学习和工作，他主编了《环境物理学》《噪声控制学》，还撰写了专著《环境声学袖珍手册》，以推动环境保护工作。

在数十年的教学工作中，马大猷院士还编写了《现代声学理论基础》《声学手册》等基础教材，推动了我国声学教育的发展。他的学生，有的已经成为环境声学领域新一代学术带头人，有的正在建筑声学领域大放异彩。

第三章 生物与环境

3.3 大自然的"工程师"

看一看

鸟儿飞行的科学原理被运用在飞机的发明中，而海豚声呐系统的奥秘也被运用在船舶的声呐技术中。人们研究生物体的结构与功能的原理，并根据这些原理发明出新的设备和工具，创造出适用于生产、学习和生活的先进技术，这就是仿生学。仿生学能够从大自然中找到可以利用的生物对象，夏日夜晚闪烁幽幽光芒的萤火虫也是其中的一员。萤火虫发光是大家熟知的一种生物功能，这种功能究竟是如何产生的，又是如何被人类所利用的呢？

77

科学素养培育与提升 ❹

头脑风暴

请用双气泡图罗列出荧光灯与萤火虫的相同点和不同点。

荧光灯　　　　萤火虫

第三章　生物与环境

学一学

萤火虫发光与它们特殊的身体构造相关。萤火虫尾部的白色排状部位是它发光的位置，称作发光器。大多数雄萤与雌萤可以通过发光器节数来区分，雄萤的发光器一般为 2 节，雌萤的发光器一般为 1 节。另外，发光器的形状及大小通常也是辨认萤火虫的依据，不同萤火虫的发光器在形态上差异较大。

萤火虫

萤火虫的发光行为几乎会伴随它们的一生。在幼年期，它们就会通过发光吸引猎物、捕食蜗牛，同时警戒天敌、恐吓捕食者。成虫发光的主要作用是吸引异性，借此完成求偶交配及繁殖使命。不同种类的萤火虫会发出各自特定的闪光信号。雌虫看到同种雄虫发出的闪光信号后，就会以特定的闪光信号回应。雄虫的每一组闪光信号是由几个节奏组成的，每个节奏都包括闪光的次数、频率和每次闪光的时间，这些信号雌虫均可识别。如果雌虫顺利地回应了闪光信号，雄虫就会前来交配，以繁衍后代。有趣的是，有些萤火虫竟能回应其他种类的闪光信号，但这种闪光信号具有欺骗性，目的是使该种雄虫误以为可以前去交配而被吃掉。

当萤火虫停在手中，我们并不会被萤火虫的光灼伤，我们称它发出的光为"冷光"。像白炽灯一样，萤火虫发光也需要消耗能量。但不同的是，白炽灯消耗的能量中只有 15% 左右可以转化为可见光，其余的几乎转化为热能了；而萤火虫能把能量几乎都转化为光能，极少部分转化为热能，所以萤火虫发光几乎不发热。

科学素养培育与提升 ❹

人类从萤火虫发光中得到启示，取得了令人瞩目的成果。科学家已成功地从萤火虫体内分离出荧光素酶和三磷酸腺苷（ATP），并用化学方法合成了荧光物质，制成了不需电源、灯泡的光源，在矿井、深水排雷等领域发挥了独特的作用。科学家还利用这一原理制造出不辐射热的发光墙或发光体，在手术室或实验室应用非常方便。

科学家还设想将荧光素酶测定 ATP 技术应用于癌症前期诊断。只要把荧光素酶和癌细胞结合起来，根据细胞的发光强度就可以诊断癌细胞的扩散情况。实验还表明，生物体内只要有很少量的 ATP，一旦接触荧光素酶就可发出微弱的光。利用这一特性可以制成生物探测器送入太空，用于捕获地外生命的蛛丝马迹，为人类寻找地外文明做出贡献。

做一做

1. 下图中的萤火虫是雄虫还是雌虫？为什么？

第三章 生物与环境

2.（多选题）萤火虫发光除了有求偶功能，还有（　　）等功能。
A. 捕食　　　B. 沟通　　　C. 照明　　　D. 警示

3. 简述冷光在生活中的应用。

知识卡片

萤火虫发光的秘密

自然界中，有些动植物具有发光能力，这种生物体发光的现象被称为"生物发光"。生物发光主要分为两种：一种是生物体本身具有发光器，能自主控制发光；另一种则是生物体没有发光器，需要与发光细菌共生或被寄生而发光，不具备控制能力。萤火虫发光的秘密就在于它尾部的发光器。

萤火虫发光现象

萤火虫发光器从外表看，只是一层银灰色的透明薄膜，但研究发现，这层薄膜中含有大量的荧光素，这也是萤火虫发光的关键所在。薄膜内有大量的发光细胞，发光细胞的周围有许多微细的气管、纤细神经分支等。发光细胞中有两类化学物质：荧光素和荧光素酶。荧光素接受ATP提供的能量后被激活，在荧光素酶的催化作用下，激活的荧光素与氧气发生氧化反应，从而发出荧光。

科学素养培育与提升 ❹

萤火虫的发光器由数层细胞组成。在发光细胞下有反光细胞,可以反射发光细胞发出的光,使光看来更亮。萤火虫通过调节呼吸节奏来控制氧气的供应,形成忽明忽暗的"闪光",而萤火虫发光的颜色由品种决定,有黄色、绿色、黄绿色等。

试一试

▶ 材料准备

A 溶液(双草酸酯溶液,常用作发光材料)、B 溶液(过氧化物溶液)、高效催化剂、荧光染料、塑料吸管、试管、手套。

▶ 操作流程

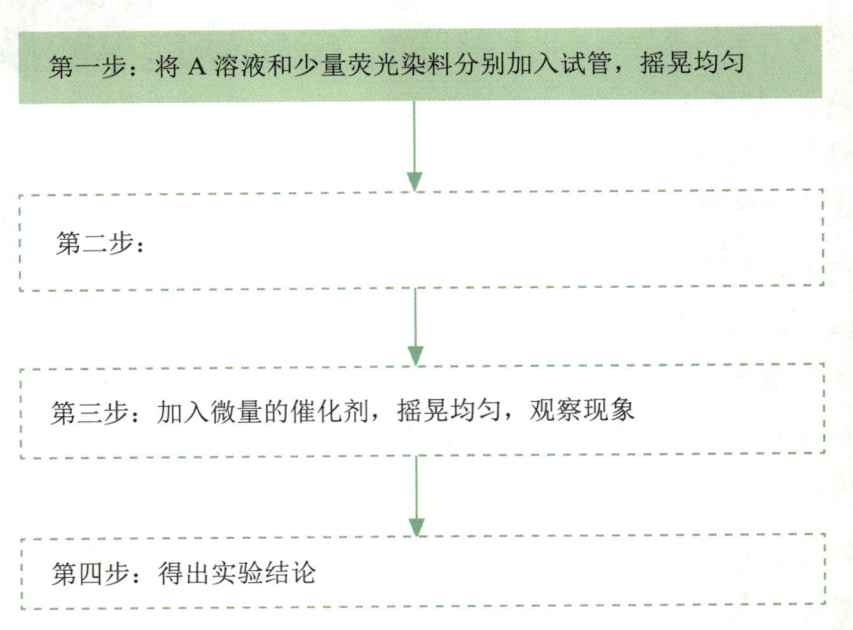

第一步:将 A 溶液和少量荧光染料分别加入试管,摇晃均匀

↓

第二步:

↓

第三步:加入微量的催化剂,摇晃均匀,观察现象

↓

第四步:得出实验结论

第三章 生物与环境

我的成果

☆实验过程中加入催化剂的作用是_____。

☆实验的现象是_____。

☆我得出的结论是_____。

评一评

知识	我是否理解了本活动涉及的所有新知识？	☆☆☆☆☆
技能	我是否顺利地完成了本活动的全部任务？	☆☆☆☆☆
方法	我是否掌握了解决问题的新方法？	☆☆☆☆☆
协作	我是否在活动中配合同学完成了任务？	☆☆☆☆☆
表达	我是否在活动中展示交流了自己的想法和成果？	☆☆☆☆☆

科学素养培育与提升 ❹

练一练

1. 除萤火虫以外，你还知道哪些发光生物？它们发光有哪些作用？

2. 请查阅资料，从微观角度解释光产生的原因。

第三章 生物与环境

读一读

任露泉——地面机械仿生领域的开拓者

如今的建筑工地上，少不了挖掘机的身影。你是否想过，看上去粘连在一起的土壤，为什么不会粘在挖斗里呢？

任露泉，1944年生，中国科学院院士，一生致力于仿生学研究，取得了重要的开创性成果：地面机械脱附减阻。1962年，任露泉考取了吉林工业大学，选择了拖拉机专业进行学习。本科毕业后在新疆的油田工作，积累理论与实践结合的经验。后来又回到吉林工业大学攻读硕士学位，并于1981年毕业后留校任教。

在一次拖拉机负荷车设计调研中，任露泉看到挖掘机在作业时，土壤粘在铲斗中无论如何都掉不下来，工人们只好手动将土用铲子铲出来。任露泉敏锐地观察到了这个关键问题，并将解决它作为自己的责任。在学校的支持下，任露泉把地面机械脱附减阻作为自己的研究方向，带领课题组对全国地面机械作业情况进行调研。有一次，任露泉在一片刚收割完毕的稻田中行走观察，突然看到田鼠在稻田中快速穿梭，而它们的身上一点也没有粘上泥土。这一瞬间使任露泉深受启发。此后，任露泉带领团队在近十年的时间内对一万多只生活在土壤中的动物进行了系统性研究，探索这些动物的脱附减阻的特征与规律。最终他创建了"生物

科学素养培育与提升 ④

非光滑减阻理论"和"多元仿生耦合理论",这是我国在国际地面机械仿生领域首次提出的原创性理论,任露泉也因此成为地面机械仿生领域的开拓者。

利用新理论,任露泉团队研制出了一系列具有脱附减阻功能的农具部件,如镇压辊、深松铲等,并不断向非土壤领域拓展,开发了防粘模具、不粘炊具、仿生钻头等先进产品。

除了科研工作,任露泉还十分重视人才的培养。在他的不断努力下,吉林大学工程仿生教育部重点实验室已经成为国际上具有重要影响力的仿生科学基地。他的团队荣获了各种各样的奖项,他的许多学生也成为这个领域的中坚力量与引领人。如今,任露泉院士仍然会经常到实验室亲自指导工作,紧紧抓住科学的最前沿。

第四章

送卫星上太空

科学素养培育与提升 ❹

4.1 人造地球卫星

看一看

抬头仰望晴朗的夜空，我们会看见有许多颗闪耀的星星嵌在遥远的天边。大多数星星在原地闪烁着，而少量的星星却一边闪烁，一边慢慢地移动着。其实我们肉眼见到的星星，大部分是宇宙中的恒星，而那些带着暗淡的光芒慢慢移动着的"星星"，基本上是从地球发射上去的人造地球卫星。

闪耀的星星

头脑风暴

请你在双气泡图中填写星星与人造卫星的相同点和不同点。

第四章　送卫星上太空

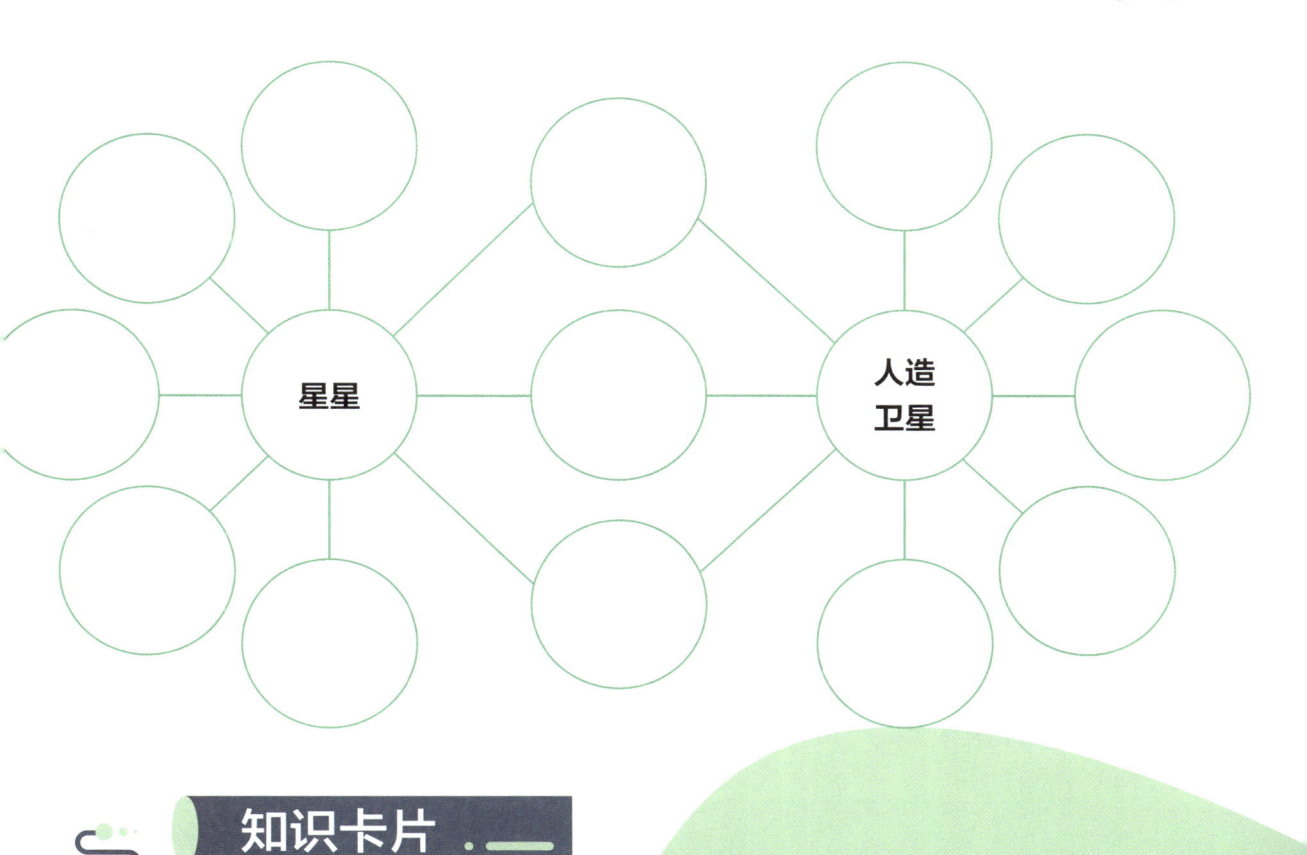

星星

人造卫星

知识卡片

　　人造地球卫星就是人工制造的地球卫星。科学家用火箭或其他运载工具把它们发射到地球上空预定的轨道上，使其环绕着地球运转一圈以上。它们本身是不会发光的，但因其表面的高反光材料会反射太阳光，才得以在漆黑的夜空中被发现。

　　人造地球卫星是发射数量最多、用途最广、发展最快的航天器，其发射数量约占航天器发射总数的 90% 以上。

　　人造地球卫星为什么能在太空绕地球飞行呢？

　　这得从牛顿发现万有引力的故事说起了。牛顿在思考万有引力定律时做了一个实验：从高山上用不同的水平速度抛出物体，速度一次比一

89

科学素养培育与提升 ④

次快，落地点也就一次比一次离山脚远。他大胆设想：如果没有空气阻力，当速度足够快时，物体将围绕地球旋转，永远不会落到地面上。该设想奠定了人造地球卫星的理论基础。

直到1957年10月，苏联成功将世界上第一颗人造卫星发射上天，牛顿的这一理论才得到了证实。

抛物体实验 　　　　　　　　　人造地球卫星

学一学

卫星的不断发射，除了对航天事业做出了极大的贡献之外，对我们的日常生活也起到了十分重要的作用。与我们生活息息相关的人造地球卫星有太空"气象站"（气象卫星）、太空"向导"（导航卫星）、太空"信使"（通信卫星）等。

气象卫星能从太空对地球和大气层进行气象观测，给我们提供气象方面的信息，现已被广泛应用于日常气象业务，环境监测，防灾减灾，大气科学、海洋学和水文学的研究。

第四章　送卫星上太空

导航卫星能为我们提供高精度定位、导航和授时等服务。在出行前，我们只需打开导航软件，导航卫星就能精准地报告我们身处的位置、目的地的位置，并帮助我们规划路线，甚至实时播报公交车的到达时间等。

通信卫星能为我们提供语音广播、电视节目、移动通信等服务。它使人们的生活和工作习惯都发生了很大的变化，并成为人们生活中不可或缺的一部分。

卫星虽然距离我们很遥远，但是和我们的日常生活息息相关，不同种类的卫星可以发挥不同的作用，大大提升我们的生活质量。

做一做

1. （单选题）（　　）是发射数量最多、用途最广、发展最快的航天器。
A. 飞船　　　B. 火箭　　　C. 人造地球卫星　　　D. 空间站
2. 请用自己的话说说，人造地球卫星为什么能绕地球飞行。

科学素养培育与提升 ❹

评一评

知识	我是否理解了本活动涉及的所有新知识？	☆☆☆☆☆
技能	我是否顺利地完成了本活动的全部任务？	☆☆☆☆☆
方法	我是否掌握了解决问题的新方法？	☆☆☆☆☆
协作	我是否在活动中配合同学完成了任务？	☆☆☆☆☆
表达	我是否在活动中展示交流了自己的想法和成果？	☆☆☆☆☆

练一练

人造地球卫星给我们的生活带来了许多便利。倘若有一天，某种功能的卫星（气象卫星、导航卫星、通信卫星……）突然暂停了服务功能，那么将会对你的生活带来什么影响？请说说你的看法。

第四章　送卫星上太空

读一读

"北斗"卫星导航系统

"北斗"卫星导航系统是中国自主研制的全球卫星导航系统，于2020年7月全面建成并投入使用。"北斗"卫星导航系统由空间段、地面段和用户段三部分组成，可在全球范围内全天候、全天时为各类用户提供高精度、高可靠定位、导航、授时服务，并且具备短报文通信能力。

"北斗"卫星导航系统取名于北斗（七星）。北斗（七星）是由天枢、天璇、天玑、天权、玉衡、开阳、摇光七颗恒星组成的，它具有定向导航的作用。无论是在荒漠或茂密的山林中，还是在一望无际的大海上，只要找到北斗（七星），便可以在群星璀璨的夜空中发现永远在正北方向的北极星。

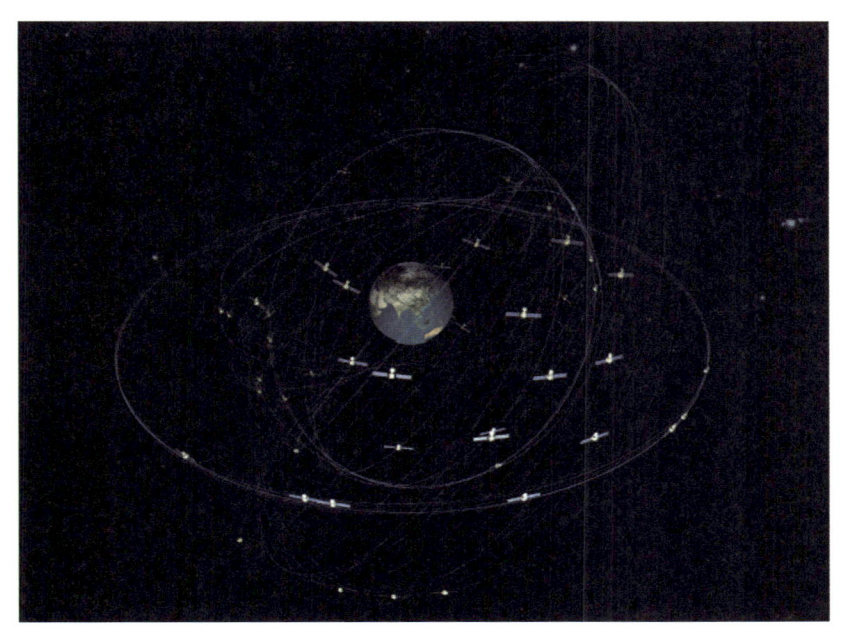

"北斗"卫星导航系统

科学素养培育与提升 ❹

4.2 火箭设计师

看一看

　　火箭作为探索太空的重要工具，可以快速地将卫星、飞船、行星探测器等送上太空。依据国家及航天任务的不同，不同火箭的高度、级数、运载能力等千差万别。为了减小火箭在大气中的飞行阻力，基本上所有的火箭都采用了"流线型"的结构——细长的圆筒状"箭身"、圆锥形的"箭头"。

　　如果让你来设计一款火箭，你想设计成什么样子？

长征系列火箭

第四章　送卫星上太空

知识卡片

火箭是靠火箭发动机喷射出工质（工作介质）产生的反作用力向前推进的一种航天器。它可以在稠密的大气层内飞行，也可以在稀薄的大气层外飞行，是实现航天飞行的运载工具。

根据级数，火箭可分为单级火箭和多级火箭。

单级火箭只有一组燃料箱、一组火箭发动机，并且从地面到太空都是保持同一个结构，而多级火箭则是由许多个类似单级火箭的结构组装在一起，每个结构称为一个子级，最底下的为第一子级，由下往上，以此类推。这样设计出来的火箭，每一级都装有发动机和燃料，能提高火箭的连续飞行能力与最终速度。

多级火箭可以是串联式的、并联式的或串并联式的。

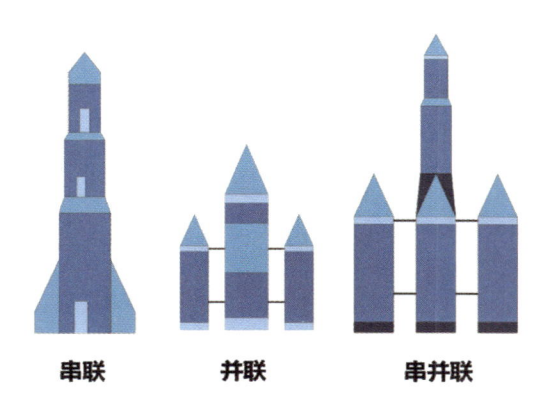

串联　　并联　　串并联

多级火箭

串联就是将多个火箭通过级间连接和分离结构连成一串；并联就是将多个火箭并排地连接在一起，周围的火箭为子级火箭，中央的火箭为芯级火箭。如果芯级火箭本身是串联式多级火箭，这种形式就是串并联。

95

科学素养培育与提升 ❹

做一做

多级火箭可以飞得更快、更远，那么火箭的级数越多越好吗？

试一试

如果让你来制造一款火箭，你希望它是什么样子？它能执行什么样的航天任务呢？请同学们发挥想象，巧妙利用身边现有的材料，创作你的火箭吧！

第四章　送卫星上太空

▶ 火箭制作流程

1. 尖头锥的制作

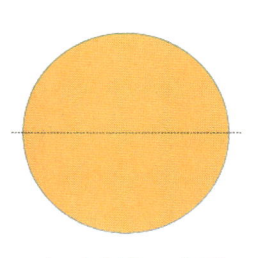

（1）制作一个圆　　（2）剪去四分之一　　（3）卷起来粘好

尖头锥制作方法

2. 火箭箭体的制作

（1）选择长条型材料　　（2）包上卡纸或泡棉纸

火箭箭体制作方法

3. 火箭其他结构的制作

制作尾翼或助推器、着色或其他装饰

火箭其他结构制作方法

97

科学素养培育与提升 ❹

评一评

知识	我是否理解了本活动涉及的所有新知识？	☆☆☆☆☆
技能	我是否顺利地完成了本活动的全部任务？	☆☆☆☆☆
方法	我是否掌握了解决问题的新方法？	☆☆☆☆☆
协作	我是否在活动中配合同学完成了任务？	☆☆☆☆☆
表达	我是否在活动中展示交流了自己的想法和成果？	☆☆☆☆☆

练一练

实验探究：如何使你设计的火箭能垂直发射？

我的实验材料：

我的实验猜想：

第四章 送卫星上太空

我的实验过程：

我的实验结论：

读一读

多级火箭"接力跑"

以串联式多级火箭为例，多级火箭是如何接力飞行的？

在飞行过程中，第一级火箭点火"开跑"，达到一定速度后，火箭燃料用完后自动脱离；同时，第二级火箭接过"接力棒"，进一步加速，燃料用完后再次关机并自动脱离，火箭"身体"逐级减轻。"接力棒"逐级传递下去，第三级甚至第四级火箭依次工作并被依次抛离，最终实现航天器宇宙飞行。

航天专家认为，火箭的级数并不是越多越好。随着级数增多，需要的连接和分离结构增加，从而增加火箭结构质量并降低可靠性。因此，目前的火箭大多是由 2～4 级火箭组成。

科学素养培育与提升 ❹

4.3　闪耀的东方之星

看一看

人造地球卫星给我们的生活提供了许多便利。通过卫星，我们可以收看广播电视、定位导航、获取气象资讯等，我们的生活早已离不开它们。

截至 2021 年 12 月 31 日，全球在轨运行卫星超过 4800 颗。其中我国有超过 400 颗卫星在太空运转，卫星数量排名世界第二。

那么，你知道我国发射的第一颗人造地球卫星叫什么名字吗？

卫星

知识卡片

1970 年 4 月 24 日，我国自主研制的第一颗人造地球卫星"东方红一号"发射成功，这也标志着一个最早萌发飞天梦想的民族敲开了世界航天"俱乐部"的大门。

东方红一号

1. 卫星的功能

"东方红一号"卫星的研制，实现了"上得去、抓得住、听得到、

第四章　送卫星上太空

看得见"几大功能。

上得去：为了保证顺利进入预定轨道，我国在长征一号的第三级火箭上试制安装了新研制的固体火箭，确保固体发动机有力推动卫星按照既定方案进入轨道。

抓得住：为了保证卫星发射后能及时跟踪测量，并综合造价成本考虑，我国专门组织专家模拟计算后研制了多普勒跟踪定位系统。

听得到：为了让中国和全世界都能用普通的收音机收听中国第一颗卫星发送的声音，我国研制了中国第一颗卫星独有的乐音接收转播系统。

看得见：为了让地球上的观测人群肉眼能看见直径仅1米的卫星，技术人员将卫星设计成近似球形的72面体，使卫星在轨运行时能反射光。

2. 卫星的构型

卫星的构型受有效载荷影响，而有效载荷用来完成卫星主要任务。所以卫星的构型主要取决于两方面：一方面是保证卫星本身的功能而做的特定设计；另一方面是满足生命周期内的约束条件，比如发射时火箭整流罩的尺寸约束等。

"东方红一号"卫星设计成近似球形的72面体，除了更容易"被看见"之外，还有许多其他好处，比如内部有较大空间、飞行时截面基本不变、可利用测量数据反向推演飞经高度的情况数据等。

在航天事业发展里程的60多年里，卫星整体构型发生了明显的变化。早期的卫星除了球形，还有圆柱形，而现在的卫星几乎都是方盒子型。卫星构型随着时代和技术发展而变化，其中最主要的是姿态控制技术发展带来的变化，姿控技术的成熟很大程度上影响了卫星构型的发展。

科学素养培育与提升 ❹

圆柱形卫星　　　　　　　　方盒子型卫星

　　作为我国首颗人造卫星,"东方红一号"的成功发射打开了通向太空的大门,具有十分重大的意义。50多年来,在无数航天人的奋斗下,我国航天事业不断刷新纪录,从"神舟"启航,到"嫦娥"奔月、"北斗"指路,再到"天问"探火、"羲和"探日、"天和"遨游天宫,我国成功地从航天大国迈进航天强国的队伍。

做一做

　　如果仅仅借助身边的纸板和工具,设计一个近似球形的模型,应该如何设计?

第四章　送卫星上太空

试一试

同学们学习过立体图形与平面图形的联系，将立体图形的表面适当剪开，展开形成的平面图形，我们称之为相应立体图形的展开图。

球面是不可展曲面，采用近似展开法，使用平面或可展曲面近似代替不可展曲面。

本节课我们借助纸模，完成一个近似球体的卫星模型制作！

球体

"东方红一号"模型较为完整地还原了真实的卫星形态，它近似球形，包含内部结构、外部表面体、天线、底座支架等几大模块。制作过程中须注意结合步骤取出对应数字板块进行拼装，同时须注意插口和卡扣的方向一致以保证完美啮合。具体的制作步骤如下：

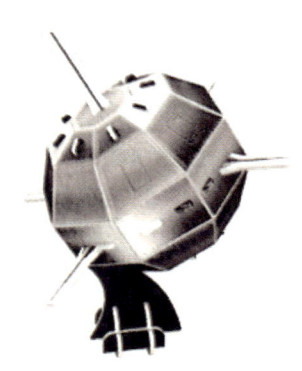

（1）将圆片和有卡扣的弧形纸模片，对应方向逐个卡紧，完成内部结构的拼装，注意顶部插口要统一方向；

（2）将大块的外部表面体纸模片，对应卡扣按压紧密，完成外部表面体的拼装；

（3）将天线和底座的零散部件，插入对应卡槽，完成整体模型的拼装。

科学素养培育与提升 ❹

评一评

知识	我是否理解了本活动涉及的所有新知识？	☆☆☆☆☆
技能	我是否顺利地完成了本活动的全部任务？	☆☆☆☆☆
方法	我是否掌握了解决问题的新方法？	☆☆☆☆☆
协作	我是否在活动中配合同学完成了任务？	☆☆☆☆☆
表达	我是否在活动中展示交流了自己的想法和成果？	☆☆☆☆☆

练一练

请同学们查阅资料，了解"东方红一号"等已失效卫星最终是如何处理的。

第四章　送卫星上太空

读一读

中国航天日

在半个多世纪之前，我国自主研制的第一颗人造地球卫星"东方红一号"成功被送入近地点为441千米、远地点为2368千米、倾角为68.44°的椭圆轨道上。这颗重达173千克的中国卫星，在太空上进行轨道测控的同时，还循环播放着《东方红》这一首响彻云霄的乐曲，让全世界的人们共同听到了来自太空的中国声音。

为了纪念这一伟大成就，弘扬中国航天精神，在2016年3月8日这一天，国家特许把每年的4月24日设立为"中国航天日"。设立"中国航天日"，就是为了铭记历史、传承精神，激发全民尤其是青少年崇尚科学、探索未知、敢于创新的热情，为实现中华民族伟大复兴的中国梦凝聚强大力量。

(G—5015.0101)

INNOVAT

科学素养
培育与提升

全4册

4

www.sciencep.com

ISBN 978-7-03-073120-3

科学出版社互联网入口
成都分社　电话：（028）86719809
E-mail：liuyanlong@mail.sciencep.com
销售分类建议：科普读物

定价：192.00元（全4册）